张源　主编

白璧德文集

第 8 卷

西班牙性格及其他

周晓薇　等译

Irving Babbitt

SPANISH CHARACTER AND OTHER ESSAYS

1940 by Houghton Mifflin Company

据美国霍顿·米夫林出版公司 1940 年版译出

《白璧德文集》总序

"新文化运动"后期,美国哈佛大学教授欧文·白璧德(Irving Babbitt,1865—1933)的人文主义学说通过吴宓、胡先骕、梅光迪、徐震堮、张荫麟、梁实秋等学人的译介与阐释进入中国,与其他西方观念和思潮一同参与推进了中国的现代转型,在中国现代思想史上留下了不可磨灭的印记。

与世界思想潮流相应,现代中国也出现了"保守""自由""激进"等不同思想支流,且其中某些成分可找到远在西方的源头,如胡适等"自由派",即中国"新文化派"右翼,吸收了其美国导师杜威(John Dewey,1859—1952)的实用主义;李大钊、陈独秀等"激进派",即"新文化派"左翼,则选择了马克思主义。此外还有以吴宓为代表的"学衡派"等"保守主义者",即"新文化运动"的"反对派",继承了其美国导师白璧德的人文主义。中国现代思想史上"自由""激进""保守"的三重变奏,实为思想界、知识界的先行者与爱国者汲引不同西方思想体系,就中国现实而提出的同一个问题——中国的现代转型问题,所给出的不同的乃至对立的解决方案,这在今天已成为学界共识。不过,"激进""自由""保守"三分法,仅是宏观审视现代世界思想格局的大致框架,未可视为壁垒分明的固定阵营。

比如,作为现代中国自由主义及保守主义思潮来源地之一的美国,本身并不存在欧洲意义上的保守主义传统。自由主义作为美国社会的主流意识形态,自始至终占据着绝对的统治地位。如果一定要讨论美国的"保守主义",首先要明确,这并非一套固定不变的政治原则与意识形态,而更多地关系到人群的态度、情感与倾向,代表了人们维持现状的愿望与"保守"既定习惯、秩序与价值的心态。在美国这片土地上,人们要"保守"的正是自由主义的基本信念与价值,从而美国"保守主义"的核心实为自由主义。这两种"主义"就这样在美国发生了奇特的错位现象:"保守主义"的核心理念反倒是"自由",意图"保守"的是古典自由主义的基本信念;而"自由主义"的核心理念则是"平等",此即美国自由主义思想体系中较为"激进"的一个分支——"新自由主义"(new liberalism)的根本信仰。

20世纪早期的美国正处于"进步时代"(the progressive era,1904—1917),针对19世纪后期经济飞速发展引发的各种问题,全社会展开了一场规模宏大的改革运动,社会思潮由此在整体上呈现出"激进"的品格。实用主义者杜威所倡导的以"民主教育"(democratic education)为核心的"进步教育"(progressive education)便是上述进步改革中的重要内容。这一教育理念吸引了诸多知识分子,如哈佛大学校长艾略特(Charles W. Eliot,1834—1926)率先推行的一系列教育改革便是"进步教育"运动的重要组成部分,自此"民主教育"理念在美国逐渐占据上风,与此前占统治地位的"自由教育"(liberal education)理念恰好构成了一对"反题"。人文主义者白璧德作为"自由教育"的坚决捍卫者,针对杜威的教育理念提出了严厉批评:二者的对立当然不仅表现为教育理念上的冲突,而且是在更广泛的意义上代表了"自由"原则与"平等"原则的对立,此即"新""老"自由主义的对立。在社会整体大环境下,杜威被老派自由主义者斥为"激进主义"的代表,而白璧德则被新自由主义者归入了"保守主义"的阵营。

自1915年秋天始,白璧德第一代中国学生陆续来到哈佛,后于20年代初将"白师"学说带回中国,以之为理论武器,对胡适等人领导的"新文化运动"大加批判,谱写了美国白(璧德)-杜(威)论争的中国翻版。只不过,20世纪20年代的中国,那个曾经无比尊崇传统的国度,已经以最大胆的姿态拥抱了自身的现代转型,杜威式的"激进主义"与来自法、俄的激进主义相比,最多只能归入"新文化运动"右翼阵营,而白璧德人文主义则顶风而上,与中国本土传统力量一起成了"顽固不化"的极端"保守主义"的典型。就这样,白璧德人文主义在美国与中国的特定历史时期屡屡发生奇特而有趣的"错位"现象,并"将错就错"在中国现代思想史上产生了重要的影响。

自白璧德人文主义首次译入中国(《白璧德中西人文教育谈》,载《学衡》1922年3月第3期)距今已百年。百年来光阴如流,时移世易,我国在现代转型期间未及充分吸收转化的思想资源,或将在当下焕发出新的可能与意义。白璧德的人文主义时至今日在我国仍然缺乏系统译介与研究,这与该学说在中国现代思想史上的影响殊不相称,不能不说是一种缺憾。职是之故,我们特推出《白璧德文集》(九卷本),这将是一座可资挖掘的富矿,宜在今后产生应有的影响。

迄今美国本土出版的白璧德著译作品共有九种(以出版时序排列):

1. *Literature and the American College: Essays in Defense of the Humanities* (1908)

2. *The New Laocoon: An Essay on the Confusion of the Arts* (1910)

3. *The Masters of Modern French Criticism* (1912)

4. *Rousseau and Romanticism* (1919)

5. *Democracy and Leadership* (1924)

6. *On Being Creative and Other Essays* (1932)

7. *The Dhammapada: Translated from the Pali with an Essay on Buddha and the Occident* (1936)

8. *Spanish Character and Other Essays* (1940;1995 年更名为 *Character and Culture: Essays on East and West* 再次发行)

9. *Irving Babbitt: Representative Writings* (1981;其所收录文章,除"English and the Discipline of Ideas"一篇外,均曾载于此前各书)

《白璧德文集》中文版在美国白氏现有出版书目基础上,重新编定了第九种,内容包括收于前八种之外的白氏全部已刊文稿四十二篇(以出版时序排列),主要分为以下四类:(1)曾以单行本刊出的"Breakdown of Internationalism"、入选诸家合集的"Genius and Taste" "Humanism: An Essay at Definition",以及收入 *Irving Babbitt: Representative Writings* 的"English and the Discipline of Ideas"等重头文章;(2)曾于"新文化运动"时期译入我国(因而于我们格外有意义)的篇目,如演讲稿"Humanistic Education in China and in the West"及书评"Milton or Wordsworth? —Review of *The Cycle of Modern Poetry*"等;(3)其余书评十九篇(包括匿名书评十篇——一个有趣的问题:白璧德为何要匿名?);(4)其他文章十七篇(包括介绍法国文学作品两篇,回应当代批评文章六篇,各类短文八则,以及生平自述一份)。编者依循前例,将这部著作命名为《人文主义的定义及其他》(*Humanism: An Essay at Definition, and Others*),此为真正意义上的白氏第九部著作。现在我们可以有把握地宣称,商务印书馆推出的"大师文集系列"之《白璧德文集》(九卷本),在文献收录与编纂方面,比美国本土版本还要更加完备,更为合理。为方便读者比照原文,我们标出了原书页码,并制作了九卷本名词索引附于末卷。

感谢商务印书馆倾力支持,白璧德先生系列文集由此得以打造成型。这套文集也是中美几代人文学者长久友情结出的果实,感谢美国天主教大学荣休教授瑞恩先生(Claes G. Ryn, 1943—   )等美国当代"白派"(Babbittian)师友的无私襄助,尽管当他们最终看到《白璧德文集》中文版比美国版还要完备,心情亦颇复杂而嗟呀不已。

继起《学衡》诸公未竟之功,是编者耿耿不灭的夙愿。最要感谢的是我们十年合作、精勤不殆的译者群体,大家彼此扶助,相互砥砺,当年优秀的学生如今已成长为优秀的青年学者,投身文教事业,赓续人文香火——十年愿心,终成正果。我们谨以中文版《白璧德文集》(九卷本)纪念《学衡》杂志(1922年1月—1933年7月)创刊一百周年暨白璧德人文主义学说抵达中国一百周年,以此向百年前一腔孤勇、逆流而行的《学衡》诸公致敬,并向他们的老师——影响了中国几代学人的白璧德大师致以最深切的怀念之情。

张源

2022 年 1 月

目　录

1995 年版导言 ……………………………………………… 1

前言 ………………………………………………………… 35

西班牙性格的明与暗 ……………………………………… 37
英国人擅长批评吗？ ……………………………………… 55
马修·阿诺德 ……………………………………………… 80
克罗齐与关于流变的哲学 ………………………………… 94
帕斯卡 …………………………………………………… 100
拉辛与反浪漫主义运动 ………………………………… 114
狄德罗诞辰二百周年纪念 ……………………………… 127
乔治·桑与福楼拜 ……………………………………… 140
印度短诗百咏 …………………………………………… 157
向西方阐释印度 ………………………………………… 166
民主国家的风格问题 …………………………………… 181
人文主义者与专家 ……………………………………… 191
艾略特校长与美国教育 ………………………………… 203

我相信什么：卢梭与宗教 ………………………………… 223

欧文·白璧德作品出版目录 ………………………………… 240
译名对照表 ………………………………………………… 250
译后记 ……………………………………………………… 259

1995 年版导言[1]

有些思想家仅在他们有生之年和去世之后的几年间被视作巨擘，此后便逐渐消失在大众视野里，他们的声望源于某些转瞬即逝的缘由以及一批缺乏批判力的追随者。只有极少的作者能在过世后几代人的时间里依旧保持深远影响，欧文·白璧德（1865—1933）正是这样一位思想家。白璧德是哈佛大学法语和比较文学专业教授，也是美国人文主义（Humanism）或新人文主义（New Humanism）思想文化运动的鼻祖和领袖。虽然本世纪人文和社会学科的总趋势与白璧德的期望大相径庭，但是他的思想仍在不断发展当中。他自拥有追随者以来就从不缺少有能力、有声望的仰慕者。几十年来，白璧德对生活和文学的广博见解虽然一定程度上被埋没了，却提供了区别于时代主流思潮（Zeitgeist）的另一种非常重要的思路。直至去世半个多世纪后，他的学术影响力依然分毫未减。过去 20 年中，人们对白璧德的作品又产生了兴趣，他的书不

---

[1] 《西班牙性格及其他》一书于 1995 年更名为《性格与文化：东西方散论》再版（Irving Babbitt, *Character and Culture: Essays on East and West*, New Brunswick, N. J., and London: Transaction Publishers, 1995）。克莱斯·瑞恩（Claes G. Ryn）教授特为之撰写了长篇导言，很好地概述了白璧德先生的生平与志业、思想主旨及影响。特译出并收录于此，以便读者参考。感谢瑞恩教授的授权。如无特殊说明，本书脚注均为译者注。

断再版,二手文献也不断增加。1983年华盛顿特区举行了有关白璧德学术遗产的会议,以纪念他逝世50周年。① 他与我们这个时代面临的道德与文化问题的高度相关性日益得到认可。在20世纪的最后几年里,欧文·白璧德作为美国具有独创性和开创性的学者之一显然将被载入史册。

逆流而上

白璧德经受住了主流代表人物的严厉批判。这种强烈的敌意部分源于白璧德对那些人最珍视的理念的质疑。白璧德阐述自己的文学与艺术观点之时,美学家、文学学者和作家们正在宣扬"为艺术而艺术"(l'art pour l'art)的原则,并为艺术从道德顾虑和古典束缚中解脱出来大肆庆祝。白璧德本人也强调真正的艺术从不说教:艺术必须具备充分的想象力——这也许会让新式唯美主义(aestheticism)的倡导者们松一口气。然而这一白璧德式的观点极少为人注意,或者说被故意忽略了。因为白璧德坚持认为:伟大的艺术在具有美学上的统一性之外,还须有道德深度;艺术是人类生活不可或缺的一部分,对我们的行为及现实观有着正面或负面的影响。在当时盛行的知识和文化环境下,这些观点引起了他人强烈的反感。

白璧德有关道德和政治的文章同样为他招致了诸多批评。他质疑

---

① 跨学科会议"欧文·白璧德:五十年之后"于1983年11月18—19日在华盛顿特区的美国天主教大学举行。参会论文及其他材料发表在George A. Panichas and Claes G. Ryn eds., *Irving Babbitt in Our Time*, Washington, D.C.: The Catholic University of America Press, 1986。撰稿人包括罗素·柯克(Russell Kirk)、彼得·斯坦利斯(Peter Stanlis)、大卫·赫费勒(David Hoeveler)及两位主编。——作者

西方世界大多数顶尖学者所鼓励的道德情感(moral sensibility)——他称之为"情感人道主义"(sentimental humanitarianism)。这种由浪漫主义式的想象在艺术中培育出的情感，正不断塑造着道德和政治态度以及文学和文化品味。情感人道主义的特征是对弱者抱有同情，对改造人类生存状态有着田园-乌托邦式的幻想。拥有这种情感的人总是以此为荣，认为它代表了更现代、更优越的人类，是正当的改造社会的基础。对白璧德来说，情感人道主义是一种隐匿而危险的自吹自擂，取悦于其拥有者，却建立在掩盖人类真正道德困境的基础之上。它粉饰了人们统治他人的欲望。白璧德将这种自负追溯到让-雅克·卢梭这样的人物身上，他们否认原罪的概念，宣称人性本善。白璧德分析认定这种新式道德观严重背离了古典和基督教对美德的定义。他称之为"虚假的信念"(sham spirituality)。情感人道主义将道德放纵和与之对应的想象混合在一起，不断侵蚀着文明的根基。它扭曲了人真实的道德状况，并破坏了我们自我制约(self-control)的习惯。

白璧德对高等宗教有着强烈的共鸣，但是他从未信奉某种特定的教义，也并不认为承认有普遍的道德责任就必须拥有特定的宗教信仰。然而，他还是赞同并强调伟大道德和宗教体系所共有的这一信念：人在道德上是各种矛盾倾向的混合体，个人与社会和谐的关键在于个人自律。

白璧德对教育的看法同样与主流观点背道而驰。他甫一进入哈佛执教就批评了哈佛校长查尔斯·艾略特①所推行的选修制度。他认为

---

① 查尔斯·艾略特(Charles William Eliot, 1834—1926)，1869年至1909年间担任哈佛大学校长，任职期间推行选修课程理论，削减了必修科目。

这种制度实际上是放任年轻的学生去追求他们尚未成熟的爱好，剥夺了他们向历经时代淘洗的观念学习的机会。他也批评了科研和教学极度专门化的趋势，以及美国教育家越来越实用主义的行事方法。尽管白璧德主张对人生核心问题的讨论必须适应现代社会的知识环境，但他同时也强调我们始终需要人性化的、统一的古典人文（humanitas）学科。

有代表性的一卷

本书充分展示了白璧德作为一流思想家和文化批评家的品质，这些文章在他去世七年后首次结集出版，涉及主题非常广泛，跨越其整个学术生涯，甚至目录部分看似缺乏重点。白璧德从不因为无聊的好奇心或仅仅为了展示他的博学而挑选某个题目。他所有的著作和文章都是出于探讨某些人生和文学根本问题的渴望。本书涉及的各类主题——美学、伦理学、宗教、政治和文学——都是通过对人类存在（human existence）的统一构想而加以阐明的，这种构想贯穿并构建了白璧德的所有文章。

本书所录文章与白璧德生前成书的文章一样值得关注。事实上，考虑到这些文章成文时的哲学和历史背景，对那些不仅希望了解白璧德的核心思想，还想知道他的思考和兴趣范围的人来说，本书将是极好的开端。熟读白璧德其他作品的读者也许会在这些文章中发现一些熟悉的观点和表述，同时也能发现诸多令人深思的新材料。

在这里自然要谈一谈白璧德的写作风格和总体手法。他的散文有一种粗犷的美国式高雅。文风简洁而又雄厚,有文学散文的韵味又不失风趣幽默,有时甚至让人捧腹大笑。但不论使用怎样的写作手法,白璧德的目的始终是阐明生活和文学中最核心的问题。

作为具有深厚哲学功底的思想家,白璧德没有写那种严密的哲学论文。比起在特定章节里系统而有深度地阐发重要观点,他通过添加新对比和角度、引入新例证使观点自身浮出水面。在他的文章中文学引用与典故无处不在。他没有花费太多笔墨解释抽象概念,而是让读者逐渐感到他所批判或赞美的是活生生的现实。他的书只有作为整体才能完全展现其想法,才能充分揭示统领其行文的深刻见解。在阅读中我们会发现,白璧德习惯用一两句话总结某个重要观点。他常常使用警句和凝练的表达,这使他的表述易于引用——本书就是很好的例证;但这些段落通常太过紧凑,无法完全清楚地表达他的意思。即便读完了白璧德的某一作品,那些追求哲学精确性的读者也许会觉得仍需要进一步阅读他的其他著作以求在概念上得到精准的理解和阐释,而本书的读者就更有可能会遭遇此类困境。

本文将阐明与本书内容有关的白璧德的核心思想,但是在集中讨论需要阐释的问题之前,有必要先勾勒出他的生平,并指出他所产生的影响。

生平与事业

白璧德生于美国南北战争末期。其父的血统可追溯至1643年在马萨诸塞州普利茅斯定居的一名英国人。他的曾祖父和祖父都是公理会(Congregationalist)牧师。欧文的父亲背叛了家族的宗教传统,是一个钟情于煽情的、伪科学的理念与空想的教育家、医生、发明家、商人和作家。年轻的欧文憎恶他父亲不切实际、无拘无束的生活方式,反而更欣赏其父所痛斥的老式清教规范。由于他父亲不断变换的投机活动和频繁出现的经济困难,欧文一家常常搬家。有时孩子们(欧文有一个兄弟和一个姊妹)会被长期寄养在亲戚家。欧文全家住在纽约或附近,一直到他11岁那年母亲过世。此后欧文与外祖父母一起住在俄亥俄州辛辛那提市郊外的农场,并在该市上了高中。几年后,他的父亲再婚并搬到了辛辛那提。野外的风景和冒险生活深深吸引着欧文。他会深情地回忆1884年夏天在怀俄明州当牛仔的时光。老一辈会叫他"高个仔"(The Long Kid)。高中时代的白璧德极为出众,对古典学、文学和历史学有着浓厚的兴趣。在毕业典礼上,他是致辞的优秀毕业生。

1885年,白璧德在亲戚的资助下进入哈佛大学学习。他的课程包括古典语言和现代语言。大学三年级时他一直在欧洲旅行。以优异的成绩从哈佛大学古典学专业毕业后,他在蒙大拿州的一所大学执教两年,随后前往巴黎生活了一年,在此期间他提升了自己的法语和西班牙语以及相关的文学知识,向西尔万·列维①学习了梵文和巴利文,并阅读了与印度宗教和哲学相关的书籍。在哈佛大学攻读硕士学位的过程中,白璧德更深入地钻研着语言和文学,同时不断探索在哲学和宗教方面的兴趣。

---

① 列维(Sylvain Lévi, 1863—1935),法国东方学家和印度学家,曾教授梵文和印度宗教。

1893年完成了在哈佛的学业后，白璧德在威廉姆斯学院（Williams College）执教一年。随后哈佛为他提供了教职。他原本希望能教授古典文学，但是哈佛安排的却是法语教师的职位。最初的几年，白璧德主要教授语法和写作，尽管他多次要求教授更高级的课程。对课程问题的直言不讳让他的事业变得更为艰难。他反对当时的主流趋势，认为教育应当培养广泛的人文素养，抵制在哈佛大学不断蔓延的实证主义学究气。从学生时代起，白璧德就对莎士比亚学者乔治·莱曼·基特里奇（George Lyman Kittredge）的课程感到厌恶，该课程提供了大量的语言知识、作者生平和文本分析，却对莎士比亚这位剧作家的人文意义毫无助益。白璧德曾抱怨过他所谓的"文献学辛迪加"（philological syndicate），对象包括他本系的前辈。他公开反对哈佛大学的选修制度。① 1902年白璧德才成为助理教授，但他依然留在哈佛直至去世。

白璧德的教学主要围绕文学与生活的关系展开，与卢梭、浪漫主义运动和文学批评相关的课程十分受学生欢迎。这些课程集文学、历史和哲学于一体。与他的书一样，白璧德的课程将文学现象与人类存在的核心问题联系起来。他敏锐地察觉到艺术作品的审美激情赋予它们强烈的感染力，但他更注重评估艺术作品的道德现实性和深度。许多在美学上颇具吸引力的文学作品及其他艺术形式会使读者陷入难以自圆其说的看法和行为。白璧德表达问题严肃性的方式令学生印象深

---

① 关于白璧德与查尔斯·艾略特校长在"新教育"问题上的分歧，见 Milton Hindus, *Irving Babbitt, Literature, and the Democratic Culture*, New Brunswick, N. J., and London: Transaction Publishers, 1994, pp. 53-60。——作者

刻,其学识之广博令人赞叹不已。他的教学风格自信且权威,有时甚至是好斗的,但也不乏幽默与风趣。① 他吸引了许多极具天赋的学生,他们在各自的学术和文学领域都颇有建树。

只有当某篇文章在学术和哲学上完全成熟后白璧德才会将其出版。到1910年,他不仅发表了多篇文章和评论,还编辑了多本著作,并出版了两本专著——《文学与美国的大学》(Literature and the American College)与《新拉奥孔》(New Laokoon)。但是哈佛迟迟没有承认白璧德作为学者和教师的成就,直至1912年伊利诺伊大学向他提供了一个经济上颇具吸引力的职位后,白璧德才被哈佛升为教授并拥有终身教职。

白璧德于1900年与多拉·德鲁(Dora Drew)结婚。她是一名新教徒的女儿,在中国长大。婚后,一家人在哈佛校园附近一条安静的小路边租了一栋三层的房子并一直定居于此。白璧德从未在经济上有足够的安全感,因而一直未曾购置房产。夫妇二人育有一子一女。尽管白璧德是一位传奇般的教师和令人钦佩的作者,但朋友们都说他的伟大在那些丰富、激烈、精辟的私人谈话中更为突出:他总能给人留下极深刻的印象。那些想和他探讨问题的人通常不得不陪他在查尔斯河畔快步走上很长一段路。他偏爱激烈的网球运动。他身高中等以上,体格健壮,似乎总是充满了精力。他外表英俊,有一头金发和深蓝色眼睛,

---

① Frederick Manchester and Odell Shepard eds., *Irving Babbitt: Man and Teacher*, New York: Greenwood Press, 1969; reprint of the original 1941 edition. 该书是由白璧德的学生、友人等共同完成的珍贵回忆录。40位参与者包括保罗·埃尔默·穆尔(Paul Elmer More)、T. S. 艾略特(T. S. Eliot)、奥斯汀·华伦(Austin Warren)以及白璧德的妻子多拉。——作者

看起来气度不凡,这一点随着时间流逝愈加明显。随着年纪的增长,他的背渐渐弯曲。1932年他的健康状况开始恶化。持续的感染和低烧让他逐渐虚弱,溃疡性结肠炎(一直没有完全确诊)使他愈加痛苦。到1933年的春天,他的体力几乎完全耗尽了。他被迫卧床,但仍以极强的意志力完成了这学期的评分工作。病魔最终在1933年7月15日夺去了他的生命,当时他只有67岁。也许听来有些不可思议,但长期进行一场似乎注定会失败的战役,并一直承受诸多学术当权者的敌意或许真的损害了他的健康。

白璧德的影响

20世纪20年代,白璧德被视为一场新的知识和文化运动的领袖。他出版了多部专著,其中第一本《文学与美国的大学》(1908)批判了情感人道主义和科学至上主义(scientism)这组孪生现象,主张重新开设人文课程,重振人文学科,以扭转西方生活和文学的颓势。《新拉奥孔》(1910)批评了浪漫主义导致的体裁模糊与主观主义的表达方式,倡导对其进行有想象力的制约。《法国现代批评大师》(*The Masters of Modern French Criticism*, 1912)主要涉及19世纪的法国批评家,扩展了他的批评标准。《卢梭与浪漫主义》(*Rousseau and Romanticism*, 1919)也许是他最广为人知的一部著作,该书批评了想象的过分膨胀和相应的道德散漫,并将之视作对文明的巨大威胁。在美学上,白璧德没有选择亚里士多德式的模仿论来替代浪漫主义,而是选择了一种特殊的想象力和想象形式。他称之为"道德想象"(moral imagination):这种在美学上引人注目的生活构想的核心是道德戏剧。《民主与领袖》（Democracy and Leadership，1924）将白璧德对道德和审美的看法与政治的根本问题联系起来。

关于新人文主义的争论随着两本文集的出版在1930年达到顶峰，一本出自批判者，一本出自支持者。争论甚至蔓延到了流行报刊。纽约卡内基音乐厅举行了一场由白璧德主讲的关于人文主义的公开讨论，吸引了近3000名观众。① 1932年，白璧德出版了文集《论创造性及其他》（On Being Creative and Other Essays）。《法句经》（Dhammapada，1936）于他去世后出版，这是白璧德从巴利文翻译而成的佛教经典，其中还包含一篇他所写的关于佛教和西方的重要文章。本书收录的文章在1940年首次以《西班牙性格及其他》（Spanish Character and Other Essays）为名结集出版。

熟悉白璧德思想的学者在研究有关他的争议时会看到许多合理的批评和疑问以及澄清的要求，但也有许多故意扭曲和误解的情况。攻

---

① 反人文主义的观点收录在 C. Hartley Granttan ed., *The Critique of Humanism*, New York: Brewer and Warren, 1930。撰稿者包括埃德蒙·威尔逊（Edmund Wilson）、艾伦·泰特（Allen Tate）、肯尼斯·布鲁克（Kenneth Bruke）、R. P. 布莱克默（R. P. Blackmur）和伊沃·温特斯（Yvor Winters）。支持人文主义的观点收录在 Norman Foerster ed., *Humanism and America*, Port Washington, N. Y.: Kenrukat Press, 1967; reprint of the 1930 original，各章由保罗·穆尔、T. S. 艾略特和欧文·白璧德等人撰写。有关白璧德及人文主义的争论，参见 J. David Hoeveler, Jr., *The New Humanism: A Critique of Modern America, 1900 – 1940*, Charlottesville: University Press of Virginia, 1977, esp. chaps. 1 and 4，以及 Stephen C. Brennan and Stephen R. Yarbrough, *Irving Babbitt*, Boston: Twayne Publishers, 1987, esp. chap. 3。两部书都包含许多非常有用的信息以及一些精辟的评论，但对白璧德和新人文主义立场方面的解释并不完全可信。——作者

击白璧德的文章几乎从不引用他的作品,也未曾对它们进行细致分析。比起他本人的文章,批评者们更乐于引用那些夸张的转述,仿佛公正地对待白璧德的思想过于痛苦或危险。白璧德所经受的猛烈抨击表明许多人的批评是出于愤怒或个人情感。毕竟,白璧德所挑战甚至有时嘲讽的那种姿态,恰恰被他们视作他们具有良好道德和审美能力的证据。

白璧德曾遭到许多有影响力的学者及文人的批评,其中包括埃德蒙·威尔逊、H. L. 门肯、辛克莱·刘易斯、欧内斯特·海明威、R. P. 布莱克默、阿瑟·洛夫乔伊、J. E. 斯平加恩、艾伦·泰特和雅克·巴尔赞。① 从这些名字就能明显看出,贬低白璧德的学者并非都是激进人士和进步主义者。敌意和扭曲在短期内损害了白璧德的声誉,掩盖了他真正的观点,使赞赏也成了一种冒险。白璧德甚至建议其支持者在使用他的观点时不要注明出处。对白璧德观点的夸张转述也一直被某些作者所散播,他们甚至不屑于去查找原文。

但有些非常尖锐的批评者自身同样受到了白璧德的影响。② 有些

---

① 威尔逊(Edmund Wilson, 1895—1972),美国评论家和作家,关注弗洛伊德和马克思主义主题。门肯(Henry Louis Mencken, 1880—1956),美国作家、批评家、新闻记者、杂志编辑,创办并主编文学杂志《美国信使》。刘易斯(Sinclair Lewis, 1885—1951),美国作家,著有《大街》《巴比特》《阿罗史密斯》等。布莱克默(Richard Palmer Blackmur, 1904—1965),美国诗人、评论家。洛夫乔伊(Arthur Oncken Lovejoy, 1873—1962),美国哲学家、思想史家,著有《存在巨链》。斯平加恩(Joel Elias Spingarn, 1875—1939),美国教育家、文艺批评家和民权活动家,其美学思想深受克罗齐影响。泰特(John Orley Allen Tate, 1899—1979),美国诗人、散文家、社会评论家,支持南方回归农业经济以及旧式的文化理念。巴尔赞(Jacques Barzun, 1907—2012),法裔美国历史学家,研究思想史和文化史,著有《从黎明到衰落:西方文化生活五百年,1500 年至今》。

② 例如,白璧德关于浪漫主义的观点显然影响了 Arthur Lovejoy, *The Great Chain of Being*, Cambridge: Harvard University Press, 1936, chap. 10。——作者

读者对白璧德作品部分持保留意见,部分又默默地有着共鸣。此外依然有人公开赞赏白璧德的著作,并在自己的文章中使用他的观点。保罗·穆尔(1864—1937)是白璧德学术和生活上的密友,还在哈佛求学时,他就深受白璧德的影响。多年来,二人互相阅读和点评彼此的手稿和校样。穆尔自己有着非常杰出的事业。他是一位多产的学者,主要研究希腊和希伯来哲学、思想史、文学、社会思想及宗教,著有六卷本的《希腊传统》(*Greek Tradition*)和十一卷本的《谢尔本散文集》(*Shelburne Essays*)。穆尔还是《国家》(*The Nation*)杂志的主编。1914年至1934年,穆尔在普林斯顿大学任教,每年一学期。① 尽管白璧德个性更强,作为思想家更具开创性,但穆尔对人文主义立场的形成同样做出了诸多贡献。在晚年,穆尔抛开白璧德承认了自己圣公会教徒的身份,尽管可能不是那么正统。

很多从前的学生都承认白璧德对他们的发展有巨大的影响,作为老师给他们留下了深刻的印象。奥斯汀·沃伦②曾如此描述课堂中的他:"一种前所未有且永生难忘的体验。"斯图亚特·薛尔曼③曾说:"你

---

① 关于穆尔的优秀传记,见 Arthur Hazard Dakin, *Paul Elmer More*, Princeton: Princeton University Press, 1960,详细描述了穆尔与白璧德的关系。最近关于穆尔的研究见 Stephen L. Tanner, *Paul Elmer More: Literary Criticism as the History of Ideas*, Provo, Utah: Brigham Young University Press, 1987年。早期关于穆尔的研究见 Francis X. Duggan, *Paul Elmer More*, New York: Twayne Publishers, 1966 和 Robert M. Davies, *The Humanism of Paul Elmer More*, New York: Bookman Associates, 1958。关于对穆尔道德哲学的阐释,集中体现在白璧德和穆尔的核心概念中,见 Folke Leander, *The Inner Check: A Concept of Paul Elmer More with Reference to Benedetto Croce*, London: Edward Wright, 1974。不幸的是,这本小却重要的、与白璧德研究高度相关的书不得不以半私人的方式出版,发行量也从来不够。——作者

② 沃伦(Austin Warren, 1899—1986),美国文学批评家、作家和英语教授。
③ 薛尔曼(Stuart Pratt Sherman, 1881—1926),美国文学评论家、教育家。

不会感到他是一名卖弄学问的教师,只会觉得他是柯勒律治①,是卡莱尔②,是佛陀,从他那充满了智慧的聚宝盆中将知识倾泻与你。"T. S. 艾略特批评白璧德没有将他的信念固定在基督教信仰上,但他也证实了白璧德对学生的影响是深刻而持久的:"一日是白璧德的学生,终生是白璧德的学生。"③沃尔特·李普曼④在参加白璧德的课程时是一名社会主义者,有卢梭主义的倾向,相信"人民"。他最开始被白璧德反浪漫主义和反多数主义的观点激怒了,但正如李普曼的传记作者罗纳德·斯蒂尔(Ronald Steel)指出的那样,白璧德给他留下了"不可磨灭的印记"⑤。他的观点持续地改变着李普曼,这一点在李普曼更具学术性的作品中展露无遗,如《公共哲学》(The Public Philosophy, 1955)一书虽未提及白璧德,但在重要方面明显是白璧德思想影响下的产物。许多在白璧德专业领域之外享有声誉的学者也能感受到他的影响。古典学者维尔纳·耶格尔(Werner Jaeger)曾盛赞白璧德的哲学成就,称其"成功且有前景"⑥。

---

① 柯勒律治(Samuel Coleridge, 1772—1834),英国诗人、评论家。与华兹华斯合著《抒情歌谣集》,开创英国文学史上浪漫主义新时期。
② 卡莱尔(Thomas Carlyle, 1795—1881),苏格兰散文作家与历史学家。著有《法国革命》《英雄与英雄崇拜》等。
③ Manchester and Shepard eds., *Irving Babbitt*, pp. 209, 89-90, 103.——作者
④ 李普曼(Walter Lippmann, 1889—1974),美国作家、记者、政治评论家。代表作有《公众舆论》。
⑤ 白璧德对哈佛学生李普曼的"强大影响",见 Ronald Steel, *Walter Lippmann and the American Century*, New York: Vintage Books, 1980, pp. 18-19.——作者
⑥ Werner Jaeger, *Humanism and Theology*, Milwaukee: Marquette University Press, 1943, p. 81n.——作者

白璧德的影响远远超出了美国，他在欧洲有时比在自己的国家更受欢迎。1923年他作为索邦大学的客座教授为热情的听众演讲。1928年巴黎一家出版社推出了有关美国人文主义运动的作品，由同在哈佛任教的路易·梅西埃①所著。白璧德在哲学上最深刻的阐释者是瑞典学者福尔克·莱安德(Folke Leander)，他的著作澄清了白璧德的意图，并展现了其思想更深远的意义。② 在哈佛和索邦，许多崇敬白璧德的学生和听众来自东方，其中包括中国人、韩国人、日本人和印度人。他在这些人中享有智者、圣贤的美誉，是一位极具普遍性的西方人，对东方的宗教和哲学传统有着广博的知识和精深的洞察。一些中国学生专程到哈佛向他学习。通过其门下弟子，他对共产党胜利前的中国学界产生了巨大的影响，在美国思想家中也许仅次于约翰·杜威③。华语世界对白璧德的兴趣至今未减。④

---

① Louis J. A. Mercier, *Le Mouvement Humaniste aux États-Unis*, Paris: Hachette, 1928。梅西埃曾试图调和白璧德思想与经院哲学。另见同一位作者的 *The Challenge of Humanism*, New York: Oxford University Press, 1933, 以及续篇 *American Humanism and the New Age*, Milwaukee: Bruce Publishing, 1948。——作者

② 福尔克·莱安德对白璧德和穆尔思想的第一部哲学阐释是 *Humanism and Naturalism: A Comparative Study of Ernest Sellière, Irving Babbitt and Paul Elmer More*, Göteborg: Göteborgs Högskola, 1937。该书依然很有价值，尽管作者后来在很重要的方面修正了他对更高意志的理解，见莱安德另一本著作《内在制约》(*Inner Check*)。莱安德是笔者的老师，并影响了笔者之后的一本哲学研究：Claes G. Ryn, *Will, Imagination and Reason: Irving Babbitt and the Problem of Reality*, Chicago and Washington, D. C.: Regnery Books, 1986。该作品用白璧德在道德和美学上的观点来重新思考现实问题和对人类存在的认识。——作者

③ 杜威(John Dewey, 1859—1952)，美国著名哲学家、教育家、心理学家，实用主义的集大成者。

④ A. Owen Aldridge, "Irving Babbitt In and About China", *Modern Age* 35, no. 4 (1993)。——作者

在白璧德去世逾25年后,哈佛大学出人意料地在比较文学专业以他的名字命名了一个教授席位。该席位于1960年设立,第一位获得者是哈里·莱文(Harry Levin)。鉴于白璧德所反对的学术和文化风气在当时有着愈演愈烈的趋势,这件事看起来似乎有些反常。不过该席位的价值被内森·普西(Nathan Pusey)提高了。他在20世纪50年代中期成为哈佛大学校长,是一位具有广泛人文学术理念的古典学者。他曾跟随白璧德学习,受其影响比任何其他老师都深。①

在二战期间或二战后逐渐走向学术成熟的学者和文人中,罗素·柯克(Russell Kirk)常以钦佩的笔调提及白璧德。他推出了《文学与美国的大学》和《民主与领袖》的新版本,并为之撰写导言。柯克从不掩饰白璧德在学术上对他的裨益:"他对我的影响比20世纪任何其他作家都大。正是通过白璧德我才了解了埃德蒙·柏克②,而白璧德与柏克一样赋予了我的作品《保守主义的心灵》(The Conservative Mind)以生命。"③白璧德对想象和人类核心道德困境的处理深深影响了彼得·

---

① "50多年前我曾坐在白璧德的课堂上,他给我留下了深刻的印象。"内森·普西在1980年4月15日给我的一封信中这样写道。——作者
② 柏克(Edmund Burke, 1729—1797),爱尔兰政治家、作家、演说家、政治理论家和哲学家,对法国大革命进行过批判和反思。著有《法国革命论》等。
③ Russell Kirk, "The Enduring Influence of Irving Babbitt", in Panichas and Ryn eds., *Babbitt in Our Time*, p. 20. 1956年柯克策划由门道(Gateway)出版社推出《文学与美国的大学》的平装本,并为该书1986年的精装本贡献了长篇新导言,由美国国家人文研究所(National Humanities Institute)出版,该版本依然在售。柯克为1979年自由出版社(Liberty Press)版《民主与领袖》写过前言,分精装本与平装本,并于近期再版。——作者

菲尔埃克①关于文学、文化和政治的文章。菲尔埃克自己的文学信条可以看作白璧德美学立场的个人化重塑及扩展。② 菲尔埃克的诗折射出他深切的信念：艺术的最高形式是道德想象。同时代的杰出文学学者米尔顿·欣德斯（Milton Hindus）写了许多认同白璧德的文章，他是1963年版《法国现代批评大师》导言的作者。

在乔治·A.帕尼卡斯（George A. Panichas）有关白璧德的众多著作中有唯一一本白璧德选集。③ 其他一些学者——有些相当年轻——用十分赞赏的笔调讨论过白璧德，部分文章涵盖的内容非常广泛。他们包括约瑟夫·巴尔达基诺（Joseph Baldacchino）、斯蒂芬·布伦南（Stephen Brennan）、保罗·戈特弗里德（Paul Gottfried）、维托·朱斯蒂尼亚尼（Vito Giustiniani）、大卫·赫费勒（David Hoeveler）、威廉·基尔帕特里克（William Kilpatrick）、托马斯·内文（Thomas Nevin）、彼得·斯坦利斯（Peter Stanlis）、理查德·霍维（Richard Hovey）、斯蒂芬·亚伯勒（Stephen Yarbrough）和迈克尔·温

---

① 菲尔埃克（Peter Viereck，1916—2006），美国诗人。1949年获得普利策诗歌奖。

② 菲尔埃克在《不适应的人》（*The Unadjusted Man*, Westport, Conn.: Greenwood Press, 1973）中阐述了自己对诗歌和文学的看法，见第五部分"自由想象，伦理的与抒情的"（The Free Imagination, Ethical and Lyrical），尤其第三十一章"抒情的高贵"（The Dignity of Lyricism），这被菲尔埃克称作他的"文学信条"。也见菲尔埃克的诗集《清晨的箭手》（*Archer in the Marrow*, New York: W. W. Norton and Co., 1987）的附录《诗歌的形式》（Form of Poetry）一文。——作者

③ *Irving Babbitt: Representative Writings*, edited, with an introduction, by George A. Panichas, Lincoln and London: University of Nebraska Press, 1981.——作者

斯坦(Michael Weinstein)。① 某些素有"自由主义者"之名的作家向来不认同白璧德的观点,但近年来他们也开始承认,白璧德对西方社会的道德和文化问题有着敏锐且富有前瞻性的洞察。小阿瑟·施莱辛格于1986年出版了《美国历史的循环》,其中一章便以白璧德的思想为基础,甚至公开借用了白璧德的标题"民主与领袖"。施莱辛格现在称白璧德为"敏锐的学者",认为"他应该被更多人铭记"。他尤其赞赏白璧德对政治领袖的看法:"白璧德坚信民主成功与否取决于领袖的品质,在这一点上他是永远正确的。"②

道德和宗教

本文集广泛地涵盖了白璧德的思想和总体研究方法,它们使白璧德既被人仰慕又饱受争议。在《我相信什么:卢梭与宗教》中他总结了自己立场的核心。这篇文章于1930年首次发表,部分是为了澄清世人对他的误解。总体来说,白璧德批判了两种他认为在当时最具破坏性的力量,并提供了一种解决方案。这两种力量分别是:(1)将科学和功利主义手段视作解决人类问题的首要方式,他将其追溯至弗朗西斯·培根(Francis Bacon);(2)情感主义的想象,他将其与卢梭联系起来。

---

① 过去十年中主要研究白璧德生平和思想或者阐释和运用其思想的著作有:Brennan and Yarbrough, *Irving Babbitt*; Thomas Nevin, *Irving Babbitt: An Intellectual Study*, Chapel Hill and London: The University of North Carolina Press, 1984; Hindus, *Irving Babbitt*; Ryn, *Will, Imagination and Reason*。——作者

② Arthur M. Schlesinger, Jr., *The Cycles of American History*, Boston: Houghton Mifflin, 1986, p.418.——作者

二者都忽视了个人道德自律的重要性，它们通力合作，用改造社会环境的欲望取而代之。在《我相信什么：卢梭与宗教》中，白璧德评论道：考虑到几个世纪以来人类在控制低级自我（lower self）方面遭遇的巨大困难，"我们不禁怀疑……不论是培根式还是卢梭式的人道主义者，在对待恶的问题上都肤浅得无可救药"（239）①。针对美国的状况，白璧德写道："如果培根-卢梭主义的主张在某些方面真如我所认为的那般不健全，我们就有可能在这个国家见证有史以来最大的文化悲剧。"（244—245）宗教正逐渐变为情感人道主义，对人类的低级本能轻描淡写并淡化内在克制的重要性。以下对美国形势的评估比起当年越发切中目前的状况："新教不再关注内在生活，而越来越像'鼓舞人心'的宗教。试图让社会而非个人来应对恶，用外部的监督替代内在对欲望的控制，终将发展为可怕的法律至上主义。"（245）

各种类型的进步主义者都憎恶白璧德思想中看似"保守"或"说教"的成分。然而白璧德从来不是传统观点的盲从者。他将自己视作"现代人"。对他来说，现代性在重要的方面代表了一种进步，尽管更健全的现代性应与那些高度可疑甚至危险的理念分离，而应与那些古老的、不朽的真理为伍。白璧德将他所定义的现代性交由经验去证明，呼吁"实证的和批判的人文主义"（240—241）。他认为自己对道德、美学和认识论问题的看法是个人主义的，尽管是一种特殊的个人主义。

白璧德希望以现代方式处理道德和宗教问题，这引起了部分基督徒和传统主义者的不安。在试图建立道德及其他标准的理论基础时，

---

① 括号中页码为本书边码。

他认为一味诉诸传统或宗教权威是错误的,尤其在现代世界的知识环境下。基督教的衰落很大程度上源于精神和道德的耗散,但也是由于我们无法使用对现代学者有说服力的术语来重述宗教和道德洞见。在《乔治·桑与福楼拜》一文中,白璧德写道:"基督教最大的历史性错误便是将信仰与盲从混为一谈。对大多数现代人来说,信仰等同于教义,一旦教义消失,信仰便随之消失了。"(136)要打动那些真诚的怀疑论者,从教条式的方法转向经验的方法很重要。即便古老的教条失去了魅力,我们仍能从教条背后的具体经验中找到道德和宗教生活的真理。不需要用某种教义信仰来检视这一历史事实。白璧德认为,伟大的宗教和道德体系都有类似的体验核心。白璧德主张以普遍的、历史的方法处理道德和宗教事务,但这并不意味着信仰教条的基督徒是错误的;他们也许拥有超越人类一般经验的特殊优势。他准备将这种方法提供给愿意正视具体证据的现代怀疑论者,以及愿意在新的批判-哲学立场上看待宗教和道德问题的基督徒和其他人。

一些基督徒对白璧德持怀疑态度,部分是由于他高度赞赏佛教,尤其是小乘佛教(Hinayana)。本书中有两篇文章展示了他对东方宗教的兴趣。白璧德非常欣赏佛教对教条的淡化,佛教强调内心自省以及能带来精神成果的修行。在西方世界,希腊学者与基督教学者往往认为道德-精神生活的关键在于正确地思考,而佛教更注重个人在精神进步的过程中遇到的阻碍:"佛说,此障碍乃诸罪恶中最为隐微而致命者——道德怠惰,即随着情性与欲望消极浮沉于世。……人的懒惰并不能仅仅看作无知的一面:人是无知且懒惰的。"(153—154)其解药便是内在"修行"(strenuousness),基于自己的领悟行动。只有改变自我,人才能实现道德和宗教的真正意义和成果。白璧德认为,全盛时期的佛教教义修正了基督教的教条主义,以及宗教和道德问题的其他过度理智化倾向。困扰人类灵魂的疑虑的终极答案并非某个哲学学说——不论它多么有见地,而是在行善中展现善的意义并因行善而知善之人。相应地,当道德-宗教生活的目的在行动中达成之时,教条的纯洁性就显得不那么重要了。

白璧德指出,最容易走向教条僵化、强调需要外部权威的人通常在他们所宣称的信仰中缺乏安全感。他们的品格尚未定型,试图用教条弥补或压抑他们长久以来的疑虑。白璧德在《卢梭与浪漫主义》中写道:"教堂之于那些浪漫主义的皈依者就如同礁石之于水母一般。"[1]对那些道德上更为稳定和完整的人、在自我提升上走得更远的人来说,外部支持尽管在某些方面是必要的,却不如核心目标来得重要。

内在制约

白璧德认为,人类生活中最真实、最具规范性的是一种特殊的意志品质,他通常称其为"内在制约"(inner check)。这一表述常常引起诸多困惑和误解。根据语境和重点的变化,白璧德也会使用其他术语表达同样的道德要求,包括"更高意志"(higher will)、"制约意志"(the will to refrain)、"高级直觉"(higher immediacy)、"文明的意志"(the will

---

[1] Irving Babbitt, *Rousseau and Romanticism*, New Brunswick, N. J., and London: Transaction Publishers, 1991, p. 263.——作者

to civilization）。最终，人们会发现生命的意义和目的不在于勤奋的思考，尽管健全的思想对这个目标来说是必要的；也不在于激烈的想象，尽管道德想象不可或缺；而在于特定的意志。从消极方面来说，更高意志是一种批判的、克制的力量：它会约束（check）道德上不负责任的冲动。从积极方面来说，它树立起了幸福、和谐生活的道德取向。当各行各业的人都在运用更高意志时，我们就有可能迎来一个道德上更正派的社会，并使人类生活在审美和智识上得到提升。

个体能直接从道德行为中感知更高意志的目的和权威。白璧德用哲学的、普遍的语言提及这种意志，意在描述它在具体经验中是如何运作和为人所知的。用基督教术语来说，这种处于人类经验核心的强制权威就是"上帝的意志"（the will of God）、"圣灵"（the Holy Spirit）、"神恩"（Grace）等。神学用其特有的语言解释现象；基督教术语处处渗透着教义的成分，而教义又部分来源于启示。白璧德自己的术语（"内在制约""更高意志"等）为基督教教义留出了空间，但不预设基督教的立场。在他看来，非教徒甚至非宗教人士也有可能承认意志的存在及其权威。

有些基督教徒为白璧德这种哲学的、普遍的方法感到不安，他们甚至无视压倒性的证据，指责白璧德有着自然主义的人生观。白璧德主张的难道不是更高意志就是人类意志吗？确实如此。人可以"行使"这种意志。它隶属于个人经验。它是"直接且直觉的"，不是形而上学的抽象概念（235）。但更高意志并非纯粹的个人或私人意志：其道德权威并不能被命令或强制实施。在这个意义上，它又是客观的，高于个人的。它既是超个人的又是个人的。白璧德常强调,人总是被道德上对立的意志所拉扯,而更高意志超越了所有单纯的主观好恶。它不是普通的欲望,它使个人从低等的、自私的自我中脱离出来。所有人都或多或少拥有这种意志,取决于他们行使该意志的程度和相应道德品格的高低。人类通过更高意志而非开明的利己主义团结起来。尽管这种凝聚力实际上是直接的、个体的经验,但它的规范性和权威性并不局限于个人、时代或地点。白璧德写道:"'像国王一样主宰着我们欲望的精神'是先验的,不仅凌驾于卢梭式的'自然'之上,也超越了科学家所说的'自然'——这一点我们怎样强调也不为过。"(237)

更高意志的制约在特定个体身上可以呈现出某种形式:他们会开始脱离普通人的生存关切。体面的个人和社会生活所要求的道德标准本身就是苛刻的,对大多数人来说都是一种挑战。但对极少数人来说,更高意志会让他们超越这种要求。它会变成一种特殊的精神渴望,一种神圣的、彼岸性(otherworldness)的离开尘世的愿望。人文主义者或许能理解并欣赏这种特殊的宗教性倾向,他们所追求的虽然与之相关,却是更"世俗"的一种约束。"人文主义者行使制约意志,但他所考虑的目的不是完全摒弃扩张型欲望,而是用节度法则将其约束起来。"(239)后一句展现了白璧德对亚里士多德伦理学的致敬。

尽管在某些社会中,"世俗"道德与对神圣宗教性的追求有时相辅相成,但白璧德认为人类文明不一定依赖宗教的道德引导。这使皈依了基督教的 T. S. 艾略特和艾伦·泰特感到不安——有趣的是,泰特是在攻击白璧德不够虔诚之后,才信仰基督教的。两人用不同的方式断言，缺少明确的基督教信仰会在白璧德思想的中心留下空洞。① 但白璧德从未质疑宗教经验或道德普遍性的真实性，他肯定这一点并为此进行了详细的论述。白璧德坚持要把真正的道德和宗教与各种"虚假的信念"区分开。尽管他愿意承认基督教确实有可能比其他宗教包含更深刻的真理，但他并不认为在哲学讨论中使用基督教的术语会使论点更具说服力。有些基督教徒反对白璧德，认为他将道德指导的根源归结于人类生活本身。但在这方面，白璧德与过去自然法的倡导者类似。托马斯·阿奎那(Thomas Aquinas)认为，人并不需要信仰基督教就能分辨世俗意义层面完美的标准。白璧德与阿奎那之间的重要区别是，前者认为具有终极规范性的是意志的一种特殊品质，而非理性。②

值得补充的是，许多白璧德的基督徒读者——包括新教和罗马天主教徒以及神职人员——都能在他的思想中找到强烈的共鸣，并认为他的作品支持了基督教立场。包括路易·梅西埃、林恩·哈罗德·霍夫(Lynn Harold Hough)、利奥·沃德(Leo Ward)，以及保罗·穆尔。如前文所述，白璧德的人文主义和宗教思想对东方宗教的代表人物有着强烈的吸引力，白璧德最忠实的追随者中有一些正是犹太人。

---

① T. S. Eliot, "The Humanism of Irving Babbitt", in *Selected Essays*, New York: Harcourt, Brace, 1960, esp. pp. 425 - 426. Allen Tate, "The Fallacy of Humanism" in Grattan ed., *Critique of Humanism*. 关于艾略特和泰特对白璧德批评的合理性，见 Ryn, *Will, Imagination and Reason*, chap. 1。——作者

② 关于"更高意志"更详细的论述，包括其在规范性上优先于理性，以及道德、美学和逻辑活动之间关系的分析，见 Ryn, *Will, Imagination and Reason*; Leander, *Inner Check*。——作者

卢梭和标准的颠覆

白璧德最著名的身份或许是卢梭批评家。他在本书中也称职地扮演了这个角色。他将卢梭视作那场声势浩大的情感人道主义文学、社会和宗教运动背后的开创性人物。这场运动使西方世界失去了内在约束,从而使文明无法长期存活。对白璧德来说,卢梭不是这一潮流唯一的始作俑者,但在引导西方人的想象力走上新道路的人中,他可能是最具独创性和影响力的。卢梭是一位极具代表性和象征意义的人物,从他身上我们能看到现代生活态度的诸多组成要素,而且他的表述通常极为精彩。更好地了解卢梭,就能更好地理解正日益奠定西方世界基调的那类人。"讨论卢梭实质上就是讨论我们当代生活中的文学、政治、教育以及最重要的宗教等问题。"(225)白璧德承认卢梭有"众多优点"(226)。例如,他增强了西方人对自然之美的感知。但白璧德强调的总是他眼中卢梭思想和想象力最主要和危险的特征。

白璧德认为卢梭核心问题在于其人性本善的观点。卢梭断然拒绝原罪理论,颠覆了人类需要约束自我的信念。他宣称,人类无需惧怕天然的、自发的自我,而应寻求自我的解放。卢梭认为恶之本源不在人类自我,而在自我之外的社会。他的著作激发了人们对生活现状的憎恶,他燃起了仇视社会的怒火,为反叛创造了条件。卢梭一直在逃避人类必须面对的核心事实:只要是可以被完全克制的恶,就首先必须由个体在自身内部控制。卢梭式的想象迎合了道德怠惰和自我放纵的意愿,并将这种意愿包裹在诱人的装束下。卢梭最大的魅力在于,他引诱人们逃避辛苦但必要的内在工作——这是人类的主要责任——并为此开脱,而卢梭式的怜悯又为这种逃避提供了方便的掩护。白璧德评价道:"情感主义者(sentimentalist)倾向于用一种普遍的、不加选择的同情心来代替其他一切美德。"(177)卢梭用一种虚构的心灵美德替代了基于长期修养而形成的真正美德。这也是如今人们狂热地怜悯社会"受害者"的原因。通过忽视对自律的需求,情感主义道德和信念释放了人自私的欲求。它非但没有使人们情同手足,反而加深了那些自负的、乐于支配他人的"帝国主义式"个体之间的矛盾。总体来说,情感人道主义驱使人们大规模追求权力,民主完全无法招架这种危险。如果一个民族失去了道德上的自我约束,就会倾向于在其边境之外寻求扩张的机会。

在《民主国家的风格问题》一文中,白璧德认为美国式民主政府若想持续就需要高标准。情感主义的、卢梭式对"人民"的信仰比任何事物都更能摧毁道德约束和文化提升。白璧德这样写道:"平等主义(equalitarian)民主人士所鼓励的对普通人的狂热崇拜已与对平庸的崇拜相差无几。"(174)如不能保持"崇高感"(note of nobility),民主将难以为继。(176)在论述马修·阿诺德①的文章中,白璧德非常赞同阿诺德在世纪之交到来之前提出的观点:美国人是令人钦佩的民族,但他们的国民生活缺乏"深度和品味"。正如美国报纸展示的那样,他们正滑向平庸。白璧德从当时美国人的阅读品味中看到了他们进一步堕落的迹象。他套用一句古代谚语写道:"看一眼我们的报纸和流行杂志就能发现,尽管我们不是愚人,我们所读的也尽是些只有愚人才看的东

---

① 阿诺德(Matthew Arnold,1822—1888),英国维多利亚时代的诗人和评论家。著有抒情诗集《多佛滩》及论著《文化与无政府状态》等。

西。"(61)白璧德并不准备放弃美国的民主,但他担心这种衰落的迹象,尤其是道德自我约束的削弱也许预示着,"我们的民主实验和过去类似的实验一样,会以堕落的帝国主义告终"(245)。

想象——善或恶的力量

本书中的一些文章主要讨论文学和美学的主题。它们表明,白璧德相信每一种想象都涉及一种对生活的态度,并且不断暗示着人们应该如何生活。即便他只从美学的角度评价诗人、剧作家、小说家和批评家,读者依然能感受到白璧德的生活哲学,他对自律和创造力的强调以及对平衡各种观点的需求。在《英国人擅长批评吗?》一文中,白璧德讨论了现代文学批评的适当标准,这将他引向了老年歌德(Goethe)。他在描述歌德的思想和精神的同时,也是在概括自己的批判立场和更宏大的哲学观。白璧德这样写道:歌德希望利用整个人类文化传统来"完善和支持他的个人见解,并由此理解现代之真义——既不是对历史卑躬屈膝的模仿,也不是断然的否定,而是对其创造性的延续"。(46,着重号为笔者所加)。白璧德对拉辛①的赞赏同样也源自他对人文生活需求的总体评估。在注意到拉辛身上的传统形式主义、矫揉造作及其他缺点后,白璧德表示:"我们能从拉辛身上学到自浪漫主义胜利以来人们总是倾向于忘记的事实,即感情的表达可以既强烈又克制。"(102)白璧德有保留地认同阿诺德的批评标准,他写道:"正如我

---

① 拉辛(Jean Baptiste Racine, 1639—1699),法国剧作家、诗人,其戏剧被视为法国浪漫主义戏剧的最后代表。

们无数次说过的那样,能修正无政府状态的不是效率,而是人文主义的或宗教的约束。"(64—65)

白璧德关于贝奈戴托·克罗齐①的文章首次发表于 1925 年,这篇文章评论了这位意大利哲学家的几部著作及其他材料。白璧德坚持反对那种不关注伟大艺术作品之道德普遍性的美学理论,这一点在这篇文章中展露无遗。该文章并未展现出白璧德的最佳鉴赏力,但具有相当的历史和哲学意义。尽管文章多次赞美克罗齐,但从总体来说还是以批判为主。某些负面的评价过于夸张和片面。克罗齐的早期作品,尤其是《美学原理》(Aesthetic)一书奠定了他作为"为艺术而艺术"思想倡导者的地位,而白璧德对克罗齐的总体印象正来源于此。克罗齐曾坚持认为艺术是纯直觉的,完全独立于道德之外。它的目的并非教化。克罗齐实际上使艺术想象与人类生活的其他部分分离了,仿佛艺术与生活现实无关。对白璧德来说,这种观点是错误甚至危险的,因为它忽视了想象的力量,想象可以使人坠入幻想的深渊并塑造人的行为。对艺术作品的评价不应仅仅参照其美学上的统一性。不承载人类境遇的艺术不可能是伟大的艺术,尤其在道德-宗教层面。克罗齐的哲学还试图消解善恶之分,这一点也是白璧德高度批判的。

白璧德在自己认为非常核心的领域确定克罗齐"误入歧途"后,没有进一步探究他的思想与克罗齐在其他方面的重合之处,也没有密切关注克罗齐思想的演变。倘若如此,他就会发现,到 1917 年克罗齐已

---

① 克罗齐(Benedetto Croce, 1866—1952),意大利著名文艺批评家、历史学家、哲学家。他最有成就的哲学观点在《美学原理》《逻辑学》《历史学的理论与实际》中都有体现。

经大幅修改了自己的美学理念,并且非常接近白璧德长期拥护的美学立场。克罗齐现在会这样写:"如果道德力量是普遍的(它确实如此)、统领世界的,那么它就能依靠自己的力量进行统治;越完美的艺术越能清晰地反映和表现现实发展;它越是艺术,就越能更好地展现事物本质中固有的道德。"①克罗齐的转变很可能受到了白璧德本人的影响。1922年乔瓦尼·秦梯利②关于教育的著作在美国出版,克罗齐为该版本撰写了导言,部分似乎是为了表达对白璧德的支持:他们都反对浪漫主义的过度泛滥,支持道德上的和想象力上的约束。克罗齐向美国读者呼吁一种"新人文主义"。这位从前倡导解放想象力的学者还表示希望社会能从"一个半世纪以来以浪漫主义之名骚扰人类灵魂和社会的各种反常现象"(白璧德引用,68)③中得到拯救。白璧德关于克罗齐的文章在观点上涵盖了这篇导言。但是尽管克罗齐明显示好,白璧德依然主动拉开了自己与这位意大利学者之间的距离。他承认克罗齐"学识渊博、才智超群"(70),并给予他"由衷的赞美",尤其在克罗齐阐释历史性理解的时候。但是,在认定克罗齐的哲学有"核心的错误"后(66),白璧德认为这些都只是"边缘的优点"(peripheral excellencies)(69)。他低估了克罗齐作为哲学家的成就。需要指出的是,克罗齐的某些优点不仅不边缘,反而直接切中了白璧德关注的中心。克罗齐以

---

① Benedetto Croce, *Nuovi saggi di estetica*, Bari: Laterza, 1920, p. 131;这一段最初发表在1917年的文章《总体性的特征》("The Character of Totality")中。——作者
② 秦梯利(Giovanni Gentile, 1875—1944),意大利新黑格尔唯心主义哲学家,《意大利百科全书》主编,曾任罗马大学哲学史教授,是克罗齐的同事。
③ Benedetto Croce, Introduction to *The Reform of Education* by Giovanni Gentile, New York: Harcourt, Brace, 1922. ——作者

重要的方式补充了白璧德,并澄清了白璧德未曾完全解释的观点。总体来说,如果白璧德能抛下偏见,他将会从克罗齐身上受益良多。

如果白璧德能更清楚地表明,自己对浪漫主义的看法并不像看起来那样全然是负面的,或许能避免许多非议。白璧德仅涉及了浪漫主义有问题的方面,但除此之外,他也坚持认为必须区分历史现象的不同趋势。通过顺带提及和言外之意,白璧德暗示我们,他对浪漫主义的否定绝不是无条件的。他没有充分意识到自己的美学和哲学立场在多大程度上也包含来自浪漫主义的元素。如果白璧德按照他通常的阐释方法开始区分浪漫主义的类型,两个不同的分支自然就会显现。白璧德仔细审视的那一支确实催生出他所批判的那种无约束的、充满幻想的逃避。但是,另一支——在文学或批评中以老年歌德为代表,在社会思想上以埃德蒙·柏克为代表——却培育了白璧德化用自柏克的说法:道德想象。

白璧德自己也强调,他所赞颂的想象并不能用经典或者中世纪的模仿美学(mimetic aesthetics)来充分解释。他自己在某种程度上也是浪漫主义者,不仅强调想象的创造性,也将想象视作构建人类对现实认知的基础。对白璧德来说,伟大的艺术在某种程度上是亚里士多德意义上的再现(representative):它捕捉了人类境遇的道德本质;但与克罗齐一样,白璧德强调艺术的想象力依靠新鲜的直觉。他所说的道德想象是"对普遍事物的创造性模仿"(70,着重号为笔者所加)。①

---

① 关于白璧德与克罗齐思想的综合以及道德上对立的想象类型,见 Ryn, *Will, Imagination and Reason*。——作者

两种理性

至少应该给白璧德没有深入讨论,而克罗齐曾给予细致和系统关注的主题一点篇幅:理性在理解人类境遇时发挥的作用。克罗齐的逻辑是对黑格尔主义要素的创造性再阐释。白璧德认为理性无法准确捕捉具体经验。理性是抽象的。通过把活生生的现实切割开,使其具象化、简化,理性才有清晰的条理。在这方面,白璧德与亨利·柏格森[①]类似。在对直接经验现象进行分类的过程中,理性不可避免地会武断粗暴。在解释理性的运作方式时,白璧德与实用主义者非常类似。他认为,要想正确理解具体现实而不受理性的扭曲,我们必须仰仗"直觉"(intuition)。

然而,白璧德虽然使用了文学和其他形式的典故以传达生活的经验特质,其目的却是进行符合直接经验的论证、区分和定义。这里,白璧德和其他抱怨理性扭曲了现实的思想家一致。在哲学实践中,白璧德总是假定,确有可能用概念如实描述人类生活永恒的那一面。他暗示(但只是非常隐晦地承认),存在一种理智的感知能力,与他明确承认的实用的、抽象的理性完全不同。

根据克罗齐的观点,当我们进行哲学思考,试图抓住人类生活的普遍特征时,运用的是非实用理性。克罗齐坚持认为普遍性特征与具体的、特定的事物不可分割:他展示了怎样以历史的方式进行哲学思考。真正的哲学并不违背经验,因为它的本质就是用概念表达直觉实际感

[①] 柏格森(Henri Bergson, 1859—1941),法国哲学家,主张"生命哲学",强调直觉与生命力,批判传统哲学的理性主义,反对科学上的机械论。著有《创造进化论》《物质与记忆》等。

知的事物。哲学理性把历史的直觉材料与艺术和纯粹想象的直觉区分开。哲学与为现实目的服务的实用理性不同，它并不一定要故意扭曲现实。克罗齐描述的历史-哲学理性是白璧德经验现象学及其他类似理论的真正认识论基础。克罗齐的逻辑使白璧德隐约涉及的内容变得明晰而系统。①

我们这个时代需要的思想家

要总体评价白璧德，必须注意到他的现实性和预见性。在他过世半个多世纪后再读他的文章，人们会一再为他的远见所震撼，他能判断突出的道德和文化问题，并异常准确地预测主要的发展趋势。他所诊断出的问题如今已足够引起大多数观察者的担忧。他之所以能看到特定现象背后的意义和重要性，是因为他能精准地把握整体的动态。他有一种基于人类道德和宗教困境的分寸感和重点意识，这也是他理解人性不同层面的关键。他对生活和艺术的密切关系有着敏锐的感知。白璧德对想象的作用及其与意志之间关系的阐述或许是他最具创新性的理论，也是他对理解人类生活和文明演变最不朽的贡献。而这一点又与以下观点密不可分：存在的道德张力和对自我的约束是人类幸福和社会秩序的核心所在。白璧德学识渊博，其文章大量依赖历史和文学的例证与比较，但他的目的永远是更好地理解当下，并说明如何才能补救美国及西方文明不断恶化的问题。

---

① Benedetto Croce, *Logic*, London: Macmillan, 1917. 关于利用白璧德和克罗齐的观点，并通过加强和整合其在逻辑、美学和伦理学的各个层面来重建认识论，见 Ryn, *Will, Imagination and Reason*。——作者

同样令人惊叹的是白璧德能平衡他对现代性趋势的诸多评价。白璧德对特定潮流的批评在其拥护者看来极端、僵化、说教、保守、不近人情，但从更长远的历史角度来看，他的批评温和、灵活，有见地。白璧德因反对"为艺术而艺术"而饱受指责，但在他自己的美学理论中，他承认该学说也包含真理的要素，但同时依然呼吁人们注意其更大的缺陷。在伦理学与政治学方面，他尖锐地批评了对人性本善和"人民"的信仰，并因此受到了进步主义者的非难。但是他并非倡导对人性阴郁、悲观的看法，也并不是偏爱政治上的威权主义。由于他批评情感人道主义和科学至上主义，认为它们逃避人类存在最核心的问题，因此被指责为保守分子。但是，本书的读者应该清楚，他不建议简单地回归到前现代的方式和态度，尤其在科学领域。在人文学科、哲学和宗教的认识论方面，他认为比起那些自称"现代人"所使用的方法，我们更应运用真正"实证和批判"的方法。传统主义者包括基督徒为此感到不安，他们认为白璧德的方法破坏了他们基于教义的信仰。然而，白璧德想拯救的不仅仅是道德普遍性的概念，还包括对宗教生活的理解。他努力实现这一目标，同时也接受人们对其论据的合理质疑。白璧德倡导平衡与适中的总体路线，这一点愈往后会愈清晰。

白璧德处理人文和宗教问题时使用的是普遍-哲学的方式，部分是由于他相信不同文化的接触会越来越频繁。为了避免文化之间的紧张关系，有必要互相理解彼此传统中最顶尖的部分。白璧德所采用的方法既能让不同文化共同讨论核心的道德和宗教问题，同时也能为各个信仰体系留下存异的空间。自白璧德去世以来,事态的发展显示了他的智慧与远见。最近,西方世界有人提出,不同文化之间的紧张关系有加剧的危险。① 以白璧德式的观点来看,这种风险不太可能来自基本理念不同的高等文化,而更有可能源于它们自己无法在宗教和道德上达到顶尖的状态。如果它们接受煽动性的领导,冲突确实可能发生。而在开明的、世界性的领导之下,不同的文化可以修复各自传统中最深刻的道德和宗教见解,这意味着依靠克制与节制。在每一种特定信仰体系背后,都有一个全人类共同参与的道德-精神核心,尽管参与程度有所不同。引导人们关注这个核心,就意味着不同民族、文化可以和谐共处。

白璧德学识极广,对东方文化也有所涉猎,他对生活的核心问题充满热情,目光敏锐,这使他拥有独立的批判视角。他特立独行,在这个意义上,他与自己的时代格格不入。他没有取悦任何已有的艺术、学术、宗教或政治体系,也没有得到任何学术派系的偏袒或推广,而这些本可能使他的学说获得更大的直接影响力,特别是在美国。同时,白璧德还必须长期面对尖锐的反对意见。但是由他的独创性带来的特立独行的身份从长远看反而是种财富。如今,大多数在本世纪曾力争主导地位的思潮都已耗尽了它们的创造力,甚至丧失了可信度。也许在这种情况下,白璧德独立于那些互相竞争的流派却吸收了它们各自有益

---

① 如 Samuel P. Huntington, "The Clash of Civilizations", *Foreign Affairs*, Summer, 1993。在讨论不同文化与宗教时,亨廷顿使用了十分杂乱的分类,忽略了关键的区别。奇怪的是,他也对实际或潜在的宗教和道德上的共通性以及不同文化之间的友好关系毫不关心,或者说未曾察觉。——作者

部分的立场,将再度提示我们需要把旧与新结合起来。他的核心思想没有失去其现实意义。对我们这个困难重重的文明来说,学者们能否吸收白璧德的成果,或许正是衡量这一文明能否复苏的标准。

克莱斯·瑞恩
1994 年 9 月

前　　言

除了构成其作品主体的六卷本①之外，欧文·白璧德还发表了相当数量的散文、演讲和书评，最后一类中的许多文章与其说是评论，不如说是其思想的独立表达。其中的14篇在此汇编成集。

这些文章以各种方式补充了白璧德业已出版的作品，包括其去世后才出版的《法句经》。白璧德惯于专注解决哲学难题，但在《西班牙性格的明与暗》中，他看起来更像一名超然的文学学者。他通常不将作家视作独立的个体，而是把他们当成理念的代表和传播者；但在《乔治·桑与福楼拜》《狄德罗诞辰二百周年纪念》《马修·阿诺德》中，白璧德主要致力于给出他所谓的全面评价，正如他在《法国现代批评大师》中所做的那样。有关克罗齐、拉辛和帕斯卡的文章是他对这些重要人物最为翔实的论述，而帕斯卡长期以来一直是他某门课程的主题。白璧德对印度哲学尤其是佛学兴趣浓厚，《印度短诗百咏》和《向西方阐释印度》都是对他此前相关作品的重要补充。《英国人擅长批评吗？》和《马修·阿诺德》用充实的内容讨论了之前在别处仅偶尔涉及

---

① 这里的六卷本指的是白璧德生前出版的六本独立专著:《文学与美国的大学》《新拉奥孔》《法国现代批评大师》《卢梭与浪漫主义》《民主与领袖》《论创造性及其他》。

的重要领域。《人文主义者与专家》和《艾略特校长与美国教育》则是他在教育方面的最新论述,白璧德曾希望有生之年再写一本有关教育主题的书。《民主国家的风格问题》是他为美国艺术文学院(American Academy of Arts and Letters)所做的演讲,也是他对这一主题唯一的概括性论述。《我相信什么:卢梭与宗教》也许是对他的哲学思想最好的总结。

显然白璧德习惯在出版新书时随意使用这些还未结集成册的文章,因此读者也许会在本书中偶尔看到某些熟悉的段落。这种程度的重复——虽然总体来说不是很好——避免了牺牲某些非常重要的片段。本书中的文章与初印版基本保持一致,仅删除了书评中一些没有永久意义的小段落,修正了几处明显的疏忽,并做了一些形式上的调整。

白璧德作品出版目录主要由哈佛大学爱默生楼哲学图书馆的路易斯·哈拉普(Louis Harap)先生编写。

索引①由瑞秋·吉斯(Rachel Giese)小姐编写,包括主题词条和专有名词,涵盖了白璧德本人出版的六卷本、《法句经》中关于佛教的文章以及本书中的文章。

关于再版许可,感谢美国艺术文学院、布朗大学及以下杂志:《大西洋月刊》《论坛》《国家》《耶鲁大学评论》。

---

① 此索引乃霍顿·米夫林出版公司版"白璧德文集"总索引,中译本略去。

西班牙性格的明与暗①

西班牙人的性格中有一种神秘而独特的成分——法国人会说 du je ne sais quoi（不可言传）。在试图理解伊比利亚人②的思维和感受方式时，我们时常不得不借用最近某位作家的说法："西班牙人的性格中有某种西班牙的成分，使他以西班牙的方式处事。"记得几年前在西班牙旅行时，我对这个国家本身的外表感到有些失望，尽管它拥有缺少草皮和树木的土地所能拥有的一切线条和色彩之美。然而，这个国家异常独特的民族气质激发了我的兴趣，充分补偿了上述遗憾。我放弃了旅行常走的路线，花了几个月的时间，从比利牛斯山脉（Pyrenees）到直布罗陀海峡（Gibraltar），徒步游览了整个半岛。这样一来，我才得以走出受法国文明影响的马德里（Madrid），深入到那仍然残存于村庄和乡镇的古老西班牙文化。但是，即便有这些观察机会，在描述对西班牙人的印象时我也常常感到茫然。一方面是因为西班牙人身上强烈的摩尔人和东方元素与欧洲特质奇妙地融合在了一起，另一方面也由于西班牙本身就是一片令人费解的反常之地。无论是在这个国家，还是在其

---

① Copyright, 1898, by The Atlantic Monthly Company.——原书
② 伊比利亚人是西班牙最古老的民族之一，在本文中泛指生活在西班牙的常住民族。

民族性格中,闪耀的美德与恶劣的缺陷通常如影随形。在全欧洲,甚至全世界都没有一个地方像西班牙这样同时拥有如此极端的干旱与潮湿、酷热与寒冷、丰饶与贫瘠,以及如此明媚的风景与如此沉闷的荒芜。西班牙的土地上也存在着各种反差:从阿拉贡(Aragon)干旱的草原到瓦伦西亚(Valencia)肥沃的田园(huerta);从卡斯蒂利亚(Castile)荒凉的高地到埃尔切(Elche)繁茂的棕榈林;从拉曼查(La Mancha)狂风呼啸的荒原到格拉纳达(Granada)的低湿平原(vega);而这些对比在当地人的性格中也有对应。比如,有什么判断能既适用于加泰罗尼亚人(Catalan)又适用于塞维利亚人(Seville)呢?我记得马德里一家剧院的观众就认为,整部戏最具滑稽效果的地方就是剧中男仆自称是加利西亚人(Galician)和安达卢西亚人(Andalusian)的混合体("我是加利西亚人和安达卢西亚人的混合体"[Yo soy una mezcla de Gallego y Andaluz])。确实,一说到西班牙,就似乎难免滥用悖论和对比,用福特①的话说:"这是一个徘徊在欧洲与非洲、文明与野蛮之间的独特国家,这片土地上有葱郁的峡谷和贫瘠的山地,也有广袤的平原和破碎的山脊;有长满葡萄、橄榄、橙子和芦荟的仙境般的花园;也有人迹罕至、广阔而寂静的未经开垦的荒地,那是野蜂留下的遗迹……在这个原始的未经改变的国度中,奢靡浮华与贫穷困苦彼此对抗,既有最无私英勇的壮举,却又极度缺乏慷慨与仁慈;无知与博学在这里形成了激烈而惊人的对比。"

---

① 福特(Richard Ford,1796—1858),英国游记作家,以 1845 年出版的《西班牙旅行者手册》闻名。

我们几乎很难相信多尔诺瓦夫人①17世纪末对马德里的描述:肮脏鄙陋与富丽堂皇同在,粗野蛮荒与精致优雅并存。当时的西班牙与欧洲其他国家隔绝,仍自由地展现着它矛盾的天性。在西班牙几乎所有地方都体现着这种明暗对比(chiaroscuro)②,展示着光明与阴影交织的独特个性。我们在哪个国家的历史中能看到西班牙这样活力与惰性的交替,伟大与颓败的更迭呢?一方面,16世纪的西班牙宗教在宗教裁判所里发展到了极致;而另一方面,它又在圣特蕾莎③、路易斯·德·莱昂④神父和圣十字若望⑤等最后一批神秘主义者中达到了最纯粹的精神性和基督教的仁爱,这是中世纪天主教最后一抹灿烂的余晖。黄金时代辉煌的文学突然沦为陈腐和平庸。阅读这些文学作品中的杰作,我们会从神秘主义的巅峰与生动的抒情诗句,迅速跌入流浪汉小说作家们对恶棍流氓们丰功伟绩的描述。西班牙社会直到最近还没有中产阶级,这样的社会使塞万提斯⑥得以创作出堂吉诃德(Don Quixote)和桑丘·潘沙这样具有强烈对比的人物。在桑丘·潘沙身上,我们能

---

　　① 多尔诺瓦夫人(Madame d'Aulnoy, 1650/1651—1705),法国女作家,以童话故事闻名,她在17世纪中后期曾游历西班牙。

　　② 一种绘画手法,用细微的明暗渐变的方式来创作形象,所以通常是黑白相间,或者深褐色与白色相间。

　　③ 圣特蕾莎(Santa Teresa, 1515—1582),西班牙著名神秘主义作家,罗马天主教圣徒,加尔默罗会修女。

　　④ 莱昂(Luis de León, 1527—1591),西班牙著名神秘主义诗人,黄金时代的神学家和学者。

　　⑤ 圣十字若望(San Juan de la Cruz, 1542—1591),西班牙神秘主义者,天主教圣徒。代表作有《灵歌》。

　　⑥ 塞万提斯(Miguel de Cervantes Saavedra, 1547—1616),西班牙文艺复兴时期小说家、剧作家、诗人,被誉为西班牙最伟大的作家。代表作有《堂吉诃德》。

4 看到塞万提斯时代和今天的西班牙农民形象,他们天生的精明和智慧与无知和轻信有着强烈的对比。而这两者之间属于清醒、情理和批判思维的地带是法国人最为擅长的领域,西班牙人却完全未加开垦。

或许清楚了解西班牙人的首要条件就是认识到他们与法国人有哪些不同。我们不应让自己被所谓的拉丁族裔应有的共同特性所误导。在某些本质特征上,西班牙人与法国人的差异简直和印度人与中国人一样大,连差异的方式都有些许类似。法国文学最让人印象深刻之处就在于她缺少德语所谓的"内在性"(Innigkeit),也就是说,在法国文学中个人的一切都服从其社会属性;相比之下,西班牙人更能享受孤独和寂寞。在法国,理性由于没有被想象力充分激活,很容易堕落为乏味的唯理主义(rationalism)。而在堂吉诃德的土地上,想象力常常挣脱理性和理解力的控制,拒绝接受现实的约束,而当人们发现现实世界终究与幻想的图景截然不同时,随之而来的就是无法避免的幻灭。幻觉(engaño)与幻灭(desengaño)是西班牙诗歌永恒的主题!

5 与西班牙人这种过度的想象力密切相关的是他们的骄傲,是将自我理想化的能力以及对个人尊严的极度推崇。只要打着荣誉(自尊的特殊形式)的旗号,他就几乎能做出任何牺牲;而当他认为自己的荣誉受到冒犯时,则几乎可以采取任何暴力和残忍的行为。西班牙古典戏剧几乎完全围绕两个主题展开:一是中世纪与哥特式的荣誉感;一是东方式的嫉妒。正是通过利用西班牙人的骄傲和个人荣誉感,而非其宗教本能,罗马才得以引诱西班牙成为其抵抗现代精神战争中的先锋。西班牙人把自己看作为母教(Mother Church)英勇作战的游侠骑士

(caballero andante)。

西班牙人的这种对自我陶醉阻碍了他们接受新人道主义理念。在莫里哀①的戏剧中,唐·璜让他的男仆施舍乞丐,并不是出于对上帝的爱,而是出于对人类的爱。事实上,从莫里哀的时代起,人们就已经将对上帝的崇拜和个人救赎的旧观念,替换成了对人类的狂热推崇以及对自己集体能力的神化。人类将自己的未来理想化,从而形成了进步的观念。人对自己的过去充满兴趣,由此产生了历史精神。人愈发关注自身生活的便利与舒适,努力让现实生活接近那已经消失的梦想中的天堂。个体如此屈从于这项庞大而庸俗的事业,以至于他几乎意识不到自身的独立价值。贝特洛②先生不久前说道:"个人在未来的社会中将愈发微不足道。"

然而,西班牙人拒绝就这样将个人利益与人类的总体利益等同。他们充满了某种产生自中世纪宗教的微妙的自我中心主义,而中世纪宗教忽视了人与自然以及人与同胞之间的关系,只关注自我救赎的问题。在古代,为了能有足够的钱做弥撒使自己的灵魂安息,一个虔诚的西班牙人在临终前欺骗债主都不罕见;据说这样的人"已经将他的灵魂当作他的继承人"。西班牙人到今天仍然如此以自我为中心。他几乎没有能力去信任他人、与他人合作并无私地为一个共同目标而奋斗;他对组织和纪律毫无耐心。因此,正如有人评价的那样,他们好战却无

---

① 莫里哀(Molière, 1622—1673),法国著名剧作家,首创现实主义喜剧。主要作品有《伪君子》《吝啬鬼》《贵人迷》等。
② 贝特洛(René Berthelot, 1872—1960),法国哲学家,理性主义者。著有《莎士比亚和歌德的智慧》。

军人作风。我们或许可以补充说,他们洋溢着民族自豪感,但不真正爱国。他们的血液中仍流淌着阿拉伯人狂野的荒漠天性和哥特人对个人独立的热爱。有位英国老作家在谈及西班牙人时说:"你宁愿怀疑他们当初只是因为害怕狼群才生活在一起。"西班牙的公务员或许会把"我死后哪管洪水滔天"(Après moi le déluge)①当成座右铭;或者如西班牙谚语所说,"最后一只猴子才会被淹死"(El último mono se ahoga)②。

在西班牙人对肉体享受和物质追求的冷漠中,我们发现了东方和中世纪对肉体蔑视的痕迹。

> 这褴褛之身有何价值?
> 可值得为它思考片刻?③

可是,胡安·巴莱拉④描绘的有着西班牙式节制的美好时光已一去不复返。在法式烹饪到来之前的黄金时代,上至大公下至骡夫,所有人不分阶层地享用和喜爱着洋葱与红辣椒相佐的民族菜肴;在那个时代,窗户上的玻璃在比利牛斯半岛还很稀有;在那个时代,马德里如果有十分之一的居民有洗澡的念头,他们就会无水可喝,也没有水去烹饪对于西

---

① 通常认为出自法国国王路易十五。
② 西班牙谚语,指的是一群猴子一个拉着一个的尾巴泅水而过,而当前面一只猴子上岸后就不会管身后的同伴,因此最后一只猴子就会被淹死。意指人人都为自己。
③ 见莫里哀《女学究》第二幕第七场。
④ 巴莱拉(Juan Valera,1824—1905),西班牙19世纪现实主义作家,文学批评家。

班牙饮食至关重要的鹰嘴豆了。尽管现代奢侈品已在西班牙蔓延,并遭到巴莱拉先生禁欲主义式的怀疑,西班牙人总体上仍旧是全欧洲最为节制的人群。

西班牙人的残忍——或者说冷酷无情,对自己和他人生命的草率态度——是另一种中世纪和东方文化的残留;而且,西班牙人的性情中有某种我不知道属于什么血统的原始伊比利亚人的野蛮。多尔诺瓦夫人曾提到,在每年特定的某天,宫廷骑士们都会按惯例沿着马德里的一条主要街道奔跑,并拼命鞭打自己裸露的双肩。当这样的忏悔者经过围观的人群中他选中的某个姑娘时,就会将自己的血溅到她身上,作为他倾慕的特殊标记。尽管西班牙人普遍对动物的痛苦无动于衷,但就我个人的观察,其他拉丁国家在这一点上也都相差无几。或许中世纪的宗教宣扬人类高于其他生灵,拒绝承认人与自然界其他生物的关系,导致人们更加缺乏对低等造物的同情心。西班牙农民抽打自己的驴子,原因与马勒伯朗士①踢自家的狗相同——因为他还没有学会将驴或狗视作和他自己一样能够感知痛苦的生物。

此外,西班牙人莫名地缺乏实践常识和机械技能,这也与他们对待生命的那种中世纪和贵族式的态度密切相关。巴特勒·克拉克②先生写道:"西班牙人的优秀品质和他们的缺点一样,有种旧世界的味道,使得这些品质的所有者在这个缺乏艺术感的、商业的、民主的、充斥着

---

① 马勒伯朗士(Nicolas Malebranche, 1638—1715),法国哲学家、演说家,发展了笛卡尔学说。主要著作有《真理的探索》等。

② 克拉克(Henry Butler Clarke, 1863—1904),英国学者,曾经在牛津大学担任西班牙语讲师,作品多关于西班牙文学和历史。代表作有《现代西班牙,1815—1898》。

怀疑论的时代,很难出类拔萃。"胡安·巴莱拉承认西班牙人在实践上的笨拙和低效,但同时赞美这是"崇高的无能",并在其中发现他们"神秘、狂热和超然天性"的标志。西班牙人在点燃煤油灯时总免不了会打碎灯罩,正如爱默生①一旦和枪打交道就会让朋友紧张一样。不幸的是,自然知道如何残忍地报复那些假装对她不屑一顾的人,以及那些像西班牙人一样把不审慎和不节制当作贵族般超脱姿态的人。"想扮天使的人往往成了禽兽。"②在长达数世纪的死亡焦虑之后,人终于不再努力将自己视作纯粹的精神体(当然,左拉③先生和他的流派则努力将自己视作纯粹的动物)。他逐渐学会尊重自己的感觉,与自然友好相处。然而,西班牙人拒绝让自己适应时间和空间的规律。他们不愿意承认,最崇高的事业往往因为忽视了最寻常的细节而出了差错。他们没能培养出观察和分析的能力,而自文艺复兴以来,人类正是依靠这些能力才越来越稳固地把握着物质世界。西班牙语优美洪亮的发音在其诗歌中取代了对自然的准确描绘,在演说中取代了国会演说家对事实的精确掌握。西班牙人不愿让过度精准的用词玷污了有关生命存在的诗歌。在西班牙的报纸上公告出来的轮船出发时间都是大概(mas ó menos)几点。拖延是西班牙的国民性恶习。我刚到西班牙后不久,沿

---

① 爱默生(Ralph Waldo Emerson, 1803—1882),美国思想家、散文家与诗人,美国超验主义运动的代表人物,提倡个人绝对自由和社会改革。

② 源于帕斯卡的一句话:人既不是天使也不是野兽,不幸的是想扮演天使的人都扮演了野兽。它旨在强调人性本身的不完美,常在"畜生的冲动"和"天使的节制"这两种极端的生存方式中挣扎。在本文的语境中,有"过犹不及"或"适得其反"的含义。

③ 左拉(Émile Zola, 1840—1902),法国自然主义小说家。代表作有《娜娜》《萌芽》等。

着萨拉戈萨(Saragossa)的林荫道散步时,在嗡嗡的人群中总会听到这样的声音:mañana, mañana por la mañana, mañana("明天,明天早晨,明天")。福特说:"在西班牙,一切都要推迟到明天——除了破产。"西班牙谚语有云:"西班牙的事情总是开始得晚,并且永远完不成。"还有一句是:"西班牙的救援要么迟到,要么永远来不了。"

除了这种东方式对时间价值的漠视外,西班牙人还有一丝东方式的宿命论(fatalism)。记得有一次我和一位老农一起从德斯佩尼亚佩罗斯(Despeñaperros)前往安达卢西亚(Andalusia),路上聊到宿命这件事。"在这个被诅咒的世上,"他在谈话的最后总结道,"生下来是铜币(cuarto)的人最后绝不可能长成银币(peseta)。"如果把西班牙人这种真正的东方式宿命论,这种一切都是上天注定的观点,与我们现在越来越流行的进化论式宿命论作比较,将会非常有趣。

西班牙人另一个东方式和中世纪的特征是缺乏好奇心。"天晓得?"(Quien sabe?)是对知识漠不关心的他们的惯用语,正如"这绝不可能"(No se puede)是宿命论的标语一样。现代世界正越来越多地在理性和智识的发展中寻求救赎;从这个角度来看,勒南①在赞颂"好奇心"是一切美德之首时是始终如一的。而我们有理由怀疑,基督教从一开始就没能充分认识到智识的作用,而且有时倾向于对无知格外宽容。当帕斯卡②给整个现代科学探索的过程贴上"知识欲"(libido

---

① 勒南(Ernest Renan, 1823—1892),法国历史学家,以历史观点研究宗教。著有《耶稣传》等。
② 帕斯卡(Pascal, 1623—1892),法国数学家、物理学家、哲学家,他将自然人的欲望分成感官欲、知识欲、权力欲三类。著有《致外省人书》《思想录》等。

sciendi)的标签,认为这是一种邪欲,一种对知识的贪念时,帕斯卡也不过是忠于基督教神秘主义的传统而已。而当他感到的理性力量正在他体内萌发,并威胁到他中世纪信仰的完整性时,他大声地告诫自己:"你必须用圣水沐浴,并聆听弥撒,唯有如此,你才会自然地笃信并变得愚昧。"早在几个世纪前,西班牙就成功地应用帕斯卡的这剂灵丹妙药对付一切由理性引起的不当行为。西班牙这种可怜的无知,部分源于基督教蒙昧主义,部分源于东方文化中好奇心的缺失。

我们中的一些人可能会顺便问,究竟哪个更糟糕?是西班牙人这种好奇心的匮乏,还是与之相反的、使美国人每天把自己的灵魂浸淫在报纸那无尽的废话中的强烈求知欲?至少西班牙还可以从这种无知中得到基督教非常珍视的那种儿童的天真智慧。威廉·冯·洪堡①在给歌德的信中写道:"西班牙比欧洲其他地方都更简单、友好和天真。"其他西方国家目前正表现出智力训练过度的迹象。如今,我们从一个典型的法国巴黎人身上得到的印象是,他人格的全部能量都用来滋养批判性思维了,而代价则是低于智性和高于智性的两部分——身体和灵魂——都被忽略了。数百年来,西班牙人的批判性思维因为长期停用而发育不良并日渐萎缩,以至于他们自己都意识不到这种缺陷。教育是西班牙人最后才会关注的问题,而在美国,教育恰恰是首要目标。

胡安·巴莱拉十分敏锐地分析了西班牙衰落的原因。他认为,西班牙在16世纪突然成为世界霸主,同时又恰好在和摩尔人长达七个世

---

① 洪堡(Wilhelm von Humboldt, 1767—1835),德国学者、政治家和柏林洪堡大学创始人。

纪的斗争中获得胜利，一下子被冲昏了头脑。她开始对自己有着狂热的自信，充满了"傲慢的狂喜"，从那时起，西班牙固执地信奉着为她带来辉煌的中世纪传统，认为它们体现了绝对和永恒的真理。与此同时，世界其他地方正悄无声息地从中世纪的文化观转变为希腊式的文化观。人们逐渐发现发展不止有一个方向，而是有多种方向；国家与个人一样，只有当他能包含并协调最多对立的品质时才是最伟大的。事实上，法国曾试图将中世纪式的封闭排外原则带入现代，却因此险遭致命的打击。圣伯夫①将法国国民性格失衡的原因追溯到了詹森教徒（Jansenist）受迫害和胡格诺派（Huguenot）受到驱逐上。这也难怪巴黎人内夫策（Nefftzer）在1870年巴黎被普鲁士军队围困时，听到枪炮声后会惊呼："我们因圣巴托罗缪之夜②的屠杀而遭到了报应！"爱默生说，排外的同时也排斥了自己，西班牙的历史则见证了更多应验这句真理的悲剧。随着犹太人和摩里斯科人（Moriscos）被驱逐，金融业、制造业和农业上几乎所有的技能也离开了西班牙；宗教裁判所将西班牙隔绝在智识之外，而西班牙恰恰需要智识来纠正她过分恣肆的想象和狭隘的狂热。

然而，在过去的40年中，现代思想已经在西班牙立足，新旧事物被摆放在一起，显出了真正利比亚式的鲜活对比。这场中世纪与现代的

---

① 圣伯夫（Charles Augustin Sainte-Beuve，1804—1869），法国文学评论家和作家。著有文学评论集《文学肖像》《月曜日漫谈》等。

② 圣巴托罗缪之夜（Saint Bartholomew's Day）指的是开始于1572年8月24日凌晨的圣巴托罗缪大屠杀，是法国天主教对胡格诺派的暴行。

交锋是近期西班牙文学最喜爱的主题。小说家如加尔多斯①、阿拉尔孔②和巴莱拉都曾对其进行有力的探讨,同时它还激发了如努内斯·德·阿尔斯③和坎波亚莫尔④等诗人的创作灵感。一个国家在两种对立理念之间犹疑不决,这种情况很是奇特。西班牙怀疑地看着我们的科学与工业文明,并在接受它们的过程中感到自己可能正在走向毁灭。她不像我们这样洋溢着乐观情绪,并且对我们的进步理念心存忧虑。她无法像其他西方国家那样,全力以赴地投入到占领物质世界的任务中去,她也无法忘记,

在行动那令人眩晕的漩涡中旋转的,
是感染着全世界的病毒。⑤

她不时被东方文化中生活的虚幻感纠缠。也难怪西班牙最伟大剧作家最为著名的一部戏名为《人生如梦》(*La Vida es Sueño*)了。这种基调,只偶尔在英语中,尤其是莎士比亚的作品中才能听到,但在西班牙文学

---

① 加尔多斯(Benito Perez Galdós,1843—1920),西班牙小说家、戏剧家,小说创作风格多为现实主义。著有《民族轶事》《托尔门多》等。
② 阿拉尔孔(Pedro Antonio de Alarcón,1833—1891),西班牙小说家,他的小说充满了机智和浪漫的讽刺,如《三角帽》等。
③ 阿尔斯(Gaspar Nuñes de Arce,1834—1903),西班牙诗人、作家,曾五次获得诺贝尔文学奖提名。
④ 坎波亚莫尔(Ramon de Campoamor,1817—1901),西班牙诗人、哲学家。著有《柔情与花朵》《多洛拉斯》等。
⑤ 引自阿诺德1849年的诗《致福斯塔》("To Fausta")。

中,从曼里克①到埃斯普龙塞达②的双韵诗都曾不断出现这一主题。和东方人一样,对于西班牙人来说,智慧常常在某些奇特的独自顿悟中获得,如同从梦中醒来一般。在埃斯普龙塞达的诗中,智慧自称"神秘的处女","人们将最后的爱奉上,一切科学都静默不语"。

  Soy la virgen misteriosa

  De los ultimos amores, etc. ③

然而培根却代表西方人说,通往知识的道路上无人可以独行。

  如果西班牙能有更适合她模仿的榜样,我们或许可以更加乐观地预测她在现代进步之路上的尝试。洪堡是为数不多的西班牙哲学观察者,他认为西班牙最大的不幸就是地理位置。她所有的观念都要经过法国才能传入,而法国对她尤为危险。在歌德的梦想中,最完美的世界主义(cosmopolitanism)意味着每个国家都能通过明智地吸收其他民族的精华来扩大自己,而本世纪真正出现的世界主义所导致的结果恐怕是缺点而非优点的交流。有时,我会忍不住把佛罗伦萨的某个广场看作这种世界主义的象征,那里精致而古老的本土建筑被拆除,取而代之的是对巴黎林荫大道拙劣的模仿;其中一座现代建筑的正面闪耀着几

---

  ① 曼里克(Jorge Manrique,约1440—1479),西班牙诗人。著有《悼念亡父堂罗德里戈》。

  ② 埃斯普龙塞达(Espronceda,1808—1842),西班牙19世纪浪漫主义诗人。著有《海盗之歌》和诗剧《萨拉曼卡的大学生》等。

  ③ "一切科学都静默不语"的原文为En mi la ciencia enmudece。

个发光的大字——"甘布赖纳斯大酒店"（Gambrinus Halle）。

理论上讲，西班牙本应该派遣数百名年轻人去德国的大学和英美的技术学校，让他们习得条顿人（Teuton）的科学方法，和盎格鲁-萨克逊人（Anglo-Saxon）的实践和操作能力。她本应培养她的子民对商业、制造业，以及最重要的，对农业的兴趣；她本应鼓励人们去开垦故乡的荒地，植树造林，弥合人与自然之间长久以来的矛盾，这种矛盾在西班牙的土地上一目了然。

可西班牙并没有这么做，她转而以法国为师，转向了以巴黎为代表的那种极其吸引人却极其错误的理念。在这个选择上，她受到了她那无药可救的贵族天性的指引。据估计，在西班牙全盛时期，九百万总人口中只有三百万人愿意去工作；西班牙如今仍然是一个贵族的国家。每个正宗的卡斯蒂利亚人仍然渴望成为骑士（caballero）；西班牙人不愿意从马背上下来，努力从事现代文明的工作。我发现过去有位英国作家是这样评价西班牙的，这评价至今仍十分中肯："西班牙的土地无人耕作，部分是因为土地贫瘠，部分则是因为西班牙人的骄傲，使他们滋生出超越自己出身的想法，不屑于成为我们称之为庄稼汉和农民的那类人……如果你在这个民族的人宠坏自己之前，就带他们通过国内的要职或国外的游历来寻找工作或致富的机会，你会发现他们大部分都是高贵、有礼貌且心平气和的人，这是他们天性的组成部分。但是，如果你向他们展示一种新的、更加舒适的生活方式，无论在国内还是国外，都会让他们沉溺于这个世界的虚荣和恶行中，他们中的许多人会迅速习惯于吮吸毒液，退化成最糟糕的那种人。所以，我认为他们天性纯良,但是很容易由于误入歧途或受他人影响而变成彻底的废物。"

于是,西班牙人就这样吮吸了巴黎林荫大道的毒液,在他们的首都建起花哨的门面,展示着与这个国家毫不相称的舶来的优雅。从旧卡斯蒂利亚灰暗、贫困的村庄突然走到马德里市卡斯蒂利亚喷泉(Fuente Castellana)①矫揉造作的金碧辉煌中,我看见了西班牙最令人触目惊心的对比。成千上万西班牙小镇的年轻人最大的野心就是身着紧身的长礼服招摇过市,寻求仕途上的升迁,任何稍显卑微的工作都不符合他们贵族的身份。与应征者庞大的数量相比,政府的工作岗位实在太少;公务员薪水微薄,任期又不稳定,他们除了偷窃或挨饿没有别的选择。旧式集权专制的不良传统就这样和新的轻浮作风结合起来,在现代西班牙官员中,产生了我们熟悉的腐败与无能的和谐共融。

但是,我们必须记住,这些被法国化的人(afrancesados),这些混迹于马德里咖啡馆的法国化西班牙人并不能真正代表这个国家。比起法国和意大利,西班牙未来的希望最不可能在上层阶级中萌芽。如果从最近的文学作品判断,即使在上流社会中,也有人不接受法国人"食色,性也"(l'homme moyen sensuel)的观念。他们希望西班牙人的性格受到某些现代思潮的影响,但并不因此牺牲其本身的厚重感和宗教严肃性。令人振奋的是,在近年来出版的不少西班牙书籍中,我们注意到了某种坚韧和生命力,其中体现着他们相较于其他拉丁国家天生的优越性。西班牙至今为止还没出现过颓废派作家,没有左拉,也没有加布

---

① 马德里市的一处景观建筑,被认为是19世纪上半叶马德里最优秀华丽的建筑之一,广场中心是方尖碑,并建有喷泉。

里埃尔·邓南遮①。

　　而说到下层民众,真正与他们打过交道的人都一致认为他们天性向善。博罗②说:"我发现在西班牙,有多少令人叹惋、惹人谴责的事,就有多少高贵和值得钦佩的事,有多少严正、英勇的美德,就有多少野蛮恐怖的罪恶;低俗的恶习极少,至少在西班牙大部分人身上是这样……在阿斯图里亚斯(Asturia)仍然有勇武之风,在阿拉贡地区仍有慷慨之义;在旧卡斯蒂利亚依然有正直之节。"但是,西班牙农民的这些旧世界的美德怎么经得起19世纪文明的冲击呢?他们简单天然的生活所蕴含的深刻诗意难道不会在现代文明的触碰下消逝吗?他们本土生活方式的活泼创造力难道不会被自鸣得意的同一性扼杀吗?简而言之,他们能否走出一条从中世纪观念转向现代思维习惯的艰难道路,而不陷入无政府状态和困惑呢?在特伦特会议(Council of Trent)③中诞生的耶稣会天主教毒害了所有拉丁民族的生命之血,而比起其他国家,西班牙受到的控制最为严重。这种宗教与其说解开了对人们思想的束缚,不如说是通过诡辩家们的阐释鼓励了自我放纵。它通过各种手段阻碍了自立和自制等美德的发展,而正是这两种美德最能衡量现代精神中的个人进步。既然西班牙人正在挣脱宗教的人为桎梏,那么

---

　　① 邓南遮(Gabriele d'Annunzio, 1863—1938),意大利小说家、诗人和剧作家,颓废派的代表作家。著有《早春》《无辜者》等。
　　② 博罗(George Henry Borrow, 1803—1881),英国小说家、游记作家。著有《〈圣经〉在西班牙》。
　　③ 天主教第19次大公会议,于1545年至1563年在意大利特伦特地区举行,具有反宗教改革的性质。

需要这些热切而冲动的孩子们去做的,就是迎接19世纪生活的责任了。通过我对普通民众的观察,应该说,教会势力已经分崩离析,对君主制的尊崇也逐渐减弱,伴随着对现任统治者的深刻质疑,国内出现了一股迅猛的共和主义(republicanism)浪潮。在目前的斗争结束前,他们可能会经历巨大的幻灭,从而可能导致民愤的剧烈爆发,预示着马德里政治掮客们的灾难。不过,任何一个谨慎的人都不敢贸然预言比利牛斯半岛的政治;因为西班牙是个无法预测(le pays de l'imprévu)的国家,在这里符合逻辑和显而易见的事反而最不可能发生;这也许就是她仍然能吸引富有想象力之人的原因之一。

无论发生什么,我们可以肯定,西班牙不会立即改变数百年来在精神和政治上的专制主义思维模式。在试图摆脱过去的过程中,她无疑会从对宗教的狂热信仰转向对革命的笃信,并且其他拉丁国家的激进主义经历过的所有令人惋惜的阶段,她都有可能会经历。但是我相信,与法国、意大利相比,西班牙有更多真正的共和主义元素,如果篇幅允许,我可以给出许多理由来证明。这个断论,以及本文中我所说过的所有内容,都尤其适用于卡斯蒂利亚人、阿拉贡人和西北地区的人,他们才是这个半岛真正的脊梁。

无论如何,任何亲自去了解过西班牙的人都不会愿意像索尔兹伯里侯爵①那样将西班牙置于"奄奄一息的国家"之列。实际上,西班牙仍拥有现代世界不可或缺的丰富美德。她能否摆脱那些让优势无法施

---

① 索尔兹伯里侯爵(Robert Gascoyne-Cecil, 3rd Marquess of Salisbury, 1830—1903),英国著名政治家,保守党人,曾担任三届英国首相。

展的阻碍,我们拭目以待。她能否将血液中耶稣会的毒素排出体外?她能否学会将自尊建立在道德良知上,而非中世纪的荣誉感上?她能否学会依靠现代人的宗教——行动,而非倚仗圣母玛利亚?最重要的是,她能否成功驯服她那哥特-贝都因人(Gotho-Beouin)的本能,保证自己能够进行有秩序的合作?这种合作是建立起一个良好政府的前提。哎呀!西班牙人自己感叹,圣母曾经在圣雅各(Santiago)①的祈祷下赐予西班牙无数恩惠,但却拒绝赐予他们一个好政府,唯恐如此一来,她的天使们会离开天国,转而选择这尘世的西班牙。

---

① 此处指的是一个早期基督教的传说,圣母玛利亚曾在西班牙的埃布罗河畔向圣徒雅各显灵。

英国人擅长批评吗?[①]

最近有人对英国文学批评提出了一些相当大的主张。比如,圣茨伯里[②]教授写《批评通史》(*History of Criticism*)的一个主要目的就是贬低法国文学批评及批评家,尤其是布瓦洛[③],并抬高英国文学批评和批评家,特别是德莱顿[④]、约翰逊[⑤]和柯勒律治。在《英国批评史》(*History of English Criticism*)中他坦言:"我写那本大部头著作,一个次要(其实也颇为重要)的目的是证明我们的文学并非像人们指责的那样是不入流的二手货。"无论是那本《通史》,还是这本大致脱胎于它的新书,都让人感到它们是有意识的,甚至也许是无意识的盲目爱国主义的样板。

[①] *The Nation*, March 21, 28, 1912. Review of *A History of English Criticism*, by George Saintsbury.——原书
[②] 圣茨伯里(George Saintsbury, 1845—1933),英国文学史家、批评家,被认为是20世纪初极具影响力的批评家。
[③] 布瓦洛(Nicolas Boileau Despreaux, 1636—1711),法国新古典主义批评大家。著有《讽刺诗》《诗艺》等。
[④] 德莱顿(John Dryden, 1631—1700),英国古典主义批评家和戏剧家,"桂冠诗人"称号的获得者。
[⑤] 约翰逊(Samuel Johnson, 1709—1784),英国作家、评论家、辞书编撰者。编有《英语词典》《莎士比亚集》等。

我们本可以体谅圣茨伯里教授源于个人及民族身份的同情和反感，并从他那当之无愧受到莫利(Morley)勋爵称道的"广博学识"中受益，然而这种爱憎不仅已经影响到他对事实的解读，甚至歪曲了他对事实本身的陈述。例如，他说"德莱顿拒绝在奥兰治的威廉①面前屈膝，而布瓦洛却在威廉的敌人脚下长跪不起"。听信圣茨伯里教授一面之词的读者会据此推断：布瓦洛比德莱顿更擅长阿谀奉承。即便布瓦洛赞美了路易十四，他也不过是做了当时几乎所有文人都做过的事罢了，而且他确实出自真心，斯宾塞②和同时代其他作家对伊丽莎白女王的赞美比起布瓦洛甚至有过之而无不及。圣茨伯里教授的典型做法是：在不给出任何解释的情况下对布瓦洛做出了与圣伯夫截然相反的评价，尽管用他自己的话来说，圣伯夫是最了解17世纪的批评界权威；同样，在未说明任何理由的情况下，他对德莱顿的评论在很多重要方面与约翰逊的意见相左，尽管据他自己的说法，约翰逊不仅是一位伟大的评论家，《德莱顿传》(Life of Dryden)更是其巅峰之作。布瓦洛为人总体来说正直真诚，即便在与路易十四打交道时也是如此，这是毋庸置疑的。至于德莱顿与他数个资助人的关系，约翰逊评论道："他在夸张的谄媚中表现出的卑劣和奴性，恐怕自罗马皇帝被奉为神明的时代之后再无人能及。"这些事实早已为人熟知，若非那位如今被推为英

---

① 奥兰治的威廉(William of Orange, 1650—1702)，即英格兰的威廉三世，光荣革命中与玛丽公主共同接替了玛丽之父詹姆斯二世的王位。因宗教、政治等原因曾多次与路易十四兵戎相见。下文"威廉的敌人"指路易十四。

② 爱德蒙·斯宾塞(Edmund Spenser, 1552—1599)，英国文艺复兴时期诗人，受维吉尔等古典诗人影响颇多。著名作品有诗歌《仙后》(未完成)。

国官方批评家的圣茨伯里教授认为应对其加以掩盖,本来绝无重提之理。

一

我相信,将英国在批评领域的成就公正地与其他国家,尤其是法国相比,会得出与圣茨伯里教授不同的结论。蒲柏①曾说:"批评学在法国最为兴盛。"对于蒲柏之前的时代,这句话是正确的;对于他之后的时代,这句话似乎同样适用。当然,英国有过不少批评大家,然而在英国文学中,文学批评这一类别(genre)本身却在某种程度上居于从属地位。在文学批评上,英国人总是或多或少地模仿他人,缺乏原创性。他们照搬欧洲现成的文艺理论几乎长达一个世纪之久;到了复辟时期,法国的影响——更准确地说另一种形式的法国影响——随之而来。艾迪生②对此的描述是:"几条从法国作家那里摘录的基本理论,加上一些空话,就能让某些无知、蠢笨的作家变成最明智、最令人景仰的批评家。"接下来,德国人取代了法国人。黑兹利特③抱怨过:"我们中有人将沉重晦涩的德国文学批评塞入浅薄呆板的学者脑中以舶入我国。"后来,马修·阿诺德称,圣伯夫在文学批评界有着至高无上的地位,堪比诗歌领域的荷马,至少阿诺德明确了自己的从属地位。简言之,英国

---

① 蒲柏(Alexander Pope, 1688—1744),英国诗人。著有讽刺诗《夺发记》等,并翻译了荷马史诗《伊里亚特》《奥德赛》。
② 艾迪生(Joseph Addison, 1672—1719),英国散文作家,剧作家,诗人。曾办有著名的《旁观者》杂志。
③ 黑兹利特(William Hazlitt, 1778—1830),英国作家、评论家。著有《席间闲谈》等。

24 文学批评史大体相当于一部外来思潮接受史。在这一领域,英国人大部分时候都在伸手自取,只偶有原创理论供他人借鉴。某些英国文学批评作品的确在18世纪对德国产生了影响,比如艾迪生的几篇批评弥尔顿①的文章和柏克的《关于我们崇高与美观念之根源的哲学探讨》(*Inquiry into the Sublime and Beautiful*)。这些作品虽然代表了英国文学批评在国外影响的最大成就,但它们本身的水平却仅限于二流——即使以英国最好的文学批评作为标准来评价也是如此。

英国文学批评不仅对其他国家影响力相对较小,对本国文学也影响甚微;而法国文学批评与其创作的紧密联系却尤为瞩目。作为现代法国文学批评史上第一部重要作品,迪贝莱②的《保卫与发扬法兰西语言》(*Defense and Ennoblement of the French Language*)定义了文学与诗歌的概念,而这些概念也被龙萨③等七星诗社④的成员努力付诸实践。后来,狭义上的法国古典诗派的兴起,或者用圣伯夫的话来说,苦苦挣扎着前进,则始于马莱伯⑤。此人与其说是一位真正的诗人不如说是一名批评家——当然,这一点有利有弊。在法国,重大的文学批评运动

---

① 弥尔顿(John Milton, 1608—1674),英国诗人,对18世纪诗人产生了深刻影响。著有长诗《失乐园》《复乐园》,诗剧《力士参孙》等。

② 迪贝莱(Joachim du Bellay, 1522—1560),法国诗人,七星诗社重要成员。主要诗集有《罗马怀古》和《悔恨集》。

③ 龙萨(Pierre de Ronsard, 1524—1585),法国抒情诗人。1547年组织七星诗社。代表作有《颂歌集》四卷、组诗《致埃莱娜的十四行诗》。

④ 七星诗社(la Pléiade)是16世纪中期法国的一个文学团体,由七位诗人组成,倡导用法语进行创作。

⑤ 马莱伯(François de Malherbe, 1555—1628),法国诗人、文学批评家,主张语言纯正准确及韵律严整。

往往会引起或者伴随重大的文学创作运动,这类例证不胜枚举。而在英国,批评与创作的方向却常常相反,甚至同一个人的创作和批评会自相矛盾。例如,菲利普·锡德尼①爵士在《诗辩》(*Defense of Poesy*)中为戏剧立下的标准与当时实际演出的戏剧简直完全相反。伊丽莎白时期的批评家们总是喋喋不休地说着戏剧中"得体",即"礼仪"(decorum)的重要性,然而同时期的剧作家们却总在剧作中违背当时的甚至今天的礼仪。说到底,基于古典模仿论原则的文艺复兴批评理论与英国式想象的浪漫随性之间存在着不可弥合的鸿沟。

英式才情与外来规则之间的对立在法国影响的后期也有所体现。我们可能会注意到,在复辟时期法国的影响下,出现了可能是对当代作家进行批评的第一次认真尝试,并且几乎同时诞生了职业批评家这一群体。赖默②说过:"英格兰这片土地一直以来都不受批评家们的侵扰,正如她不受狼群祸害一样,直到近几年为止,一本无害的、善意的书还能在这片土地上畅行无阻。"在这个意义上,伊丽莎白时期的剧作家不必像复辟时期的剧作家那样费心对付职业批评家。

> 为了毒害戏剧,我眼见他们
>
> 如鼠药般散落在席间

---

① 锡德尼(Philip Sidney, 1554—1586),英国诗人。著有《阿卡迪亚》、文学评论《诗辩》等。

② 赖默(Thomas Rymer, 约1643—1713),英国诗人、文学批评家,担任过皇家史官。组织编撰了《条约、协议和公文汇编》。

康格里夫①《悼亡的新娘》(Mourning Bride)一剧的收场这样写道。

在这样的背景下出现的批评家属于形式主义者。他们的影响造就了健全的散文传统,但他们采取的批评法则没有给创造性想象留出自由发挥的充足空间,甚至有将其完全扼杀的危险。因此,我们会发现,这一时期的代表批评家德莱顿一直处于矛盾之中。一方面他追求新的形式正确;另一方面,他又钦佩伊丽莎白时期那"大洪水之前的巨人一族"的文学成就。这一矛盾在他下面这句话中得到了充分的体现:斯宾塞若想成为一位真正的史诗诗人,只需"读一读博叙②的法则"。在18世纪,约翰逊确实成功地在英国散文杰作《诗人传》(Lives of the Poets)中较为一致地阐释了新古典主义的观点。但他也因此脱离了自身所处时代的创造力——一股再次开始转向浪漫主义的力量,同时他也漏掉了许多过去英国文学史中最富诗意的作品。在他所记述的52位诗人中,大约只有6位算得上是现代意义上的诗人;而其中几人身上最为约翰逊所贬低的特点,在我们看来恰恰是最有诗意的品质。简而言之,英国从未有过像布瓦洛那样伟大的批评家,能使文学批评与文学创作保持高度一致,且其批评本身回应了国民生活的主要潮流。

二

约翰逊博士曾说过:"如果英国有一个学术研究院并颁布了学术

---

① 康格里夫(William Congreve, 1670—1729),英国剧作家,王政复辟时期风俗喜剧的代表性作家。著有喜剧《老光棍》和悲剧《悼亡的新娘》等。
② 博叙(René Le Bossu, 1631—1680),法国文学理论家。

法则,很多人可能会去读,但唯一目的是确保不遵守它们。"在马修·阿诺德看来,英国人之所以对法兰西学术院这样的机构感到厌恶,是由于他们站在天才的一边,反对一切以中央标准的名义限制其想象的自由。我相信,英国人的这种厌恶不仅出于他们富有想象力的天性,还源于英国人对幽默和独特性情的偏爱。在这个国家,有时我们会听到有人指责英国人缺乏幽默感,但如果从他们的文学来判断,我们不得不得出相反的结论:他们是世界上有史以来最为诙谐的民族。英国人喜欢每个人都富于幽默感,而且总是偏爱无伤大雅的怪癖。他们喜欢那些用老话说"独特的人",或者用今天的话说"有个性的人"。正如艾迪生所说,在美德中加入一点小怪癖,往往更受英国人青睐。德莱顿是最早注意到英国人对独特性情的偏好的人之一,但也许威廉·坦普尔①爵士在他的《诗论》(*Essay on Poetry*)中更清晰地指出了这一点。"(比起其他国家,)我国有更多有个性的人,"坦普尔写道,"以及愿意袒露他们本性的人。我们更富有幽默感(Humeur),因为每个人遵从他们的本心,而且将表现个性视作一件乐事,或许还会引以为傲。"humeur 一词在法语中单独使用时指的是坏脾气,而在英语中则指好脾气,这可能是民族性情深刻差异的标志。法国人常常从核心的标准出发理智地看待事物,就算背离了标准,那也一定是出于个人逻辑标准的名义。无论如何,他一定会对违背规范的人讽刺嘲弄;换句话说,法国人是天生的机辩家。而英国人则是天生的幽默家,无论是从更古老的意义上还是从更新近的意义上来说,即无论从恣意展现自己的古怪上来说,还是从能

---

① 坦普尔(William Temple, 1628—1699),英国外交家、作家。

理解并描绘他人的古怪性情上来说。从《坎特伯雷故事集》(*Canterbury Tales*)的《序诗》到由克鲁克香克①画插图的狄更斯的小说,英国有过一批任何其他国家的文学作品都无法比拟的幽默杰作。

英国的18世纪乍一看是一个吹捧墨守成规和恰当得体的时代,但即使在那个时代,有个性的英国人也绝不在少数。在斯摩莱特②的小说《亨佛利·克林克》(*Humphrey Clinker*)中就有一个角色津津乐道地告诉别人自己发现了一家人,家庭成员个个特立独行。当时丰富的幽默感也体现在霍加斯③的画作和霍勒斯·沃波尔④的书信中。像韦斯顿乡绅⑤这样的经典滑稽角色正是来自英国生活的精髓。在书中,韦斯顿鄙视所有王公贵族并把他们称为"汉诺威老鼠";而法国的"燕隼"(hobereau),也就是当时的法国乡绅们,却生怕自己如果不模仿凡尔赛就会出洋相。韦斯顿的形象与法国的乡绅们形成了鲜明的对比。阿诺德对艾迪生的评价无疑是正确的:作为一名文学评论家,艾迪生不如拉布吕耶尔⑥,因为艾迪生在才智上温吞平庸,在批评上缺乏统一的标准。但就其创作的罗杰·德·柯弗利爵士⑦这一人物而言,拉布吕耶

---

① 克鲁克香克(George Cruikshank, 1792—1878),英国插画家和漫画家。

② 斯摩莱特(Tobias Smollett, 1721—1771),英国作家,擅长撰写讽刺喜剧。著有《兰登传》《佩雷格林·皮尔克传》《亨佛利·克林克》等。

③ 霍加斯(William Hogarth, 1697—1764),英国画家和版画家。

④ 沃波尔(Horace Walpole, 1717—1797),英国艺术史家、文人、收藏家、辉格党派政治家。

⑤ 韦斯顿(Western),英国作家菲尔丁(Henry Fielding, 1707—1754)小说《汤姆·琼斯》(*Tom Jones*)中的人物。

⑥ 拉布吕耶尔(Jean de la Bruyère, 1645—1696),法国作家、文学家,善写讽刺作品。著有《品格论》。

⑦ 柯弗利(Roger de Coverley),艾迪生笔下的人物名,出现在《旁观者》杂志中。

尔笔下没有一个能与之相媲美。简而言之，在文学批评方面，拉布吕耶尔远在艾迪生之上，但在亲和力和幽默感方面却大不如这位英国作家。

三

英国文学已经拥有卓越的想象力、亲和力与幽默感。它还具有对道德的强烈执着。现在，批评家偶尔应该展现其诙谐可亲的一面，而更重要的是他应该富有想象力和道德热诚。但这些美德并非批评上的优点，因此，英国文学批评中最令人钦佩的美德在批评方面来说只是次要的能力。例如，菲利普·锡德尼爵士成功将其想象力的金色光晕笼罩在文艺复兴批评最为乏味的陈词滥调上；而本·琼森①则在他的《木材或发现》(Timber or Discoveries)中为这些陈词滥调加上了道德的重量。无论锡德尼还是琼森，在批评上都毫无独创性。再看看约翰逊博士的《诗人传》。在这部作品中，约翰逊博士展现了一个真正的伟大批评家所具有的功力，但比之更甚的，是他作为一个道德家的伟大之处。《诗人传》一书最吸引人的不是它奇差无比的文学评鉴，而是那深刻又略带伤感的人生智慧。我们甚至可以说，很多时候约翰逊人格中道德家的一面彻底压倒了他作为批评家的一面。"将沃茨②博士的诗收入最新的集子，"约翰逊写道，"完全是我个人的推荐，本书的读者在阅读布

---

① 琼森(Ben Jonson, 1573—1637)，英国抒情诗人与剧作家。著有《狐狸》《炼金术士》《森林》等。
② 沃茨(Issac Watts, 1674—1748)，英国公理会牧师，被称作"赞美诗之父"。

莱克莫尔①、沃茨、庞弗雷特②和约尔登③的作品时无论是感到愉悦还是乏味，都可以归因在我身上。"可以想见，如果换成布瓦洛的话，他绝不会如此纵容自己对说教的喜好，以至弃文学品味于不顾。就连约翰逊博士这样真正的批评家都因为好说教而多少牺牲了批评精神，我们还能对那些比他逊色的英国批评家抱有什么期待呢？作为一个亚里士多德派，我相信任何美德一旦过度就会变成恶习。这种机械的、片面的对道德的执着，对我们这个民族来说往往是致命的，不仅对我们的文学批评如此，对于艺术与文学本身，甚至从整体上对于生活中的全部审美活动来说都是如此。中世纪缺乏批评精神，但它至少还是一个艺术的时代；而在清教思想的统治下，艺术文学本身及其批评则几乎毫无立足之地。当卡莱尔说出希望魔鬼能带着纯艺术一起从这个世界消失时，他也不过是忠于他加尔文教派的精神罢了。

同样，在英国人身上还能见到想象力过盛和情感泛滥对批评鉴别力产生致命影响的例子。也许唯独在英国文学中才有像拉斯金④这样的人物，如此有天分却又如此异想天开，在理智上完全不负责任。同样，卡莱尔那种极端狭隘、感情用事的激烈个性，恰恰与真正批评家应有的品质最为水火不容。

我们还应该注意到，在英国批评的各个时期，尤其是作为几大巅峰

---

① 布莱克莫尔（Richard Blackmore，1654—1729），英国诗人、医生。
② 庞弗雷特（John Pomfret，1667—1702），英国诗人、牧师。
③ 约尔登（Thomas Yalden，1670—1736），英国诗人、翻译家。
④ 拉斯金（John Ruskin，1819—1900），英国作家、艺术家、艺术评论家。著有《现代画家》《建筑的七盏明灯》等。

期之一的柯勒律治、德·昆西①和黑兹利特的时代,有一种元素被掺入了英国文学批评并对其产生了毒害,尽管它在适当的位置且控制有度时可以成为美德。这种元素就是对党派和政治的热情。黑兹利特曾专门针对吉福德②和《评论季刊》(*Quarterly Review*)发言说:"这种政治性批评是由乏味的恶意砌成的骷髅头(caput mortuum),直到它被奴性的黏液涂满,被满怀怨恨和偏执的毒液浸染,陷入一种极不自然的状态。"但是,从黑兹利特本人的《致威廉·吉福德的信》中就可以看出,雅各宾派的敌意至少与托利党相当。

四

前文的全部讨论都基于一个前提:批评家最重要的美德就是平稳或平衡。如果像丁尼生③断言的那样,真正的批评家比真正的诗人还要稀少,其原因无疑在于比起有灵感的人,学养平衡之士更加难得。那些在狭义上具有创造力的作家或艺术家往往拘泥于一己之长,因而无法在批评中保持平衡。例如,当爱伦·坡④说,完美的诗歌必须在一百行左右,而且世界上最富诗意的主题是美人之死时,我们只会会心一

---

① 昆西(Thomas De Quincey, 1785—1859),英国散文家、文学批评家。著有《一个吸食鸦片者的自白》等。
② 吉福德(William Gifford, 1756—1826),英国诗人、批评家,1797年任《反雅各宾报》编辑,后成为托利党刊物《评论季刊》的主编。
③ 丁尼生(Alfred Tennyson, 1809—1892),英国桂冠诗人。著有《悼念》《国王叙事诗》等。
④ 坡(Edgar Allan Poe, 1809—1849),美国诗人、小说家和文学评论家,对波德莱尔等人影响颇大。代表作品有小说《黑猫》、诗歌《乌鸦》等。

笑，想到他的《乌鸦》(*The Raven*)。而真正的批评家需要具备足够广博的学识和同理心来包容各种文学表现形式，并且在此基础上，他还须满足一项更高要求，运用严格的判断力来控制自己的学识和同情心。只有这样，他的意见才可能最终被全世界具有判断力之人认可。法国新古典主义认为，天资不过是经过升华的良好判断力，这一定义对于广义上的天资来说也许太过狭隘，然而对于批评上的天资来说却是完全适用。

说一名批评家具有平衡感与良好的判断力，也就是说他的观点切中核心。浪漫主义的批评家会扩展他们的学识和同情心，这本来不错；但他们往往一味扩张而不加节制，最终就会像圣茨伯里教授一样，将鉴别等同于欣赏和趣味。然而，鉴别与欣赏不仅有区别，而且还是背道而驰的；它们分别属于人格中的向心与离心两种力量。对批评家来说，真正的考验就在于平衡这两个极端，在欣赏的同时又能回到问题的核心。没有这种平衡的批评家拥有的不是鉴别力和品味，而是浪漫主义式的热情，或许再加上"极渊博的"，却不尽精确的学识，就像圣茨伯里教授那样。

圣茨伯里教授试图让我们相信：一旦我们脱离了这种扩张性的美德，就会沦为教条主义者；向核心集中必然会导致缩减；我们只能在形式主义(formalism)与无拘无束之间进行选择；要么走向新古典主义的狭隘，要么如他恰如其分地描述的那样，"在浪漫主义的空虚中不断坠落，没有尽头"。但也许有一天人们会拒绝接受这一恶意的两难设定。如果向核心集中也可以像离心放纵的过程一样源于直觉，脱离单纯的形式主义,浪漫主义的倾向就能转变,为完全不同的批评规则开辟道路。而圣茨伯里教授却还在不断重复着他那只说对了一半的话。这些言论在大约一个世纪以前也许还能针对当时的僵化守旧之风起到刺激与抗衡的效果,而如今,它们只会教唆已经误入歧途的人们进一步自甘堕落,更深地陷入无政府状态与印象主义的泥潭。

五

至此,在比较英国文学批评和其他各国,尤其是法国文学批评的过程中,我一直试图说明前者如何为过多的热烈想象力、道德坚持和幽默可亲等品质所累。我们仍须考虑到英国人性格中某些明显的缺陷对其文学批评的影响。

首先,与法国人相比,英国人似乎缺少品味(某种程度上使用该词的字面意义)。在这个意义上,如同伏尔泰(Voltaire)所言,品味"就像舌头或上颚的能力一样,是一种即时的辨别力,它先于思考而存在"。文学批评家的品味应该类比桑丘故事中品酒师的味觉,他能够尝出酒中有金属和皮革的味道。事后在酒桶底部发现了穿着皮绳的旧钥匙,由此证实了品酒师的判断。和伏尔泰一样,圣伯夫也非常喜欢将文学品味与味觉类比,他还补充说,自己注意到教条主义者们几乎都是不挑食的食客,比如基佐①先生,就算吃下了硬纸板恐怕也浑然不觉。现在,相信我们会发现,一些伟大的英国批评家无论在饮食还是在文学上

---

① 基佐(François Guizot, 1787—1874),法国历史学家、政治家,保守派人士。

的品味都很粗糙。德莱顿承认,比起贺拉斯①他更喜欢尤维纳利斯②,这与我们所了解的德莱顿对食物的偏好是相符的,即精致比不上丰盛。约翰逊博士曾以厨艺精湛自居,并夸口说自己能写出全英国最好的烹饪书,但从博斯韦尔③等人的记述来看,倒更不如说他是个不讲究的豪食者。

归根结底,批评家不过是能分辨好书的人罢了,不论这本书是昨天还是一千年前写成的。如果这本书写得好,他还能说出它的等级和好的程度。这种天赋在某种程度上总是依赖直觉。圣茨伯里教授曾说:"毋庸置疑,布瓦洛从来没有对古今任何一个作家有过中立的、有鉴赏力的评论。"如果这句话的意思是布瓦洛对真正优秀的作品无动于衷的话,那显然是错误的,他写给莫里哀的《第二讽刺诗》("Second Satire")和给拉辛的《第七封信》("Seventh Epistle")便足以证明这一点。布瓦洛不仅能"充满热情地欣赏",更擅长鉴别。前者在圣茨伯里教授看来是"批评的最高职能",然而后者才是批评真正的作用所在。布瓦洛也许是我们所知的批评家中最少出现判断失误的;这不是因为他有自己的一套准则,而是因为这套准则背后有着几乎从不出错的文学直觉作为支撑。约翰逊也有准则,但相比之下他几乎没有直觉;所以他才会推崇布莱克莫尔的《创世》(Creation),并且称《利西达斯》

---

① 贺拉斯(Horace,前65—前8),古罗马诗人。著有《讽刺诗集》《歌集》等。
② 尤维纳利斯(Juvenal,约60—约140),古罗马讽刺诗人,传世讽刺诗16首,抨击暴政,讽刺贵族的道德败坏。
③ 博斯韦尔(James Boswell,1740—1795),英国作家,约翰逊博士的密友。著有《约翰逊传》。

(*Lycidas*)令人作呕,将菲尔丁斥为脑袋空空的无赖,还对格雷①大加贬低。我们至少可以理解柯珀②的观点,他在写给昂温(Unwin)的信中说:"顺便一提,我已经确信他(约翰逊)对诗歌音律一窍不通。哦!我宁愿抽打他的旧外套直到他的津贴在口袋里叮当作响,那也要比他的语言更有韵律!"

法国人对优美的、艺术性的语言的热爱似乎是与生俱来的天性。当然,我并不是在鼓吹种族宿命论。法国人有可能失去他们的品味,而且最近的确有迹象表明他们正在失去它;同理,从前在英国人身上少见的某些批评美德今后也可能变得更加普遍。不过,据说法兰西学术院院士们曾花了三个月来剖析研读一首马莱伯的诗,却连第一节都没读完,由此看来他们似乎不愧是古代高卢民族的正统传人,根据恺撒的说法,明确地表达自己(argute loqui)是这一民族的主要追求。

虽然法国人重视逻辑,热爱抽象论证,但他们同时还拥有对具体艺术作品敏锐的直觉反应,也许正是因为这一点,他们才没有像德国人那样投入极度无意义的美学理论之中。据说,在最后一次生病期间,布瓦洛曾开始阅读克雷比永③的一部剧作,但最终把书扔到了房间的另一头,大喊这糟糕的戏剧简直缩短了自己的生命。还有传闻说,圣伯夫在

---

① 格雷(Thomas Gray, 1716—1771),英国诗人。著有《墓园挽歌》等。
② 柯珀(William Cowper, 1731—1800),英国诗人,多描绘英国乡村场景,浪漫主义诗歌的先行者之一。
③ 克雷比永(Prosper Jolyot de Crébillon, 1674—1762),法国诗人,剧作家。

他最后一次生病期间,曾与加斯东·布瓦西耶①进行过一场关于奥维德②优点的争论,因为中途过度激动而不得不被医生叫停。由此我们可以确定,对于某位德国教授刚写了一系列专著来证明美即"同感"(infeeling)的过程这种消息,无论是布瓦洛还是圣伯夫都不会有多大的兴趣。

六

我们刚刚提到了法国人对逻辑的热爱。这并没有使法国的美学研究朝理论的方向泛滥,却赋予了法国批评方法和连贯性。英国拥有出色的个人批评家,而法国却相应地拥有一系列批评学派。在法国批评中贯穿着一种逻辑节奏,就像和伦敦的建筑街道相比,巴黎的建筑街道也贯穿着一种逻辑节奏一样。当然,逻辑严谨这一主要美德一旦过度也常使法国人受其所累。约翰·亚当斯③有一句话尤其适用于法国人:人是好思辨但不讲理的动物。英国人习惯得过且过,他们非常乐于将法国人的逻辑性拿来衬托自身的高明。但英国人真正胜过法国人是就道德层面而言的。即使单从实用角度出发,英国人缺乏清晰的逻辑思维也算是严重的缺陷。无论如何,与法国文学相比,英国文学极其缺乏理念,尤其是从18世纪中期开始。英国人固执、冥顽不灵的个性与古罗马人如出一辙,而智识上多变的法国人则与希腊人有更多共通之

---

① 布瓦西耶(Gaston Boissier, 1823—1908),法国古典学者、法兰西学术院秘书。
② 奥维德(Ovid,前43—17),古罗马诗人。著有长诗《变形记》《爱的艺术》等。
③ 亚当斯(John Adams, 1735—1826),美国第二任总统,《独立宣言》起草人之一。

处,虽然我们还需补充一句某位法国道德家的评论:他们与希腊人只是形似而已。

有时法国批评家的人数如此之多,他们不得不相互批评,就像休迪布拉斯之剑,

> 因无人可斩
> 便反蚀自身。①

就广义的批评来讲,尽管有不少例外,我们还是可以说法国人常常批评过度,而英国人则常常批评不足。因为批评倾向于消解一切、质疑一切,所有它潜伏着极大的危险,当年雅典陪审团将批评精神的最高代表苏格拉底处死时,他们就隐约嗅到了这种危险。爱默生说,智性是真诚的死敌;歌德则更为睿智地指出,任何解放人的智力却无法提供给他们相应自制力的事物都是有害的。许多法国人的智力似乎超出了与其人格相匹配的水平。用法盖②先生的话说,法国人的人格不足以支撑他们的头脑。与此相反,英国则盛产人格伟岸、思想幼稚之人。当歌德表达对英国人的高度赞赏,但同时又说"英国人严格来说没有智识"时,他并不是在自相矛盾。(顺便一提,他的评论不过是重复了德莱顿说过的内容:"真正的英国人从不思考。")

---

① 节选自巴特勒(Samuel Butler)的讽刺诗《休迪布拉斯》(Hudibras)第一部第一章第361—362行。
② 法盖(Auguste Émile Faguet, 1847—1916),法国文学批评家,法兰西学术院院士。

人格与智力间的天然对立在白哲特①的一句"自夸"中巧妙地表达了出来:"英国人的愚蠢地道纯正,无人可比。"在爱默生看来,这种愚蠢也有可取之处,它仿佛鹰隼的眼睑一般可以遮挡保护英国人的洞察力。在政治思想领域,柏克可以算得上最敏锐的批评家之一,他同样满足于英国人智力上的冥顽不灵,这一点从他把当时的激进派比作蟋蟀就能看出来:"那些跳来跳去的小虫子干瘪可怜,却又聒噪讨厌,田野里到处都能听到它们急促的鸣叫;而上千头高大壮硕的牛却在英国橡树的阴凉中休息,咀嚼着食物,一言不发。"这是在重蹈阿里斯托芬②拒绝区分苏格拉底和智者派③的覆辙,柏克以为转而依靠完全的保守主义(Toryism),就能制止当时已经势不可挡的智力上的自觉(self-consciousness)。这种观点导致的必然结果不久前已由休・塞西尔④勋爵及其贵族朋友可悲地向我们展示了出来,他们还试图通过提高音量来挽回败局,但很明显事情的关键不在于嗓门,而在于脑子。目前的形势十分紧迫,保守派的唯一希望是拿出一流的社会批评来抗衡社会主义者和激进派们的二流、三流批评。不幸的是,面对当前的危机,英国人并未在智力上做好准备。他们的心智尚未坚硬到对种种现代传染病

---

① 白哲特(Walter Bagehot, 1826—1877),英国评论家、新闻工作者。著有《英国宪制》等。
② 阿里斯托芬(Aristophanes,约前446—前385),古希腊早期喜剧代表作家,现存作品有《阿卡奈人》《骑士》《蛙》等。
③ 智者派(sophists),古希腊哲学流派,代表人物为普罗泰戈拉、高尔吉亚等。
④ 塞西尔(Hugh Cecil, 1869—1956),英国保守党政治家。

产生抵抗力的程度。危险的是，当他们接触各种思潮时，会像南海①群岛的居民中麻疹一般，因感染而丧命。因此很多牛津学生在与传统主义(traditionalism)决裂后都纷纷成了无政府主义者(anarchist)。

七

在文学批评方面英国人还有一个众所周知的局限——岛国的狭隘性。"以我之见，"约翰逊博士曾说，"外国人都是蠢物。"这个信念在如今的英国大众身上依然存在。17世纪圣埃夫勒蒙②曾抱怨法国人太过以自我为中心，甚至身处他国时还要称对方为外国人。而如今，我们应该把这一特征与英国人联系起来。我记得曾询问一个同在巴黎的英国朋友，与身边的人语言不通是否会让他有身为异客之感。"不，"他答道，"在我眼里他们才是异客。"

英国人的这种狭隘性以及思想上的顽固或多或少与英国光荣的绅士传统有关。英国绅士向来不信任思考，相反，他们以伟大的实干家自居，并以此为荣。司各特③这位英国文学史上的绅士典范恰好也是一位幽默大师。他对各种理念几乎没有任何兴趣，除了用它们来展示个

---

① 此处的南海指太平洋海域。16世纪的西班牙探险家在巴拿马地峡以南发现太平洋，因此将其命名为南海。
② 圣埃夫勒蒙(Saint-Évremond, 1613—1703)，法国散文家、批评家，因抨击法国的政策流亡英国，葬于英国威斯敏斯特寺。
③ 司各特(Walter Scott, 1771—1832)，英国小说家、诗人。著有《威弗利》《艾凡赫》等。

人或民族的脾性，比如他在刻画盟约派人士①时就是这样处理的。他所描摹出的苏格兰人的脾性可以说生动形象、丰富多彩，与此形成强烈对比的是他笔下单调苍白的绅士淑女形象，我想，其原因在于他笔下的绅士淑女都必须恪守同样的成规。司各特身上有太多托利党人式的自鸣得意，他完全没有意识到支撑着成规的整个社会秩序已经被法国大革命逐渐破坏了。巴尔扎克曾在《人间喜剧》(Human Comedy)的序言中提到自己从司各特那里受惠良多，但巴尔扎克与司各特最大的不同之处在于，他的作品始终统一在一个逻辑理念之下——试图展现法国社会因大革命而导致的道德的崩溃。他的小说是一幅真正的现代法国讽刺画，展示了当社会脱离传统宗教束缚、利己主义获得了灾难性胜利之后罪恶可怖的社会图景。巴尔扎克的构思即使不是根本错误的，至少也是非常片面的，尽管我注意到保守派的保罗·布尔热②在最近一篇文章中称，巴尔扎克已经精妙地切中了现代法国之时弊。然而，我想说明的观点与之前比较艾迪生和拉布吕耶尔时试图证明的结论相仿。巴尔扎克更具智性和批评精神，而司各特更具亲和力和幽默感。

八

我已逐一列举了英国人的优缺点与其文学批评的关系，然而还有一点未能提及，它可以说是英美民族的首要天性——务实的本能。英

---

① 17世纪支持苏格兰长老会的一派清教徒，因坚持将长老会教义作为苏格兰唯一信仰而得名，历史上对苏格兰影响颇为深远。

② 布尔热(Paul Bourget, 1852—1935)，法国小说家、文学评论家。著有《残酷的谜》《弟子》等。

国人所拥有的逻辑与理念，大都被运用于发展功利主义（utilitarianism）和科学实证主义（scientific positivism）了。人们有时会倾向于认为，比起莎士比亚创作《哈姆雷特》，培根为了研究冷藏法而把雪填到鸡肚子里最终染病去世的事迹，也许才更具英国民族代表性。比较文学的研究者们都知道，莎士比亚在国外的影响，甚至他在德国的影响，常有夸大之嫌。但是无论我们在世界哪个角落，看见天边赫然耸现吐着浓烟的工厂烟囱时，总能更深切地体会到培根的影响。英语民族功利主义的一面与其充满想象力的一面之间的鸿沟如此之宽，就像牛津与任意一座英国制造业城镇之间的鸿沟一般难以逾越。功利主义与实证主义传统的杰出代表们——培根本人、牛顿、霍布斯、洛克、休谟①、亚当·斯密②、边沁③、斯图尔特·密尔④、赫伯特·斯宾塞⑤、达尔文——一个个都是不乏理念之人，有时还富于逻辑，但在艺术与文学方面，他们比腓利士人⑥好不了多少。我们大可在上面的名单中随意检视，他们无一不是如此：最精美的雕塑在牛顿眼中不过是石头玩偶；赫伯特·斯宾

---

① 休谟（David Hume，1711—1776），苏格兰哲学家，苏格兰启蒙运动的代表，主张怀疑主义。著有《人性论》等。
② 斯密（Adam Smith，1723—1790），经济学家，哲学家。著有《国富论》《道德情操论》等。
③ 边沁（Jeremy Bentham，1748—1832），英国功利主义哲学家、经济学家。著有《道德与立法原理导论》《赏罚原理》等。
④ 密尔（John Stuart Mill，1806—1873），或译穆勒，英国哲学家、经济学家、逻辑学家，功利主义的主要代表。著有《论自由》等。
⑤ 赫伯特·斯宾塞（Herbert Spencer，1820—1903），英国哲学家、社会学家，将进化论引入社会学。著有《社会学研究》等。
⑥ 腓利士人（Philistines），阿诺德在《文化与无政府状态》中将中产阶级归类为腓利士人，即庸俗之人。

塞读荷马是为了"研究迷信",但他觉得这本书枯燥至极,所以连第六卷都没读完;达尔文则在临终时坦白,他完全读不懂莎士比亚。

极端的功利主义者不仅像清教徒一样在艺术和文学方面无药可救,而且与后者相比,他们所持有的观点更有感染力。功利主义的浪潮在法国和德国一年高过一年,甚至还有吞噬牛津的哥特高塔之势,这让我们不禁怀疑,在这人人追逐功利的世界中是否还容得下传统意义上的艺术和文学。对于这点,我们仍然应该秉承亚里士多德式的态度。亚里士多德学派应该会承认,与热切的想象力、道德执着和幽默可亲一样,务实也是英国民族的一大优点;但是机械而片面地追求实用则会变成恶习。如今不仅在英美,甚至整个西方世界都多少有功利主义泛滥的趋势。

九

用怎样的方式才能恢复健全的文学标准,抵抗当前科学物质主义和工业物质主义的趋势呢?对这些问题的讨论将远远超出本文题目的范畴。当前我们最需要做的就是重新唤起我们内心的文学传统意识。恕我大胆重复之前说过的话,为了达到这个目的,我们急需英语文学以及其他现代文学的师生们与古代人文的代表们真诚合作,而不是像现在这样与功利主义者们结盟。

不过,虽然我们需要恢复自身的传统意识,却千万不能只做传统主义者,否则恐怕会因为思想的匮乏而受挫,正如我已注意到的那样,缺乏理念正是英国批评,乃至美国批评最大的缺陷。传统的保持必须与高度的批判相结合:在坚持传统的过程中我们必须不断进行认真而清晰的思考。换句话说,我们必须时刻调整过去的经验以适应当前不断变化的需求。

在批判性理解历史的过程中谁能充当我们的榜样呢?说来奇怪,19世纪似乎并没有这样人物,尽管大家通常都认为19世纪是最具历史视角的时代。在这个时代存在两种对待历史的主流态度:一是科学主义的,一是浪漫主义的。秉持科学态度的人主要致力于史实的考证和构建;而浪漫派们要么陶醉于史实的如诗如画,要么把历史当作是逃避当下的避难所——用泰纳①的话说,用历史为自己制造借口。但是,历史既不应被视作研究的实验室,也不应被当成梦想的栖身之所,我们应将历史视为一所传授经验的学校。那么何人能既饱学于传统,又能将传统用于今日呢?连圣伯夫也满足不了这样的要求。在过去50多年里,人类的精神一直受自然主义宿命论的毒害而逐渐萎靡,圣伯夫也是受害者之一。他说:"自由之于人类,不过是一场幻觉。"如果我们不能自由地从知识中受益,那么了解历史又有什么用呢?这让我们想到了歌德(圣伯夫本人称其为批评之王),他对此持截然相反的态度;歌德曾说,全面地研究一个人的作品能使人获得一种内在自由的感受。

歌德的确是现代最接近我们需求的那种人物;需要补充的是,这里并不指浪漫派歌德或科学家歌德,而指人文主义者歌德,他的这一面在

---

① 泰纳(Hippolyte Adolphe Taine,1828—1893),19世纪法国批评家、历史学家,历史主义批评的最早实践者之一。著有《拉封丹及其寓言》《巴尔扎克论》《艺术哲学》等。

爱克尔曼①的谈话录及其晚年的批评语录中有所展示。对歌德来说，他在《浮士德》一书中找到了主宰19世纪的两大主要力量：科学实证主义（行动为先［Im Anfang war die Tat］）与卢梭式浪漫主义（感觉至上［Gefühl ist alles］）。在此之后，他又活了很久，久到足以让他驳斥浪漫主义，并在支持科学的同时决不许它有丝毫僭越。作为批评艺术的实践者，在我看来他比不上法国大师们；但作为批判式思维的倡导人，他是无可比拟的。他不仅吸收传统，而且吸收了所有不同的传统，并且一直是现代人中的现代人。用圣伯夫的话来说，他一直关注着天边出现的每一艘新帆船，只不过，他是站在苏尼翁角②的高度来俯视这一切的。他会利用更大的背景与更广的视角来完善和支持他的个人见解，并由此理解现代之真义：既不是对历史卑躬屈膝的模仿，也不是断然的否定，而是对其创造性的延续。他说："我们必须用大量的、普遍的历史来对抗当前出现的谬误和差错。"他会让我们停止将绝对（the absolute）理论化，学会在具体事例中辨别它。这种在"多"（Many）中见"一"（One）的人文主义特殊形式似乎尤其适用于我们这个时代，因为比起其他时代，比如古罗马、古希腊，我们有着丰富的、已经过证实的前人经验以供支配。因此，比起任何一位英国或法国批评家，歌德都更能帮助我们解决当下最紧迫的问题之一：找到一个既能对抗科学及功利主义泛滥，又足以对抗浪漫印象主义泛滥的标准。在《批评通史》一书

---

① 爱克尔曼（Johann Peter Eckermann, 1792—1854），德国诗人，歌德的挚友。著有《歌德对话录》等。

② 苏尼翁角（Sunium）是位于雅典阿提卡半岛最南端的海角，波塞冬神庙所在地，可以眺望整个爱琴海，同时也是雅典战事重要的前线。

中,圣茨伯里教授写道,歌德作为批评家的崇高地位只是"迷信,而且多少有些过时";这意味着我们对浪漫印象主义的抵制大概可以从反对圣茨伯里教授开始。可能到头来他自己作为批评家的声望才是真的迷信。而这种声望现在竟如此显赫,也许这本身就证明了英国人不擅长批评。

马修·阿诺德①

已经有两三篇关于马修·阿诺德的好文章，特别是布朗乃尔②先生在其《维多利亚时期的散文大师》(*Victorian Prose Masters*)一书中的那篇。但薛尔曼(Sherman)教授却写出了关于阿诺德的第一本好书。薛尔曼教授本人是一位坚定的阿诺德主义者，虽然不会盲目偏袒，但其解读总会带有他所说的那种"不可或缺的个人偏好"……

一

如今，阿诺德和他的主张已经有理有据地摆在了美国人面前，人们自然会问，这一主张对我们可能有什么价值。在回答这个问题时，最好与薛尔曼教授一起坚持一个常被人忽略的观点——阿诺德本质上的现代性。甚至我们可以肯定，阿诺德之所以被他同时代的人误解，不是因为他不够现代，而是因为他比他们更现代。而他现在依然被人们误解也是出于同样的原因。为了支持这个论点，我们需要明确"现代"一词

---

① *The Nation*, August 2, 1917. Review of *Matthew Arnold: How to Know Him*, by Stuart P. Sherman. ——原书
② 布朗乃尔(William Crary Brownell, 1851—1928)，美国文学艺术评论家。著有《维多利亚时期的散文大师》《美国散文大师》等。

的定义。该词经常且不可避免地被用来描述那些最新的事物,但歌德、圣伯夫和勒南这样的人并不只在这个意义上使用它——例如,勒南称彼特拉克①为"现代精神的创始人"。阿诺德在《文学中的现代要素》(*The Modern Element in Literature*)演讲中也使用了该词,他所指的也不是最新的事物这一含义。在这些人的文章中,现代精神与实证精神和批判精神是同义词,代表着拒绝根据权威认识事物。阿诺德认为,伟大时代的希腊人在这个意义上是现代的,因此比中世纪的人更接近我们。事实上,这种实证和批判的精神是由自然科学及其带来的进步所培养的。自文艺复兴以来,这种实证主义(positivism)或多或少与传统相抵触,但是外部权威的致命崩溃直到18世纪才发生。对许多人来说,当历史的所有形式都变得不可信后,随之而来的是巨大的精神孤独,一种空虚和荒凉的感觉;生活似乎不再有任何中心和意义。旧秩序不再能掌控他们的理智,但依旧保留了对其想象力的控制。也许没有任何英国人能像阿诺德一样,在诗歌中完美地表达这种独特的怀旧之情。诚然,阿诺德没有继续在两个世界之间忧郁徘徊,"一个世界已经死去,一个世界还无力诞生";但是如果他最终决定与现代精神和未来共命运,那也必然经历了一番剧烈的挣扎。正如薛尔曼教授所说,他有某种"不幸的分裂人格"。他后来赞扬希腊人,不仅因为他们有实证和批判精神,还因为他们实现了想象与理性的结合。如果我们要成功地完成现代实验,也必须实现这种结合。这种结合在阿诺德身上远非完善。

---

① 彼特拉克(Petrarch,1304—1374),意大利文艺复兴时期诗人、学者。著有《歌集》等。

当他在想象中充分展现自己时，其主调是忧郁感伤的。正如有人抱怨的那样，他有时甚至会将缪斯女神降格为医院护士的角色，而他的理性又是如此反对这样使用诗歌，以至于他有一次撤回了《恩培多克勒》（*Empedocles*）的发行。但是，当他开始创作满足理性的诗歌时，想象之火似乎弃他而去。薛尔曼教授在评价他那篇严肃的《墨洛珀》（*Merope*）时曾说，在某些人看来，这首诗可悲地展示出了当一个诗人想要同时作为学校监察员、教授和文学评论家开始创作时将面临的灾难。

二

19世纪中期，像阿诺德一样的人并不罕见，他既有实证和现实的态度，同时又对过去有诸多留恋。当旧秩序与现代精神搏斗时，他会感到心与头脑之间的拉扯。然而，阿诺德与这类普通人以及他同时代的人的不同之处在于其实证主义的完整性。那些以自己的现代性为荣之人，其实证主义依据的只是自然法则（natural law）；至于人性法则（human law），他们只是简单地把它及其赖以生存的传统形式一并丢弃。但阿诺德坚持认为，人是受两种法则控制的生物。在充满短暂冲动和欲望的普通自我之外还有一个永恒的自我，作为普通自我的控制力量而为人感知。根据经验，只有行使这种控制力量才能找到幸福。否认人身上存在精神法则（law of the spirit）与身体法则（law of the members）的冲突就是在逃避事实，从而导致不完全的实证和批判。这种逃避的结果是道德上的无政府状态，如果人们越来越紧握自然法则或类似的东西，即不断增长的机械和物质效率，情况将更加危险。

在上个世纪的现代大潮中做一个活跃的、斗志昂扬的人文主义者不仅在英国,甚至在欧洲大陆都是极罕见的成就。在法国人中几乎无法找到与阿诺德旗鼓相当之人,虽然他们在许多方面都是阿诺德的老师。例如圣伯夫,他虽然活跃好斗,却臣服于自然法则。他的人文主义总体上是享乐主义的,更多地存在于其情感而非性格中。事实上,比起阿诺德,阿纳托尔·法朗士①的人文主义在性质上更接近圣伯夫。

阿诺德为这种无政府状态——未能超越普通自我的状态——开出的解药是文化,这点几乎不言而喻。阿诺德以文化之名向腓利士人发起的战争不能与浪漫主义对传统的反叛混为一谈。他抱怨海涅②用实际存在的不得体反对腓利士人的得体之处。阿诺德非但不支持玩世不恭的作风,甚至不能容忍任何外在形式上的不规范,即便是但丁也不例外。浪漫主义者首先抨击的是腓利士人缺乏审美修养;而阿诺德首先抨击的是他们缺乏整体性。健全之人的反面是发育不良之人,他们的观点片面且狭隘。"我讨厌任何一种要素占绝对优势"也许最能总结阿诺德散文的中心思想。在寻找一个能供人模仿且拥有健全人格的榜样时,阿诺德将目光投向了历史;因为,即便这位实证主义者不愿意让历史成为强加其身的教条,他也要承认历史作为经验的有效性。人性法则不能用某种固定的抽象公式来表达。它是多面且难以捉摸的。要了解它的某个方面,需要追溯到某个特定的国家、个人或时代。对一个

---

① 法朗士(Anatole France,1844—1924),法国小说家、文学批评家,1921年获得诺贝尔文学奖。著有《苔依丝》等。
② 海涅(Heinrich Heine,1797—1856),德国诗人、政论家。著有《诗歌集》《哈尔茨游记》《德国,一个冬天的童话》等。

追求和谐生活的人来说,希腊能提供某些要素,朱迪亚①则能提供另一些。阿诺德总是假定普通经验有一个核心,一个恒定不变的自我(permanent self),作家的优劣取决于他对那些处在流变环境中不变事物的洞察力,或者如他自己所说,取决于这位作家对生活批判的深度和全面程度。正如薛尔曼教授指出的那样,阿诺德必然会用相对冷漠的态度对待现代学术界的热潮——历史的研究方法,它倾向于否定持久的价值,用相对的眼光观察一切、根据时间和地点的变化解释一切。

对阿诺德来说,少数作家——主要是诗人——拥有想象力的完整性,他们将杰出的道德洞见与优秀的形式相结合,或者如阿诺德所说,将内容的高度严肃性与宏大的风格相结合,他把这些作者归为一类;他们与其他作家不仅在优秀程度上有所区别,在类型上也迥然不同。这种可以追溯至亚里士多德的大致区分无疑是合理的。为了文章的张力或其他标准而牺牲高度严肃性的人只是在损害诗和文学;他们给了功利主义者可乘之机,而后者会将文学降低为生活中的消遣,智慧的文学——亚里士多德所说的有助于闲暇的文学——也不存在于他们的计划中。然而,我们必须承认,阿诺德并不总是像他做出这种区分时那样明晰或一致。当我们要求他为诗的宏大风格或构成这种风格的想象特质——有人称之为道德想象——下定义时,他反而提供了一些摘自伟大诗人的简短段落,让我们以此作为试金石,这与他之前的主张——诗的价值不由零散的段落决定,而取决于构造和整体结构——并不一致。

---

① 朱迪亚(Judea),古代巴勒斯坦南部地区。此处应泛指希伯来传统。

他之所以不用理论去论证是因为他感觉"在所有的事情中,对诗性真理的批判性理解是最不稳定、最难以捉摸和转瞬即逝的"。只要他所谓的理论指的是纯粹的形而上学,那么每一类实证主义者都会深有同感。但阿诺德对理论的逃避似乎包含着更多的东西,即浪漫主义对具体分析的恐惧。我已经提到了亚里士多德,事实上,亚里士多德几乎必然是阿诺德这类力求在批判的基础上审视人文和宗教的人的导师。现在,要成为完全的亚里士多德主义者需要两个条件:首先,认真、持续地思考来制定原则;其次,以最大限度的灵活性运用原则。因为,虽然原则是固定不变的,但我们必须同意柏格森的观点,现实生活是"不断涌现的新鲜事物"。如果要正确地弥合普遍规律与具体事例的间隙,再怎么观察入微、"灵活多变和多元化"都不为过。不幸的是,阿诺德有时似乎会把这种思维带入原则的领域,在那里,认真持续地思考才是首要条件,而流动多变只在实践领域才被允许。

由于高度严肃的内容和宏大的风格只在最优秀的诗人身上共存,阿诺德因而将最好的诗确立为哲学和宗教的替代品,宣称哲学和宗教中最好的部分本身就是潜在的诗歌。阿诺德自己也许可以为这一论断提供诸多修正,但它依然颇具争议。可以肯定的是,今人在努力确定标准时,比起阅读诗人中的领袖荷马,他们更能从研究亚里士多德(也许是最具现代性的古人),尤其是《尼各马可伦理学》(*Ethics*)和《政治学》(*Politics*)中获益。同时人们可以拒绝与柏拉图一同走向极端——去指责荷马缺乏宗教的严肃性。然而,亚里士多德虽有卓越的内容,却远没有宏大的风格,而是与近似僵硬的术语绑定。

在《尼各马可伦理学》中，那些最坚定的分析论断最终成了宗教式的观点。阿诺德从基督教中得到了许多亚里士多德没有的东西，他试图以文化的形式使基督教真理与现代精神和谐交融，其中有许多令人钦佩之处，但在分析的精度和洞察力上有所欠缺。阿诺德这一行为招致了许多非议之声，他自己也给出了正确的解释："世界上一多半人永远无法接受他们所学习的人，但在抱怨的同时他们也学到了很多。"①然而，我们可以理解这种不安，他们认为阿诺德没有察觉到因传统信仰的削弱而造成的事态严重性。同样不能确定的是，在阿诺德将宗教定义成具有情感的道德时，他是否在纷乱的信仰中保护了真理的完整性。乔纳森·爱德华兹②把真正的宗教洞见与最令人无法接受的神学形式结合了起来，在某个布道中他坚称：宗教不仅仅是理智或道德或情感；它超越了所有这些；它是"纯粹的超自然之光"。早期佛教徒对这一问题进行了几乎超越亚里士多德的透彻分析，他们意识到，在冥想（meditation）的某一阶段，宗教依然掺杂着情感，但随着冥想的深入，情感逐渐消失，让位于纯粹的平静——深度的宁静（alta rerum quies）。最根本的问题是，当阿诺德讨论宗教时，他能否达到足够的高度以超越自然主义，或者就他的例子来说能否超越禁欲主义。薛尔曼教授发现阿诺德有关马可·奥勒留③哲学不足性所做的自传性说明时，曾非常适

---

① 出自阿诺德于1871年3月12日写给母亲的一封信，在谈到莫利（John Morley）攻击他的文章同时也从他那里学习到很多时说到这句话。

② 爱德华兹（Jonathan Edwards, 1703—1758），清教徒，对18世纪美国大觉醒运动有重要影响。著有《自由意志论》等。

③ 奥勒留（Marcus Aurelius Antoninus Augustus, 121—180），罗马帝国皇帝，斯多葛派哲学家。著有《沉思录》。

时地提出过这个问题。通过对比阿诺德和丁尼生可以进一步阐明这个问题。与丁尼生不同,阿诺德并不接受维多利亚时代的妥协;在智力上他比丁尼生更严密,正如他自己所说,他比丁尼生更胜一筹,因为他参与了那个时代的"主要思想运动"。但丁尼生的诗歌,例如《过沙洲》(Crossing the Bar)或《维吉尔颂》(Ode to Virgil),有着在阿诺德身上找不到的东西,至少暗示了一种纯粹的超自然之光。

三

如果说阿诺德并未成功使宗教与现代精神相融而不损宗教本质,至少他确实走在正确的道路之上。而他不仅提出了一种既实证又批判的全面的人文主义,并且异常清楚人文思想在民主中应起的作用。在这方面,他不仅领先于自己的时代,也领先于我们。那时的英国在反抗了革命激进主义与拿破仑之后,依然处于保守主义的情绪中。目前,"主要的思想运动"干扰继贵族之后掌权的中产阶级的传统观念只是为了摆脱思考本身。阿诺德努力反对这种智性上的顽固不化,但他并不希望回到革命时代的纯粹扩张——它不仅抛弃了外部监督也丢弃了内在制约。但是,在英国与美国,实际情形是主要扩张运动开始恢复,激进主义开始复苏,越来越多阿诺德称之为群氓(populace)的人参与进来。正如薛尔曼教授在《国家》杂志中指出的那样,像 H. G. 威尔斯[①]这样的作家试图用激烈的言辞让维多利亚时代的人重新变为雪莱那样

[①] 威尔斯(Herbert George Wells, 1866—1946),英国小说家,尤以科幻小说闻名。著有《时间机器》《星际战争》等。

的革命乌托邦主义者。

58 　　说我们现在大部分人是纯粹扩张的,也就是说大部分人依然更关心民主的数量而非质量。但这一态度引发了非常严峻的问题。民主现在正进行着反帝国主义的运动。历史的教训告诉我们,某种特定类型的民主——已有迹象表明这正是我们不断发展的类型——最后的结局是帝国主义。避免这种危险的唯一方法也许是承认贵族原则,承认我们需要标准和约束。倘若如此,阿诺德在追求有质量、有选择的民主时所做的努力,证明了他比我们大部分人都更坚定、更务实或简而言之更现代。任何人要是能像最佳状态的阿诺德一样成功达到完全的现代和实证,即遵照自然和人的两种法则行动,都会让激进的进步主义者,比如《新共和》(New Republic)的编辑们,显得落伍。即使是《新共和》的编辑也可能现代得足以看出民主需要约束。在这种情形下,他会把效率的某种形式当作对民主的约束。效率在合适的位置时是很好的,而一旦离开了自己的位置,就会直接导致阿诺德毕生与之斗争的腓利士主义或机械崇拜。将物质组织当作道德混乱的解药就会依旧徘徊于19世纪特有的幻想之中。

59 　　当阿诺德寻找外部机构来确保有质量的民主时,他把目光投向了教育,这种教育必须达到国家制定的高标准,并能反过来为国家提供训练有素的领袖。遵照自然和人两种法则的实证主义者与只遵照自然法则的实证主义者之间有着鲜明的对立,这一点出现在阿诺德与赫胥黎①关

---

① 赫胥黎(Thomas Henry Huxley, 1825—1895),英国博物学家、教育家,拥护达尔文的进化论。著有《进化论和伦理学》等。

于科学与文学对立性的辩论中。然而,赫胥黎的自然主义理论是相对温和的。在赫伯特·斯宾塞身上,我们可以看到试图将人性置于单一法则之下带来的巨大灾难,他相信人是类人猿的后裔,并制定了一套过度强调这种联系的教育方案。在为民主寻找健全的领袖这一至关重要的问题上,薛尔曼教授坚持认为阿诺德的解决方案是在卡莱尔与密尔之间所做的妥协。这一观点虽然新颖,却并不总是令人信服。人文主义者几乎不可能在浪漫主义者与功利主义者之间摇摆。我们很难像薛尔曼教授一样,认为卡莱尔个性"非常保守",或认定由于卡莱尔的心理状态到了晚年,他便成了真正的保守党。在这里无法对这一点进行充分论述。让我们简单地问问自己,约翰逊博士——也许是最后一位伟大的保守党人——会怎样看待卡莱尔对英雄所下的突兀而荒谬的定义?他会像卡莱尔一样将法国大革命视作"炼狱火焰包裹下的真理"并为"它冲破了规则和惯习"而感到喜悦吗?通过教育和政府的相互作用来确保高质量的领袖实际上是亚里士多德的核心观点,而阿诺德则用基督教义对它进行了完善。薛尔曼教授也这样认为,他写道:"通过思考,阿诺德已变得热心进步……他的目标是去除奴隶制的雅典式民主。他希望每个人都能生活在风格宏大的社会中……当他自称是未来的自由主义者时,这就是他心中的远大理想。"阿诺德即便不像这段话描述的那样乐观,至少也希望有这样一个社会,身处其中的人如果不能达到最好的标准,也是由于内在的原因,而非外在的妨碍。

四

这样看来,阿诺德希望实行民主,但条件是——在这一点上他展现出了真正的现代精神——它应该是有质量、有选择的民主。他认为批评有助于这种类型的民主形成自己的标准。要知道他所说的批评是什么意思,从他对我们美国民主的评论中可以找到例证。时隔30多年后,再读他那篇《论大多数》("Numbers")①的演讲和他的文章《论美国的文明》("Civilization in the United States"),看看我们是否纠正了他所认为的我们的主要危机——逐步走向平庸、国民生活缺乏"深度和品味",倒是件趣事。有些人也许会认为,从很多方面来说这种堕入平庸的趋势非但没有得到遏制,反而加速了。1883年阿诺德在波士顿写道:"美国人非常优秀,但他们的媒体在我看来似乎是一种可怕的病症。"这种病症现在变得愈加严重。从那时起,我们已经目睹了越来越多耸人听闻的标题和漫画增刊。有人说,古代米利都人并不是愚人,却做了只有愚人才会做的事。只需看一眼我们的报纸和流行杂志就能发现,尽管我们不是愚人,但我们所读的也尽是些只有愚人才看的东西。在慵懒状态下读着周日报纸的美国人是数量胜过质量的完美标志。关于民主的本质,观点各异。如果一个人仅根据自己的所见进行判断,他也许会说民主的本质就是闹剧。我们的报纸和电影迎合的就是人们对戏剧刺激的渴望。正是戏剧化的情节吸引了五百多万人去读哈罗德·贝尔·莱特②的小说。

---

① 阿诺德此篇演讲的题目暗指《旧约·民数记》。
② 莱特(Harold Bell Wright,1872—1944),美国畅销小说家。

最近"官方"宣称,查理·卓别林因出演八部电影而赚取了1,075,000美元。诸如此类的事实似乎可以证明,我们对"任何让人兴奋的东西"都抱有越来越大的热情。歌德曾告诫人们不要受到平庸的束缚,阿诺德非常喜欢引用这句话(束缚我们的是平庸)①,现在需要引用歌德的另一句话补充说明束缚的来源:"追求快乐导致平庸。"阿诺德指出,古老的清教标准灌输予我们敬畏之心,这种思想至少可以纠正平庸。但在道德现实主义者看来,我们国家正在进行的主要思想运动正从清教主义(Puritanism)向享乐主义(epicureanism)发展。我们确实是非常"理想主义"的,但我们的"理想主义"很大程度上瓦解为阿诺德所反对的事物——对普通人近乎宗教式的崇拜,对善变的大众所表达的意见过分顺从。如果说我引证的各种平庸症状展示了什么的话,它们表明我们所神化的普通人正变得越来越嗜好享乐——他及时行乐,极少注意那些永恒不变的价值尺度。对当今的美国人来说,"好时光"就像拥有魔力的咒语般在天空闪闪发光。如果这种趋势持续下去,尽管有"进步"和"理想主义",我们也可能发展出近似罗马"堕落时代"的心理。阿诺德欣赏美国人的乐观,甚至将爱默生单独挑出来大加赞赏。但不能确定的是,阿诺德所赞赏的美式乐观是否与我们对普通人的崇拜以及这种崇拜导致的标准的缺失毫无关系。如果我们像阿诺德口中的那位俄亥俄州女士一样认为优秀普遍存在,我们确实会比认为"优秀隐匿于高山险峰之中,需要竭尽全力才能达成"的阿诺德更容易感到轻松愉快。但是以牺牲标准换来的轻松愉快可能有其弊端。

---

① 出自歌德的《席勒〈大钟歌〉跋》。

阿诺德认为,追随圣贤的大众在人格上是不健全的。如果我们想要使民主有质量,与其设计无数方案来提升普通人,不如增加我们"精英"①的数量。这种精英的设想一直被指责为太过自负。但事实恰恰相反。属于精英的人必定是谦逊的,必定感到需要仰望某种高于普通自我的标准。而任何有敬畏之心的人都有机会成为值得他人敬仰的对象。如果相当大的群体因此接受共同标准的约束,那么通过共同努力和榜样的力量整个社会都会得以提升。阿诺德认为,我们之所以未能使足够多的精英达到高标准,部分原因在于我们的教育。他对"我们蓬勃发展的学院和大学有着很深的疑虑"。自他访美以来,我们在教育上的改革几乎不能说是符合他的要求。在过去一两代人的时间里,塑造我们教育命运的人实际上在精神上可能更接近赫伯特·斯宾塞,而非赫胥黎。我们的改革者说得对,旧式大学课程需要拓展。但是他们所做的实际上并非拓展课程,而是改变其本质。主流趋势已经从至少在意图上部分是人文的、部分是宗教的教育,转变成部分是情感主义、部分是功利主义的教育。最新的"这种充满活力、欣欣向荣的运动"(阿诺德如此形容)的倡导者正热情十足地把我们依然保有的人文标准努力剔除。在这里,正确的做法不是试图简单地回归传统,而是像阿诺德一样用全面的实证主义反对片面的实证主义,坚持人性中那些

---

① "精英"(the saving remnant)是白璧德常用的一个术语,原系宗教术语,来自基督教《圣经》中(指代表以色列民中圣洁种子)的余剩民,被白璧德借指为身负文化存亡重任的少数精英。

像亚伯拉罕·弗莱克斯纳①的人未能把握住的本质。

  一个严格的阿诺德主义者也许会指出我的夸大之处并加以反驳。然而,阿诺德的主要论点不会失去其力量:我们太过注重民主的数量,而对其质量关注不够。值得思考的是,如果我们放任自己的普通自我,所导致的伤害将不仅限于少数"高深"的美学领域。如我所说,我们唯一的选择也许不是在有数量的民主和有质量的民主之间,而是在有质量的民主和帝国主义之间。民主的大敌是无政府状态,它在过去曾无数次对民主造成致命的打击。正如我们无数次说过的那样,能修正无政府状态的不是效率(现在人们对效率的理解仅指人类存在的自然主义层面),而是人文主义的或宗教的约束。要获得这种约束,就必须有标准,而现阶段要拥有标准,我们必须学会批评。阿诺德写道:"美国人现在急需稳定地展示出冷静而理智的批评。"我们远没有解决这个"人的问题"——用阿诺德的话来说,我们甚至没有正视过它。聪明人层出不穷,但尽是没有标准的聪明人。薛尔曼教授将他确定无疑的才智用于对标准的关注,并以一种完全现代和实证的方式确立了自己的标准。我们也许可以期望在这个方面他是先驱,是阿诺德所说的神枪手,走在"笨拙的大众"之前,并为未来做好了准备。

---

  ① 弗莱克斯纳(Abraham Flexner, 1866—1959),美国教育家,参与了美国的医学教育改革。

克罗齐与关于流变的哲学[1]

克罗齐作品的英文译本数量已经很可观,足以使我们在仅读英译本的情况下对他进行评价。而皮科利[2]先生从克罗齐的角度对自己的哲学进行了精妙的阐述,又为这项工作提供了更多便利。不少学者反对清教主义,在得知克罗齐主张艺术的自由表达后,就倾向于拥护他的观点,而没有仔细探究这一主张背后的理论基础。任何深入研究了克罗齐理论的学者都会发现这个问题格外棘手。据皮科利先生所说,他必须努力去应对"一种系统且严谨的知识理论",而这种理论在"哲学逐渐式微和大众文化泛滥的现代社会,即使对那些最有学识之人,也变得愈发难懂"。在阅读了大量克罗齐作品之后,我得出的结论是,他的理论有诸多边缘的优点,其核心却是错误的。更令人不安的是,那个核心有时看起来更像是一个空洞。在没有充分证明的情况下得出这一结论或许显得武断又不近人情;要充分论证这一观点,则需花费一本书的篇幅。然

---

[1] *Yale Review*, January, 1925. Review of *History: Its Theory and Practice*; *The Poetry of Dante*; *Aristo, Shakespeare and Corneille*; *Goeth*—all by Croce; *The Reform of Education*, by G. Gentile, with an introduction by Croce; and *Benedetto Croce*, by F. R. Piccoli.——原书

[2] 皮科利(Raffaello Piccoli, 1886—1933),深受克罗齐影响的罗马大学意大利语教授、文学理论家和思想家。

而,或许可以做一些基本辨析,使读者能自己判断是否赞同克罗齐的主要思想趋向。

也许最好从克罗齐自己的言论开始,即不存在永恒的哲学问题。对那些坚信标准的必要性与可能性的人来说,哲学必然有一个永恒的问题,即柏拉图所说的"一"与"多"的问题。除非存在某种在变化中保持不变且可以衡量变化的事物,否则,显然不可能有任何标准。柏拉图认为,不断流变的生活来自一个超验的理念世界,从这个意义上讲,柏拉图本人是个唯心主义者(idealist)。克罗齐是柏拉图主义的死敌,事实上也是所有形式的超验主义的死敌。当他也自称是唯心主义者时,就造成了不小的混乱。克罗齐的唯心主义主要属于黑格尔式的,但不包括"绝对"(the Absolute)的概念。他是用黑格尔的"绝对理念"替换柏拉图"理式"(ideas)的典型例证,而在保罗·穆尔先生看来,这种替换是现代哲学的一大灾难。克罗齐本人似乎也意识到了目前状况的严重问题。在为他的唯心主义同仁乔瓦尼·秦梯利的《论教育改革》所作的序言中,克罗齐呼吁一种"新基督教精神"或"新人文主义"精神,并表示希望我们能借此能逃脱"智识上的无政府主义状态,逃脱放纵的个人主义(individualism)、感官主义(sensualism)、怀疑主义(skepticism)、悲观主义(pessimism),逃脱一个半世纪以来以浪漫主义之名骚扰人类灵魂和社会的各种反常现象"。这是一个响亮的宣言;遗憾的是,当它出自克罗齐之口时,听起来却并不真实。正如克罗齐自己所指出的那样,他以极端形式所采纳的黑格尔式发展观是哲学中浪漫主义运动的最高表现形式。此外,维柯①的作品——或许是他仅次

---

① 维柯(Giovanni Battista Vico, 1668—1744),意大利哲学家。著有《新科学》等。

于黑格尔的主要精神来源——用克罗齐自己的话来说,是"对浪漫主义思想丰富而系统的预示"。克罗齐强调直觉,推崇纯粹的随意性和无拘无束的表达,他倾向于将艺术还原为一种抒情的肆意宣泄,这种宣泄不受来自创作者和评论者的永恒判断标准的约束,因而对他来说,品味是天赋的。总的来说,克罗齐的思想是极度浪漫主义的。

克罗齐无法在"多"中看到"一",无法为不断流变的生活设立标准,其结果便是模糊甚至消除了边界。从他的主要思想倾向看,或许最好将他定义为新黑格尔式的混淆主义者(neo-Hegelian confusionist)。他不仅否认文学和艺术中体裁的有效性,而且最终还将宗教等同于哲学,将哲学等同于历史。因为万物都存在于过程中,并且事物的真实性只能通过其变化的结果来展现。历史,至少是某种类型的历史,就成为克罗齐模糊学科边界的最终受益者。因此,他的《历史学的理论和实际》一书对理解其观点至关重要。与其他地方一样,这本书中有一些边缘的优点值得衷心的赞美。在考察从古希腊罗马时期到今天的历史理论与实践时,他用瑞士人富埃特①的历史理论进一步支持了自己渊博的学识。书中认为,美国的历史教授们深受德国专家的伪科学傲慢所累,对"文献"的迷信取代了严肃的思考。果真如此,那么克罗齐有很多值得他们学习的地方。而如果他们拒绝追随克罗齐到底,其原因可能并不是所谓的他们在理念上固步自封,而是因为他们有常识。例如,当克罗齐宣称,企图将个体从历史中抹去的人"已经抹去了历史本身",理智的人都会为之鼓掌;但当他断言"事迹和人物都只是历史的

---

① 富埃特(Eduard Fueter, 1876—1928),瑞士历史学家。著有《新史学的历史》等。

材料，不应该用善恶标准来评价它们，仿佛世上真的存在善或恶的事实，有泾渭分明的好人与坏人"时，人们就会意识到他的哲学存在致命的漏洞。在实际上否认了类别的存在后，他为历史划定了清晰的界限，在这种历史观下断言亚伯拉罕·林肯比尼禄①更好就背离了真正历史的态度。历史学家不应该否定、批判，或者沉溺在"负面评价"里；因为根据黑格尔的辩证法，任何事件，甚至是世界大战，其本质也不是恶的。它仅仅是矛盾对立中必要的一方，而矛盾终将会在更高一级的统一体中得到和解，并且统一体注定会再次被矛盾对立所取代，如此往复循环。我们如何知道整个过程是真的走向进步和提升呢？为了确保这一点，我们似乎需要在生活的流变之上设定某个目标，使历史向它前进。根据克罗齐的观点，这种目标并不存在，因而也就没有（传统上认为的）与之相关的福祉和快乐。

克罗齐将历史等同于哲学，与我们熟知的亚里士多德的观点形成了有趣的对比。亚里士多德认为，诗比历史更严肃也更哲学，因为它较少牵涉生活流变，换句话说，诗能更加自由地使典型和范式摆脱纷乱的现实生活的干扰。毋庸赘言，克罗齐并不认为诗是对普遍事物的创造性模仿，他认为诗是表现，是抒情的自发流露。他将自己的批评方法用在不同的伟大诗人身上，其评价大部分是值得赞赏的——像他这样学识渊博、才智超群的人轻易就能做到这一点。或许，克罗齐最擅长进行否定的评判，比如，他否定那些对但丁和莎士比亚进行的无关紧要的批评。然而，他的方法是否充分依然是一个问题。在关于但丁的著作中，

---

① 尼禄（Nero，37—68），古罗马暴君。

这个问题常迫使读者不得不思考。克罗齐认为,《神曲》中宗教和反思性元素并不重要,至少客观上如此。全诗的结构对欣赏诗歌来说是阻碍而非助益。这部作品不应从结构上来欣赏,而应被视为抒情诗的集合。

这样的诗歌理论必然会贬低理性和有意识的艺术创作。例如,斯平加恩先生在几年前借克罗齐的名义说出"儿童的作品和米开朗琪罗(Michelangelo)的作品同样都属于艺术"。这无疑超出了克罗齐本人认可的范围。但依照圣伯夫的观点,从弟子的夸张中研究其导师的错误是可行的。也许比克罗齐对智力的态度更重要的是他对意志的态度。但丁虽然是位拥有深刻思想的诗人,但他最终强调的也不是理性,而是一种更高意志("上帝的意志就是我们的安宁")。如果说从中世纪到现代的历程中有所失的话,所失之物就在这里,即人对更高意志的依赖减弱了。皮科利先生说,克罗齐的意志观与柏格森有很多共通之处。柏格森最近公开承认他的"生命冲动"(élan vital)哲学是帝国主义的;他说这种生命冲动实际上与个人和国家的权力意志(will to power)吻合。如果有人觉得需要对当下无限膨胀的统治欲进行有效的制衡,显然他不会在克罗齐和柏格森的书中找到想要的东西。他们的诉求与和平是对立的——他们热爱变化和运动本身,追求心灵上的躁动不安,其外部世界的对应物是权力与速度的空前增长。总而言之,克罗齐和其他主张流变的哲学家们的力量不在他们自身,而在于他们有整个时代充当自己的同谋。

另一位唯一健在并在国际声誉上能与克罗齐匹敌的意大利思想家

帕皮尼①，在其《断裂》(*Stroncature*)文集中专门为克罗齐写了一篇批评文章，猛烈地抨击了他新黑格尔主义式(neo-Hegelian)的混乱。不幸的是，帕皮尼并未提供摆脱这种混乱的正确途径。如果说克罗齐以颠覆标准的方式进行批评实践，那么帕皮尼的《基督传》(*Life of Christ*)则是建立在对批判精神的空洞否定之上。或许，没人比歌德更清楚作为一个真正的现代人所涉及的问题：我们既要有批判精神，同时也要保持标准。而克罗齐未能公正地对待歌德的这一面，这也正是他对歌德的评价尤为不充分的原因之一。

---

① 帕皮尼(Giovanni Papini, 1881—1956)，意大利记者、文学评论家、诗人、小说家。在1916年的文集《断裂》中评论过克罗齐。"一战"以后皈依天主教，1921年写作《基督传》。

帕斯卡①

一

近十年左右的时间里，人们对帕斯卡的兴趣有了明显的复苏。与同时期在全球范围内出现的卢梭复兴不同，帕斯卡复兴仅仅局限在法国，其原因也更加难以解释。卢梭的回归显然与席卷全球的激进主义密切相关，正如最近《社会契约论》的一位评论者所说，无产阶级希望借用人民主权论来推翻资产阶级，就像法国大革命时期资产阶级利用它来推翻贵族一样。但是人们为什么会对帕斯卡，尤其是帕斯卡思想中与现代距离最远的那一面感兴趣呢？这种共鸣出现在众多法国作家的作品中，圣西尔斯勋爵②的《帕斯卡传》(*Life of Pascal*)当然也不例外。

他对帕斯卡思想中神秘主义要素的处理，似乎显示出他对理智主义(intellectualism)的抵触，当前理智主义思潮正变得越来越流行，而其中以实用主义最为人所知，尽管它绝不是理智主义的唯一表现形式。

---

① *The Nation*, November 17, 1910. Review of *Pascal*, by Viscount St. Cyres. ——原书

② 圣西尔斯勋爵(Stafford Harry Northcote, Viscount Saint Cyres, 1869—1926)，英国外交官、历史学家。

在谈及帕斯卡的皈依问题时,书中提到了潜意识在宗教经验中的作用,这显然受到了詹姆斯①理论的影响。上个世纪伟大的科学唯理智主义者(intellectualist)一直致力于在现象间建立严格的因果联系,他们对"神恩的霹雳和颠覆"不感兴趣,总体上也并不认同帕斯卡对纯粹直觉的诉求。歌德曾说"皈依者非我友",他对帕斯卡的不友善可谓众所周知。圣伯夫更是不厌其烦地证明人们在皈依前后并无多大变化,这也解释了为什么圣伯夫最终对詹森主义②如此冷淡,这一点在他的《波尔-罗亚尔修道院史》(Port-Royal)③一书第六卷的后记里表现得非常明显。

我们也许会怀疑,与目前似乎正不断增加的理性主义相比,对直觉的特殊认同是否真的是在歌德、圣伯夫那样根深蒂固的理智主义之上的一大进步。理性充其量只是一种中间力量,其首尾两端皆藏身其外,须依靠直觉才能得知。然而,以高级直觉(higher intuitions,通常出现在更要求禁欲的基督教派中)为名蔑视理性的后果总是不幸的。我们可以怀疑,像卢梭、詹姆斯以及柏格森那样用低级直觉(lower intuition)的名义轻视理性的做法更可能招致惩罚。大多数早期的波尔-罗亚尔信徒(Port-Royalists)本身就是坚定的理智主义者,在哲学上处在实用主

---

① 詹姆斯(William James, 1842—1910),美国心理学家,实用主义倡导者。著有《心理学原理》《实用主义》等。
② 詹森主义(Jansenism)是17世纪上半叶出现在法国的基督教教派,经常聚集在波尔-罗亚尔修道院。他们强调原罪、神恩的必要性和宿命,强调启示的重要性,认为上帝通过神迹(如上文的"神恩的霹雳和颠覆")向人们传递真理。
③ 《波尔-罗亚尔修道院史》是圣伯夫的代表作之一,阐述詹森教会文化中心的发展史。

义的对立面。用圣西尔斯勋爵的话来说,他们捍卫着"一种高度神秘的、直觉性的宗教,使用密集的教义,排成战斗方阵前进"。但是,尽管具备了逻辑和理性,他们最终还是将重点放在了奇迹和用暴力颠覆自然秩序上,甘心为法国狂热的抽搐派和巴黎执事①铺路,为18世纪詹森主义做准备——圣伯夫曾宣称不论是天堂还是人间都没有事物能引诱他涉足这个领域。这样看来,帕斯卡的宗教观念中已经出现让人战栗的东西了。

如果这就是帕斯卡的全部观点,我们就不得不承认,单从宗教观来看帕斯卡确实非常陈腐。比如《旁观者》(*Spectator*)杂志上的那篇《帕斯卡传》书评的作者就声称,写《致外省人书》(*Provincial Letters*)的帕斯卡才是对现代读者有价值的帕斯卡,而《思想录》(*Pensées*)里的帕斯卡只是一个还没有被现代精神的灿烂阳光所驱散的中世纪幽灵罢了。这种看法甚至更具迷惑性,因为它有一半是对的。比起《思想录》,《致外省人书》的明显优势在于它不是纯粹的片段,而是一位技艺精湛的文学艺术家,甚至可以说是法国散文创始者的完整作品。若说像盖·德·巴尔扎克这样的作家丰富了现代法语空乏的词汇,那么是帕斯卡赋予了这种形式以生动内容。今天,一个法国人如果还像蒙田②那样写作,他会因为太过矫揉造作而让人无法忍受;而帕斯卡的法语,无论

---

① 巴黎执事(Diacre Pâris)指巴黎的弗朗索瓦(François de Pâris, 1690—1727),神学家,詹森主义的支持者。据传,他的墓地会发生超自然现象,有一群朝圣者曾在他的墓地展现出抽搐等现象,这些人后来形成一个宗教派别和激进政治势力,被称为"抽搐派"(Convulsionnaires)。

② 蒙田(Michel de Montaigne, 1533—1592),法国思想家、散文作家。著有《随笔集》等。

是句法还是词汇都基本没有过时;它仍是每个法国人都想写出的那种法语,"假如他能做到的话"。通过影响像德莱顿这样的作家,可以说帕斯卡为建立现代英语散文的标准也有所贡献。

然而,如果说《致外省人书》展示了帕斯卡作为文学家的最高水平,在人文关怀方面则不如《思想录》。帕斯卡对耶稣会道德的抨击旨在产生立竿见影的效果,因而难免有其局限性和暂时性。而且,在《致外省人书》中,宗教只是神学家们争吵的借口,书中对真正的悔悟(contrition)和不彻底的忏悔(attrition)的区分,对充足的恩典(sufficient grace)和有效的恩典(efficacious grace)的区分会让我们兴趣全无。而《思想录》会让我们感到神恩论(doctrine of grace)是基督教教义的核心;事实上神恩论的胜利正好体现了基督教对古代自然主义的反抗,它的衰败则标志着现代自然主义对基督教信仰内部堡垒的不断侵袭。某种程度上来说,神恩论是基督教作为一种历史信仰所独有的教义。

二

在异教哲学家的著作中已经有了神恩论的端倪,其中柏拉图尤为典型。他曾说,美德"既非天生,亦非习得",而是"神赐予有德者的礼物"(《美诺篇》)。但柏拉图同其他希腊人一样,不可能持有真正的基督教意义上的神恩论,因为他们"在锡安①太逍遥了",也就是说他们缺乏谦卑——一种感到必须仰仗某种高于自然与人性力量的意识。神恩论的教义旨在强调人的深重罪孽与神的无限正义之间的巨大鸿沟,

---

① 锡安(Zion),基督徒的圣地,此处代指天堂。

这在异教中很罕见。圣奥古斯丁①曾详细阐释过神恩论,后来的詹森派教徒也曾将它复兴,并把教义变得更加严苛。神恩论认为人与神之间的鸿沟是绝对的,要想跨越这道鸿沟就只能依靠内外双重的奇迹——内靠神恩的奇迹和外靠赎罪的奇迹。据圣西尔斯勋爵所言,在詹森派教徒的眼中,"自然很快变成了一个巨大、世俗的混沌,一个动荡、堕落的泥沼,而在这自然的狂风暴雨中鲜明而孤独地耸立着神恩的堡垒"。没有双重奇迹,仅凭自己的力量,人就会陷入孤立无援的境地。帕斯卡说,他身上的唯一高贵之物是理性,然而他又说,最"可鄙"之物也是理性,因为它总是受到想象的欺骗和玩弄。因此,帕斯卡力图以神恩的名义对理性和想象力这两样现代人必须依赖的能力大加贬损。最终我们不得不像伏尔泰那样,"站在人性的一边反对这位极端的厌世者"。

极端形式的神恩论的困境在于,它居然试图用精神上的恐怖统治来支撑和巩固一个本来就摇摇欲坠的信仰。这一理论的最后一位伟大倡导者乔纳森·爱德华兹就是典型的例证。他认为,"无论我们多么有道德、严谨、清醒或虔诚",如果没有神恩和皈依,人就像被一根细小的绳子悬挂在地狱的深渊之上,上帝的怒火随时可能将绳子化为灰烬。我们不能责怪世人因为拒绝被吓进天堂而奋起反抗这种惊悚的执念。但是,人们对神学恐怖的反叛也已经走向了另一个同等暴烈和危险的极端。

---

① 圣奥古斯丁(Saint Augustine,354—430),基督教神学家、哲学家,曾任希波城主教,故史称希波的奥古斯丁。

"听着,我的孩子们,"安热莉克修女①在临终前几个小时对修女们说,"好好听着我的话。许多人不知道死亡是什么,也从未考虑过这个问题。我究此一生,无时无刻不在害怕着它,从未停止过思考它,但以往那些最可怕的预感都不及我现在的恐惧。"为了故意对抗这种神学的恐怖描述,卢梭想象出了朱莉(Julie)在临终时精致的自得与自足,她的死亡平静而唯美("她生命中的最后一天,也是她生命中最美好的一天")。卢梭反对将自然视作腐朽不堪,反对把人类看成"向上帝喷毒液的毒蛇",他提出人性本善、自然真美(或者有人以基督教科学的形式将之总结为:我是可爱的,世界也是可爱的)。卢梭没有声称灵魂中罪与义之间的裂缝已然大到任何善举都无法弥补的地步,相反,他直接宣布裂缝根本不存在,恶是由外部进入的,换句话说,他将恶归咎给了社会而非个人;通过减少个人责任感,他驱散了神学的恐怖。

不仅这种以卢梭为代表的情感自然主义(sentimental naturalism),天主教和非天主教世界的所有其他主流思潮,都在不断远离神恩论。从物质成功的角度讲,没有哪项事业像詹森主义那样注定会走向失败。至于绝对谦卑的美德,天主教会一直试图建立一种与众不同的美德,即对外界权威的绝对服从。但非天主教世界则不断向自然主义和人道主义倡导的既不谦卑也不顺从的人生观靠拢。从柏克到朱尔·勒梅特

---

① 安热莉克修女(Jacqueline-Marie-Angélique Arnauld or Arnault,又被称作 La Mère Angélique, 1591—1661),波尔-罗亚尔修道院院长,在她的任期内,该修道院成为詹森主义的中心。

尔①,优秀的观察家已经注意到卢梭身上没有谦卑。科学自然主义者(scientific naturalist)为人的力量而欢欣鼓舞,与卢梭为人性善良而兴高采烈一样,都会对谦卑造成致命的打击。我们可以从克利福德②的这段话中看出某类科学家口中所谓的谦卑是什么:

> 非凡的神那昏暗而模糊的身影已渐渐从我们眼前消失,当他的迷雾逐渐消散后,我们意识到一个更加庄严高贵的形象正在变得越来越清晰——他创造了众神,又能泯灭众神。从历史微弱的曙光,从每一个灵魂的最深处,我们真正的天父"人类"用闪耀着永恒的青春之火的眼睛望着我们说,"在耶和华出现之前,我已存在"。

如果路德能够预见这有着永恒青春之火眼睛的"人类"形象(他会说那是永恒的欲望之火),他还会进行教会大分裂③吗?路德和詹森派教徒所做的所有努力对阻止世界从神恩论偏向善举论贡献甚微。而耶稣会教士们对善行和顺从的强调,也只不过是夸大了现代天主教的倾向而已。圣西尔斯勋爵指出,依纳爵·罗耀拉④是最"坚定的功利主义

---

① 勒梅特尔(Jules Lemaître, 1853—1914),法国文学批评家、剧作家,擅长运用印象主义批评,于1896年进入法兰西学术院。
② 克利福德(William Kingdon Clifford, 1845—1879),英国数学家、科学哲学家。
③ 教会大分裂(Great Schism),指的是16世纪宗教改革背景下新教出现导致的教会分裂。
④ 罗耀拉(St. Ignatius of Loyola, 1491—1556),西班牙人,耶稣会(Jesuits)的创始人,是天主教反宗教改革运动的重要人物。

者",他对服务观念的大力宣扬不输当今任何一位人道主义者。按照耶稣会的观点,人仅仅通过服务和顺从便可得到救赎;按照人道主义者的观点,只要通过服务和同情即可。不管是耶稣会还是人道主义者,都模糊了罪的存在,模糊了个人在善与恶之间的挣扎,耶稣会不断地鼓动人们将解除负罪的希望寄托于神父和他宽恕的权力上,而人道主义者则过度地鼓励人们将责任转嫁给社会。耶稣会和人道主义者不仅妨碍了善举论的发展,还削弱了善举论已经阐明的教义。因为,如果说神恩论只是在柏拉图的作品里初现端倪,那么亚里士多德对善举论的阐释已经非常详尽。亚里士多德认为人与社会有着千丝万缕的联系,他甚至将伦理学划分为政治学的一个分支,因此,他没有陷入人道主义式的错误,将服务社会当作个人目标。在亚里士多德眼中,社会的重要性主要体现在它可以帮助个人实现更高自我(higher self):人们在社会生活中接受基础训练、养成正确的习惯(habit),并为修炼自我这一最高任务做准备。亚里士多德所有的观点都可以归于"习惯"这一理念——这是一个兼具科学和人文的理念,一条指引人从本能之物上升为理性之物的道路。

超自然主义者很容易会对这种质朴的方法表示不屑,因此,詹森对亚里士多德细碎的、无法超脱俗世的空话不屑一顾("在细碎之物中研究地上的事情")。本着类似的精神,霍尔拜因①描画了教会的高级教士和博士们背弃"世界之光"(the Light of the World)耶稣,跟随亚里士

---

① 小汉斯·霍尔拜因(Hans Holbein the Younger,约1497—1543),德国画家,创作主题多为宗教相关,属于北方文艺复兴风格。

多德步入深渊。但是，一旦亚里士多德那潜藏在枯燥的三段论之下的激情浮出水面，他的文章立刻熠熠生辉，令人印象深刻。亚里士多德最初是一位纯粹的自然主义者，关注生命的成长与发展，后来在不混淆存在的各个层级的前提下，他逐渐上升到了在极端之间找到平衡的人文主义准则，最终登上了人文主义美德的顶点，瞥见了甚至超越节度法则（the law of measure）的真理。他说："一个人（human）不应因为他是人，就像某些人建议的那样只思考与人相关的问题；也不应因为他只是凡人（mortal），就只思考与凡人相关的问题。他应该尽全力追求不朽，以力所能及的最高标准要求自己，这个标准也许规模甚小，但其力量和价值却超越一切。"

由此，亚里士多德的思想一方面与现代最敏锐、最坚定的科学家们接近，另一方面与但丁的"最高天"（empyrean）构想也有联系。作为一名超自然主义者，他已被超越；作为一名自然主义者，他可能也已被超越；但作为一名人文主义者，他与那些伟大的希腊先贤一样依然无法被超越；而我们正需要人文主义的美德来赋予自然与超自然这两种极端以意义。如果有更多的人在打算成为"超人"（superhuman）之前能确定自己首先是人的话，这个世界将会变得更好。因此，尽管帕斯卡非常精彩地谈到了人文主义艺术能够调和对立的品质，而且总是居于中间地带，他本人却不是一位人文主义者。他认为宗教只是从自然主义到超自然主义的"凡人一跃"。他在记录自己皈依之路的羊皮纸上这样写道："亚伯拉罕的上帝、以撒的上帝、雅各布的上帝，并不是哲学家和科学家的上帝。"那个进行了伟大实验的帕斯卡，那个发明了计算器的帕斯卡，那个设计出巴黎第一条公共汽车路线的帕斯卡，居然与那个穿着苦行毛衫、口口声声说病态才是基督徒自然状态的人是同一个人，乍看确实很不协调。如今，我们几乎都是坚定顽固的自然主义者，从詹森主义的角度看，我们全都粗俗无礼。如果我们有一个宗教的话，我们也会像亚里士多德那样在自然中找到它，而不是像帕斯卡那样激烈地与自然对抗。总之，亚里士多德式的方法让我们专注于行善举，用正确的理性标准约束自己的习惯，从而获得回报，这比詹森派强调的"神恩的霹雳和颠覆"——这种圣奥古斯丁宏伟的浪漫主义精神——要有益得多。

三

说了这么多，我们必须尽快补充一点，即神恩和皈依的教义都只是人性中某些深远的，也许是永恒部分的神学表述。奥古斯丁式的基督教至少有一个优点：它非常清楚地说明了人的更高自我和低级自我之间的二元性，即使是亚里士多德式的自然主义者也常常倾向于对其进行掩饰和模糊。事实上，作为榜样，亚里士多德从自然主义者逐渐提升至人文主义者，再进而到宗教省悟的思想跃升过程并没有产生广泛的影响。自亚里士多德之后，古代世界的思潮主要朝禁欲主义（stoicism）和享乐主义（epicureanism）两派发展，这两个对立的极端在帕斯卡看来都是一样的不可理喻。这一精辟的概括在常作为《思想录》附录的《与德·萨西先生的谈话》（"Conversation with M. de Sacy"）中有充分说明。帕斯卡认为对人的纯自然主义解读必然会在禁欲主义的傲慢和享乐主义的逸乐之间摇摆,而选择任何一种都会陷人类于孤立之中,因为这使人丧失了对抗现象漩涡的坚固中心,在自然无尽的流变与相对性面前束手无策。

《思想录》的很多章节实际上是对蒙田思想的重塑。帕斯卡认为蒙田是纯粹的享乐主义者,这是有偏颇的;因为在蒙田身上除了享乐主义之外,还有一个真正的人文因素,而人文主义所带的怀疑论面具本身就是对神学时代占主导的"必然性狂热"的合理反抗。帕斯卡强行用蒙田的思想来为自己的逻辑服务,从而丢失了蒙田所有的亲切感以及一部分机敏和判断力。不过,《思想录》最吸引我们的还是它对有信仰之人和自然主义者所做的对比,不论是禁欲派还是享乐派。现代世界和古代一样,逐渐偏离了传统的原则,走向了纯粹的自然主义;因此,不难发现,许多极其现代化的观点仅仅是禁欲主义或享乐主义的信条刷上了新漆而已。比如,我们不需要对圣伯夫有多么深刻的了解,就能看出他那享乐主义者的对人性的绝望;或者,如果我们想要看到一位离我们更近更明显的享乐主义者,阿纳托尔·法朗士就在眼前。同样,我们也能注意到,泰纳的人生态度与禁欲主义惊人地相似,就算我们不知道这个事实,也能发现他与其他19世纪的禁欲主义者一样,试图在孤独悲惨的马可·奥勒留身上找到自己的人生原则。

不少观察家已经惊讶地发现当代社会的一些征兆与晚期罗马社会有诸多相似之处,但是没有人能比费雷罗①先生的分类更细致,他指出

---

① 费雷罗(Guglielmo Ferrero, 1871—1942),意大利历史学家、记者和作家。著有《罗马的盛衰》《年轻的欧洲》《欧洲的重建》等。

当今美国人的心理接近公元1世纪的罗马人,而欧洲人的状态则更接近公元2世纪处于衰落时期的罗马人。当然,这样的类比往往是不全面的,以其为基础进行预言也是极不稳妥的。但只要确实存在这种相似之处,它的发生就能追溯到一个共同的原因——纯粹的自然主义在处理终极问题时的绝望与无助。切斯特顿①先生曾说,我们的国家已经来到了黑利阿迦巴鲁斯②阶段。虽然事实上我们离这个阶段还很远,但如果我们认为自己能够抛弃传统的约束,在鱼龙混杂的人道主义激情中找到权威原则(无论内心的权威还是外部世界的权威)的替代品,最终进入这样的时代也只是早晚的问题。其实美国的情况与欧洲差不多,只是我们总能以乐观的态度面对国内不断上升的犯罪率、自杀率、离婚率以及其他种种我们熟知的自然主义式的崩溃迹象。欧洲人早已意识到,那曾折磨过古罗马人的"厌世"(taedium vitae)情绪在现代社会也已出现。几年前,菲伦斯-赫法尔特(Fierens-Gevaert)出版了一本名为《当代人的忧郁》的书,指出受过教育的欧洲人都是潜在的悲观主义者,这几乎不言自明,此书还列举了几项现代人灵魂的通病:

无言悲哀的蔓延,

无数疯狂的蔓延,

无法治愈之绝望的蔓延。

---

① 切斯特顿(Gilbert Keith Chesterton, 1874—1936),英国作家、文学评论家。

② 黑利阿迦巴鲁斯(Heliogabalus, 约204—222在位),古罗马皇帝,统治腐败,为人残忍,执政五年即为近卫军所弑。

这种描绘也许夸张了,而且一点也不适用于英国,尽管英国在鼎盛的维多利亚时代的确曾出现过明显的堕落。

即便从帕斯卡那独特的视角来看,现代社会也有一些优于古代之处。帕斯卡认为,堕落者最擅长的就是娱乐消遣,因为这样多少可以减轻他的痛苦("失去上帝之人的痛苦")。在用娱乐转移注意力这方面,现代人可是高手。"头戴花冠、举办盛宴"的罗马贵族有了手开汽车、眼望飞机的现代后裔。他可以靠无穷无尽的科学玩具来消磨时光,使自己沉醉在娱乐中以逃避那些关乎自身存在的、重要却不愉快的思考。弥尔顿说过:"这里有欢笑、有娱乐、有消遣,这样的生活日复一日,让乏味的生活像美梦一般愉悦。"我们不仅会给自己找乐子,而且乐意为它而花钱,据估计,每年花在汽车、电影和留声机上的美元足足有六亿。

然而,有不少人既不赞同帕斯卡对"娱乐"所持的苦行僧般的态度,也不完全认同禁欲派或享乐派的自然主义。用帕斯卡的话来说,这一类人已经意识到有必要在"万物不断流变"的可怖迷雾中寻找一方坚实的信仰之岛。帕斯卡的任何有益的复兴都必须建立在他对上述这类人的吸引力上,但令人担忧的是,近几年法国人对帕斯卡的某些兴趣是错误意义上的保守。例如维克多·吉罗①在评价帕斯卡时称他是"悲哀的真理追求者"中的大师,这种认定宗教追求必然是悲哀的看法似乎有些不幸。这使我们不由想起,有一位老绅士说过自己本来要走向追求哲学之路,但是欢乐的事情总是将他打断。那个可以并且应当被我们复兴的帕斯卡,不是传说中看到深渊在自己身边张牙舞爪的帕

---

① 吉罗(Victor Giraud, 1868—1953),法国文学评论家。

斯卡,而是用"欢乐、必然性、和平"总结自己宗教经验的帕斯卡。当然,《思想录》中的精彩篇章大都比较贴近世俗,主题也从政府到文学不等,不过,在严格的宗教意义上,《思想录》最令人称道的还是他对信仰和世俗所做的总体比较。去除了所有苦闷、禁欲、中世纪以及狭隘的神学因素之后,剩下的是纯粹的宗教观念,而这就足以使《思想录》不仅是一部法国名作,更是一部世界名作。

拉辛与反浪漫主义运动①

一

自几年前象征主义逐渐式微以来,法国文学明显缺乏新鲜的创造力。法国人自己也不能确定,当前是某个新运动开始前的短暂停滞,还是代表着他们已经进入了类似亚历山大时期的疲软状态,就连小说这种在上个世纪独领风骚的文学形式也显出了疲态。去年我曾向一位法国知名人士询问小说的前景,他只回答:"结束了(C'est fini)。"在目前这种倦怠中,我们可能注意到了某些有趣的现象:人们对19世纪及其在艺术与文学上产生的恶果非常不满。正是在法国,在卢梭的作品中,某些浪漫主义和自然主义的观点首次得到了有力表达。也正是在法国,这个最具智力敏感性的现代国家中,我们发现人们开始反对卢梭主义的基本要义。最近拉塞尔②先生的书引起了空前的热议,他对法国浪漫主义进行了绝妙而致命的攻击。在拉塞尔先生看来,卢梭不只是浪漫主义的鼻祖,还是浪漫主义的化身;根据拉塞尔先生的定义,卢梭

---

① *The Nation*, November 18, 1909. Review of *Le Romantisme française*, and of *Jean Racine*, by Jules Lemître. ——原书

② 拉塞尔(Pierre Lasserre, 1867—1930),新古典主义法国文学批评家、记者、散文家。

主义"从根本上腐化了人性高尚的部分"。如果说拉塞尔先生评论维克多·雨果是为了让书更好卖的话，那么雨果的崇拜者们赶在《世纪传说》(*Légende des Siècles*)发表50周年进行庆祝真是正确的选择，因为等到一百周年的时候，雨果的光辉将成为一种纯粹的记忆，如同17世纪的龙萨(Ronsard)一般。

然而，重要的不是拉塞尔先生对这个或那个作家的态度。正如他自己在后来某个版本的序言中所说，他的目的不是攻击浪漫主义和自然主义运动的成果，而是在其根部撒上点毒药。不幸的是，拉塞尔先生有些极端，在法国他甚至可以被视作保守派。大约一年前，我偶然间闲逛到圣日耳曼区边缘的一条小巷，经过一家专营保守主义文学的书店时，看到在一排宣扬君主制复辟的书当中，夹着拉塞尔的著作以及其他几本反浪漫主义的作品。拉塞尔先生对19世纪生活和文学的某些倾向提出的合理抗议，竟然沦落到与君主复辟那种断无可能成功的政治和宗教反动混为一谈，这实在是令人惋惜。

二

然而我的目的并不是讨论拉塞尔先生。我想讨论的话题来自另一本著作，它同属这场反浪漫主义运动，同样被广泛讨论并多次再版，它的作者是朱尔·勒梅特尔先生，是在世的法国批评家中最具天赋的一位。这本盛赞拉辛的书与他的那本批判卢梭的书交相辉映。二者的内容都来自他那几场让圣日耳曼大街上的巴黎地理学会大厅(Salle de Géographie)门庭若市的演讲。但撇开上流社会贵妇人们的掌声不提，

《拉辛》本身就是一部成功的作品，它之所以远胜《卢梭》一书，部分在于作者对艺术比对观念更在行。在捍卫传统时，勒梅特尔先生完全不像其他人一样枯燥乏味。在赞美尤为庄重而传统的时代和作家的时候，我们确实很难在印象主义式的慌乱风格中找到趣味。

勒梅特尔先生对拉辛的热爱是不容任何质疑与保留的。他会同意布瓦洛将拉辛的剧作与索福克勒斯①的作品相提并论，也会对一个世纪后伏尔泰将《阿达莉》(Athalie)称为"人类精神的杰作"表示赞同。浪漫主义的拥护者无疑是反对拉辛的；但勒梅特尔先生认为，如果拉辛现在再次得到众人的喜爱，部分是出于对"浪漫主义的谎言与幻象"(le mensonge et l'illusion romantiques)的反抗。不过，他赞美拉辛的方式，俨然显出浪漫主义的激情狂热，而非古典主义的冷静淡然。

例如，他提出"拉辛本身统一并融合了希腊和基督教两种人类最优秀的传统"。然而相反，我们应该说，虽然拉辛统一了这两种传统，但更需要补充的是，他并没有完全成功地融合它们。我们可能会怀疑，17世纪总体来说是否成功地调和了从过去继承下来的两个伟大传统。因此，布瓦洛的史诗理论(theory of Epic)暗示着：在普通的生活关系中，一个人应该是基督徒；但当他坐在书案前时，又应该是非基督徒。这种理论显然难以服众。拉辛也同样接受了古典和基督教"两种古代传统"的训练，然而与其他同时代作家不同的是，他精通希腊语和拉丁语——通晓从阿提卡悲剧到晚期的田园爱情传奇；而且，他的基督教信

---

① 索福克勒斯(Sophocles，约前496—约前406)，古希腊悲剧诗人。著有《埃阿斯》《安提戈涅》《俄狄浦斯王》等。

仰也并不是法国盛行的那种闲散自由的耶稣会风格。相反,从青年时期起他就沉浸在波尔-罗亚尔修道院那种严苛的禁欲信仰当中了。简而言之,这两个伟大的传统皆以一种罕有的、纯粹的形式接引和启蒙了他,并不可避免地产生了冲突,这种冲突不仅体现在他自己内部,也体现在他与外部世界的接触上。作为一个至诚君子(honnête homme)、一个高贵庄严的人,拉辛适合成为理想的朝臣,但是他的詹森主义挡住了他的去路。因为正是拉辛的詹森主义思想,而非他那份可能是虚构的代表苦难民众上呈路易十四的请愿书,让他丧失了宫廷的宠爱,并加速了他的离世。同样,与其说他是因为《费德尔》(Phèdre)受到了攻击而辍笔,倒不如说是因为他所受教育中的人文主义元素与他少年时期接受的詹森主义复苏之间存在冲突,使得他在37岁这样一个创作能力完全成熟的时期放弃了戏剧创作。我们应当记得,詹森主义者对待戏剧的态度与英国清教徒颇为相似。正如清教徒将剧院称为"魔鬼的小教堂",詹森教徒尼科尔(Nicole)也曾抨击剧作家:"他们不是在肉体上,而是在灵魂上毒害了虔诚的教徒们。"

儒贝尔①认为拉辛的才华在他的作品中,而他本人却游离其外。我们至少可以说,尽管有《阿达莉》,但拉辛未能在他的作品中充分表达他宗教的那一面,在这一点上他与索福克勒斯和埃斯库罗斯②等剧作家不同,他们没有意识到神圣与世俗之间的对立,对他们来说,戏剧非但不受到宗教的封禁,反而与宗教息息相关。也许这就是为什么尽

---

① 儒贝尔(Joseph Joubert, 1754—1824),法国道德家、散文家。著有《箴言集》。
② 埃斯库罗斯(Aeschylus,约前525—约前456),古希腊悲剧诗人。著有《被缚的普罗米修斯》《阿伽门农》等。

管拉辛对人类激情的心理有着如此非凡的掌握,我们却无法从其作品中找到哪些片段能媲美埃斯库罗斯与索福克勒斯那些道出人类命运深度的篇章。

三

多数人大约不会因为勒梅特尔先生在其古典主义中暴露出的浪漫主义和象征主义的倾向而责备他,对他的批评更多集中在他未能根据国际视角调整对拉辛的评价。这确实是一个严重的缺陷,尽管它不如有关卢梭的那本作品中的同类错误那样致命。勒梅特尔先生对拉辛的国际评价如此轻描淡写的原因非常简单:他认为拉辛作品中有着外国人永远无法理解的东西。毫无疑问,正是这种外国人无法理解的东西使拉辛在本土和国际上的评价较其他法国作家而言呈现更加两极化的趋势。比如,我们一定都注意到了,任何试图翻译或者改编拉辛作品以求在英国戏剧界或文学界中取得一席之地的尝试几乎都一败涂地,以至于近来有位法国作者在回顾了这众多失败的记录后断言:"英国人没有拉辛式的头脑。"在德国,莱辛①因拉辛不够古典而反对他;而 A. W. 施莱格尔②则因其不够浪漫而反对他;还有更多例子可以证明德国人至少与英国人一样无法用拉辛的方式思考。

根据勒梅特尔先生的说法,有教养的法国人欣赏的是拉辛的理性、

---

① 莱辛(Gotthold Ephraim Lessing, 1729—1781),德国文艺评论家、剧作家。著有《汉堡剧评》《拉奥孔》等。

② 施莱格尔(August Wilhelm Schlegel, 1767—1856),德国浪漫主义评论家。著有《关于文学和艺术的讲稿》等。

精准的尺度、极致的清晰和判断力调和下的细腻感性——简而言之,是真正的古典主义美德。而外国人反感的是拉辛的造作,是那种弥漫在他作品中、源自路易十四宫廷的浮华与炫耀,简而言之,是那种伪古典主义的而非真古典主义的成分。

如果我们想要理智地评价拉辛,似乎首先需要确认他在哪些方面是真正古典主义的,在哪些方面是新古典主义的或伪古典主义的。同时,也不能忽视他颇受浪漫主义精神启发的那些方面。

法国戏剧中的新古典主义元素可以追溯到亚里士多德学派的评论家和意大利文艺复兴时期的诡辩家。也许新古典主义戏剧规范最引人注目的特征就是它倾向于用理性而非想象力来确立标准,这种倾向甚至达到了要彻底消除诗学世界与逻辑和日常事实世界之间差异的地步。任何违背了普通事实或是未能按照严格的逻辑顺序展开的剧目都被判定为是"荒谬的"。这种对戏剧真实性狭隘而机械的定义,直接导致了最著名的一条戏剧规则的诞生,即三一律:时间的统一,地点的统一以及行动的统一。其中第二条根本不是出自亚里士多德,只有第三条才称得上是真正的亚里士多德学派的观点。三一律以及 liaison des scènes(不间断的场景)——逻辑性要求的另一种表达——已被总结在布瓦洛那优美的诗句中:

> 一个地点,一天时间,一个完整的情节,
> 一直到演出结束都使舞台充实。①

---

① 见布瓦洛《诗的艺术》第三曲"古典悲剧的规律"部分。

与高乃依①不同，面对新古典主义纪律委员们强加于戏剧的规则，拉辛可谓游刃有余。的确，若是这些戏剧规则能找到为其正名的所在，那也必定是在拉辛的作品里了。从对海因修斯②(《悲剧的结构》[*De Tragoediae Constitutione*]，1611)等人的细致研究中，拉辛吸收了文艺复兴时期亚里士多德学派的精华。因此，他在自己的几部剧作中不仅实现了结构的严谨，在戏剧技巧上更是达到了古今文学中无可比拟的真正完美之境；这不是微不足道的优点，尽管它在巅峰时期仍然无法取代古希腊艺术那神圣的浑然天成之感。

新古典主义的规则与拉辛那种集中的写作倾向不谋而合，即只描绘一种激烈的感情并在其危机和高潮的时刻把握它。让拉辛更感兴趣的是展现心理的剧情，而非表达这种剧情的外部行动。近来一位作家(G. 米绍③在《拉辛的贝蕾妮丝》[*La Bérénice de Racine*]，1907 一书中)坚持认为拉辛作品中最具拉辛特点的，最能完整表现拉辛戏剧艺术理念的是《贝蕾妮丝》(*Bérénice*)——它基本实现了法国悲剧五幕对白的流行理念。但是《贝蕾妮丝》展现心理的剧情是很激烈的，而且与许多从头至尾都塞满了哄闹事件的浪漫俗套戏相比，《贝蕾妮丝》也是更好的行动剧。拉辛的这种集中性也部分解释了他缺乏"地方特色"的原因，他的作品缺乏具体生动的细节，因而不能使人物在时间和空间上更

---

① 高乃依(Pierre Corneille, 1606—1684)，17 世纪法国古典主义悲剧代表作家。著有《熙德》等。
② 海因修斯(Daniel Heinsius, 1580—1655)，荷兰文艺复兴时期的学者，莱顿大学教授。著有《悲剧的结构》等。
③ 米绍(Gustave Michaut, 1870—1946)，法国语法学家，浪漫主义学者。

加多样化,这一点也让他遭受了从当时的圣埃夫勒蒙到现在诸多批评家的指责。像所有的古典主义者一样,拉辛旨在表现人性的根本核心而非人性的地方化特点。然而他太容易将这种人性本质与他所处时代的人性特点混为一谈。德莱顿说:"法国文人总是受到这样的指责,无论他们将作品背景设置在哪个地点,哪个时代,他们的主人公举手投足都充满了法国人的气质。拉辛笔下的巴雅泽(Bajazet)是在君士坦丁堡长大的,但凡尔赛宫似乎通过某个神秘的渠道将礼仪传给了这个身处苏丹宫廷的人。"但无论如何,拉辛的局限性也不乏闪光之处,他不曾任由自己偏离其戏剧创作的真正职责,去追求1830年代浪漫主义者们疯狂膜拜的那种本土色彩,而勒梅特尔先生曾以颇为有趣的方式抨击过这种潮流。

四

新古典主义者沦为伪古典主义者的方式之一,就是未能区分良好品味的永久准则和洛威尔①所说的狭隘的繁文缛节。莱辛认为古人根本不知礼节为何物。相反,17世纪的法国悲剧却被优雅的社会礼仪所渗透;而拉辛既是个有所成的人文主义者,又是完美朝臣的代表,他非常适合实现古典主义标准与凡尔赛的宫廷礼节的融合。从戏剧中主要人物均须有一定社会地位,到剧中对白不容平民式语言的玷污,高雅与低俗的区别在拉辛作品中比比皆是。据说柏拉图与雅典的卖鱼妇人使用的是相同的词汇。无论如何,词汇在雅典时期尚未被正式划出"高

---

① 洛威尔(James Russell Lowell, 1819—1891),美国诗人、批评家,曾在哈佛大学任教。

贵"与"卑贱"之分。当然，伊丽莎白时期的英国也是如此。在评论《哈姆雷特》第一场时，令伏尔泰尤感震惊的是一只老鼠居然胆敢搅和进悲剧中来。虽然很难做出精确的比较，但是可以推测，拉辛所处之时代的那种关于尊严与礼仪的观念极大地限制了他在创作时使用的语言，使他的词汇量大概不及莎士比亚的一半。法国戏剧只能在礼仪传统的圈内活动，而任何残酷的真实都被驱逐到了圈外。剧中的人物似乎均以玉果琼浆为食，心灵对身体的作用极少被提及，而身体对心灵的作用则更是几乎没有。

当然，拉辛这样优秀的古典主义学者不可能不清楚自己的艺术作品与古人的不同之处。他清楚地知道，即便古人对艺术一丝不苟，也不会过于拘谨。他写道："我们法国的诗歌甚至是小说，都几乎不会对饮食进行描写，作者笔下的主人公仿佛是不需要营养的神，反观荷马，他笔下的英雄们在每个场景都会吃吃喝喝。"尤其在《奥德赛》中有相当多的宴饮描写（用菲尔丁的话来说是"《奥德赛》中的宴饮诗"）；这样的场景实在太多，甚至当奥德修斯要召唤已逝的亡灵时，他都会给幽灵们献上美食。

拉辛总结道："法国人的这种过度精致确实是一种缺点。"当然，为了理解法国社会与文学是如何逐渐进入了这样一个注重礼仪传统的世界，我们必须回溯到17世纪初，那个女性和沙龙文化有着越来越大影响力的时代。我们尤其需要注意的是，围绕在朗布依埃侯爵夫人①周围的男男女女有意参照着当时最成功的文学作品——奥诺雷·杜尔

---

① 朗布依埃侯爵夫人（Madame de Rambouillet，1588—1665），沙龙文化的创始人，对法国文学有重要影响。

菲①那部冗长无趣的田园爱情小说《阿丝特蕾》(*L'Astrée*)——中男女主人公的形象打扮自己。朗布依埃侯爵夫人和她的交际圈所构想的"上流社会"(grand monde)只是田园幻想的古怪变体,并且总是以某种形式时时萦绕在人们心头。艾米尔②说:"如此理解,社会也是诗歌的一种形式;有教养的阶层通过自己的行为方式有意重新谱写过去田园诗般的生活,那被掩埋的阿斯翠亚女神③的世界。"踏入17世纪上流社会沙龙意味着进入了一个极度虚伪的世外桃源。在这样的世界里,所有的俗世烦恼都被抛开,人们可以尽情地谈情说爱。诚然,这种关于爱情的讨论往往会变成纯粹的矫揉造作(préciosité),沦为人们常说的那种纠缠不清而又极其浅薄的殷勤示爱;但同时,这种对人心的剖析也包含着不少对人类情感的准确洞察。

拉辛的悲剧很大程度上受到上流社会这种虚假造爱的影响。他剧中年轻的爱侣们——他笔下的亚历山大大帝,甚至是皮洛士④国王——与杜尔菲及其模仿者的笔下那些过着田园生活的年轻人如出一辙(这些人同时也是窈窕淑女与谦谦绅士),他们整日伤怀、憔悴。如我们所说,拉辛对这种希腊式田园爱情相当熟悉,他甚至还将其中的情景用在他后来所作的《费德尔》中。但是希腊式田园爱情与法国沙龙中的爱情相当不同。如果说古人对礼仪一窍不通,那么他们对殷勤示

---

① 杜尔菲(Honoré d'Urfé,1568—1625),法国田园作家。著有《阿丝特蕾》等。
② 艾米尔(Henri-Frédéric Amiel,1821—1881),瑞士哲学家,批评家,诗人。著有《私人日记》等。
③ 阿斯翠亚女神(Astraea),希腊神话早期的正义女神,持有衡量人世善恶的天秤。
④ 皮洛士(Pyrrhus,约前319—前272),古希腊伊庇鲁斯国王。

爱也知之甚少。这些才子（précieux）和佳人（précieuses）所理解的爱情可以追溯到意大利文艺复兴时的精致文雅，而这又可以追溯到彼特拉克并最终溯源到中世纪那种对"淑女"的狂热崇拜和宫廷之爱。坚定的古典主义者赖默抱怨法国人仍在"徒劳地追求着浪漫主义"。而拉辛将爱情作为至高目的确实是浪漫主义而非古典主义的。有时，他所展示的爱情不仅是浪漫主义的，而且是中世纪的、骑士精神的。他笔下的亚历山大征服世界的唯一目标只是为了能将战利品献至他情人的脚下。而他描绘的皮洛士则告诉安德洛玛刻（Andromache），在她那迷人的视线下，他内心燃起的炙热火焰甚至比他在特洛伊城中纵的火还多。在《费德尔》中，拉辛更是将古代神话的含义完全改变了，让希波吕托斯（Hippolytus）感喟于阿里西亚（Aricia）的魅力。德莱顿说："诗人本该保留古代作品所流传给我们的角色形象，他本该为我们描绘出一个有些粗鲁的年轻人，一个有亚马逊人特征的、快乐的猎人，一个无论是从其职业还是其早年成长背景来看都与情爱无关的人，拉辛却转而让他整天殷勤示爱，让他从雅典穿越到了巴黎，从欧里庇得斯①笔下的希波吕托斯变成了法国绅士希波吕托斯先生。"

五

然而，我们不应将笔墨过多地放在拉辛作品中造作和繁文缛节的部分，毕竟这或多或少有些流于表面了。在他那亚历山大体诗歌过分

---

① 欧里庇得斯（Euripides，前485—前406），古希腊悲剧剧家。著有《希波吕托斯》《特洛亚妇女》《美狄亚》等。

文雅庄重的表象之下，我们常常可以发现最敏锐的心灵和最严肃的现实主义。与高乃依的作品相比，拉辛对爱的处理少了些牵强附会、荒诞不经和矫揉造作。在其巅峰时期，他完全超越了法国沙龙里那种桃源式的爱情，以至于对沙龙里的绅士名媛们来说，拉辛似乎过于激烈甚至野蛮了。许多外国人指责拉辛过于温顺，相比之下，认为他太过激烈的观点反而更接近真实。在全世界的戏剧家中，拉辛以力量与精巧的结合而著称，正是用这样的方式，他描绘了爱情几乎所有的方面，从殷勤示爱的文雅到突然高涨的激情——尤其在《费德尔》中，这种激情通过基督教忏悔的形式得以加深和强化：

啊！这可怕罪行，其羞耻紧紧跟随我
我那悲伤的心不曾有果实收获。①

我们能从拉辛身上学到自浪漫主义胜利以来人们总是倾向于忘记的事实，即感情的表达可以既强烈又克制。

因而我们可以得出结论：外国人对拉辛的淡漠，部分源自对其作品中伪古典主义元素的合理厌恶，但更多的可能还是由于他们无法公正评判其中所展现的真正的古典主义美德。例如，17世纪的英国对拉辛冷漠并不是因为他们对戏剧的看法更加崇高和新潮，而是源于他们那粗糙的浪漫主义。漠视拉辛的公众却十分赞赏像拉·卡尔普勒内德②

---

① 见《费德尔》第四幕第六场。
② 卡尔普勒内德（Gauthier de Coste, seigneur de la Calprenède，约1609—1663），法国小说家、戏剧家。

和斯屈代里①那样低级的法国作家,以及他们受夸夸其谈和荒谬可笑的绅士殷勤启发所写的"英雄戏剧";就像现如今我们宁愿指望许多人去读雨果的《欧那尼》(*Hernani*)中的胡言乱语和高谈阔论,也不要指望他们能欣赏《阿达莉》和《费德尔》里精巧的技艺。普通的英国和美国人无法欣赏拉辛的作品,并将这当作他们臆想出的一种优越感的证明,然而这十有八九只会暴露他们自身的局限性。

  为什么我们应当克服这样的局限,并唤醒我们心中健全的古典主义美德呢?提出这个问题在现如今是有特殊原因的。因此勒梅特尔先生帮了我们一个忙,他以如此轻松而自然的风度对待这样一个有着大量古典美德的作家,不仅他自己感受到了,更让其他人感受到了他所面对的是某种鲜活且重要的东西。通过呼吁人文主义的复兴,拉塞尔先生同样为我们帮了忙。每个人都应该清楚这种复兴是必要的。随着印象主义的蔓延,文学已然丧失了标准与原则,同时也失掉了它的气概与严肃,它已经落入了唯美主义者和业余爱好者的手中,而这些人正是浪漫主义最后孱弱的代表人,事实证明,他们的力量完全不足以肩负浪漫主义的伟大传统去抗击科学实证主义。同时,如果要发起一场人文主义运动的话,我们希望它会比拉塞尔先生及其同仁试图在法国发起的运动少些消极性,多些真正的建设性。希望即使是在对19世纪最为严苛的质疑中,也能保有某种平衡与适度,某种具有广度的学识与同情,从而使它更像是一种进步而非倒退。

---

① 斯屈代里(Madeleine de Scudéry, 1607—1701),法国小说家。

狄德罗诞辰二百周年纪念[1]

狄德罗[2]的独特之处在于他是一切现代生活的先驱，而本周（10月5日）将迎来他的二百周年诞辰。用艾米尔的话来说，除卢梭外，狄德罗大概比18世纪任何人都更值得被论述。在1765年给格林[3]的信中，狄德罗写道："时代最终总是符合我的品位和观点……别笑，我正是预言未来并知晓其思潮的人。"从狄德罗的时代到现在，大多数革命性的变化归根结底都是基于对自然一词的重新解释，而狄德罗之所以能成功预言未来，正是因为他是一个彻底的自然主义者。在《布干维尔游记补遗》(*Supplément au Voyage de Bougainville*)中，他描绘的原始生活图景在强调人性本善这点上与卢梭十分接近，虽然在细节之处有着拉伯雷[4]式的粗糙。但他并不像卢梭那样是蒙昧主义者（obscurantist），就算只是为了研究者的利益考虑，他也会维护理智的地位。这

---

[1] *The Nation*, October 9, 1913.——原书
[2] 狄德罗（Denis Diderot, 1713—1784），法国启蒙思想家、哲学家和文学家，《百科全书》主编。
[3] 格林（Friedrich Melchior Grimm, 1723—1807），德裔评论家，参与了《百科全书》的编写。
[4] 拉伯雷（François Rabelais, 约1483—1553），法国作家，人文主义者。著有《巨人传》等。

就是为什么歌德在摒弃卢梭许久之后还狂热地崇拜狄德罗。狄德罗的代表作《拉摩的侄儿》(*Neveu de Rameau*) 在完成大约 50 年后（1821 年），才终于因为将歌德的译本重新译回了法语而在法国成名,此类经历在狄德罗的作品中屡见不鲜。狄德罗和歌德之间更为明显的联系出现在歌德的《植物变形记》(*Metamorphosis of Plants*) 这类作品中。狄德罗作为科学自然主义者极有创见,尤其体现在他预见了进化论上,其中一些预言过于大胆,使他只能借用达朗贝尔(D'Alembert)在梦中兴奋的呓语来展示,而不敢单独印出。在《达朗贝尔的梦》(*Rêve de d'Alembert*, 1830 年出版)中,我们不仅能发现细胞理论,更有现代进化论几乎所有的基本假设。狄德罗将自然设想为持续不断的流变(perpetual flux), 高等生物以难以察觉的方式从低等生物演化而来。"一切动物都或多或少有人的影子；一切矿物都或多或少有植物的影子；一切植物都或多或少有动物的影子。自然中没有什么是精确的。"他预言了达尔文,这不仅体现在他的假说里,还体现他认为假说在真正的科学中只处于次要地位。他描述了一个奇怪的幻象,在这个幻象中,实验是纯理论的对立面。实验最初以孩子的样貌出现在他面前,然而随着孩子长大,其四肢开始膨胀,最终变成了一个巨人,在他的触碰下,悬挂于空中的形而上学神坛(Temple of Metaphysics)轰然倒塌——然后狄德罗醒了。

一

在这样的段落里,狄德罗以英国式实证主义和功利主义的精神进行描述。尽管他的个人品质似乎看起来不甚英国式,但他确实比同时代任何法国作家都更像英国人的信徒,从培根到他同时代的情感主义者皆是他的老师。例如,《定命论者雅克》(*Jacques le Fataliste*)既是对斯特恩①的模仿,又是科学自然主义的宣言。事实上,在狄德罗身上我们能看到自然主义运动中科学和感情因素之间的相互作用和深层联系,这也许在别处难以得见。把自然视作纯粹的流变(pure flux)后,他像古代的智者派一样将这一观念从外物延续到人的层面。他感叹,"两个肉体凡胎许下的第一个诺言,发生在一块将要碎成尘土的岩石脚下;为了表示坚贞,他们以时刻变幻的天空为证;一切都在他们体内和周围流逝,他们却以为内心可以免于变迁";等等。阿尔弗雷德·德·缪塞②将这一段谱写成诗,就成了受人欢迎的爱情主题:

是的,两个年命短促的人在地上交换着
他们第一次的亲吻,第一次的盟誓,
交换的地点便在一棵被风吹尽绿叶的树下,
一座行将化为尘土的石上。③

由此狄德罗不断提醒我们,浪漫主义者与所谓的现实主义者及科

---

① 斯特恩(Laurence Sterne, 1713—1768),英国小说家。著有《项狄传》等。
② 缪塞(Alfred de Musset, 1810—1857),法国浪漫主义诗人、剧作家。著有《一个世纪儿的忏悔》等。
③ 中文译文出自缪塞:《回忆》,载《缪塞诗选》,陈微菜、冯钟璞译,人民文学出版社1960年版,第189页。

学进化论者是多么相似,尤其在与传统(不论是古典的,还是基督教的)原则的关系上。自然一词所有的现代独特用法都在《布干维尔游记补遗》以下段落中萌芽了:"你想简要了解那个包含我们几乎所有痛苦的故事吗?从前有一个自然的人,而当另一个人造的人被引入了这个自然人之后,洞穴中出现了一场持续一生的内战。"

这样一来,所有束缚"自然"的东西都会被斥为空洞的习俗。最重要的是,性这最专横的本能最不应被束缚。《补遗》中对这一本能的释放进行了田园般的描述,呼应着《修女》(*La Religieuse*)中对约束这一本能进行的激烈抨击。"所谓的福音圆满,"狄德罗抱怨道,"不过是压抑自然本性的可怕技艺。"因此狄德罗将抛弃"洞穴里的内战"(civil war in the cave),即个人心中善与恶的斗争,将注意力集中在人类整体的知识和同情心的进步上。从实证的角度看,作为培根主义和功利主义理想的表述,《百科全书》(*Encyclopédie*)的源头在英国。同时代的人几乎只知狄德罗是《百科全书》的编者,他们准确地认识到这部作品的消极意义多过积极意义——它对准传统权威所有的堡垒发起了攻击。在给沃兰小姐①的信中,狄德罗写道:"这部作品无疑将会掀起一场思想革命,我希望暴君、压迫者、狂热的宗教分子和偏执者此后不再有利可图。"

总体来说,狄德罗作品的缺点比优点和有建设性的方面要更具统一性。他没什么固定的原则,更像个印象主义者。根据他自己的定义,

---

① 沃兰小姐(Mademoiselle Volland, 1716—1784),狄德罗的情人,狄德罗在给她的信中讨论了当时法国流行的哲学思想。

他非常"自然",也就是喜怒无常。他解释说,作为朗格勒①人,他的头脑就像塔顶的风向标(狄德罗转而用此说明气候无常),"我一天中受环境影响会有一百种面孔。我可以冷静、悲伤、出神、柔和、凶猛、激情、热心,等等。他简直不能支配和统一他的印象,简而言之,他几乎没有组织能力,因此几乎不能说他是作家。用圣伯夫的话说,他最多算是记录员里的荷马。他的作品集是庞大而杂乱的随性创作。虽然没有真正的戏剧感知力,但他最钟爱的写作形式却是对话,这或许是因为他像勒南一样,倾向于"让自己大脑的两瓣彼此交谈"。他的一些作品仿佛产自人类思想的对立两极。总体来说,他对天才的概念完全是浪漫主义的:天才是无法控制自己,并渴望从新古典主义的装模作样中呼啸着挣脱出来的人。他说:"诗需要的是巨大的、野蛮的、粗犷的东西。"他接下来出色地预测了浪漫主义运动与法国大革命之间的关系:"我们什么时候能再看到诗人?那将是在经历了大灾难和大祸患之后,当疲惫的人们开始喘息,诗人被惊心动魄的景象所震动,用想象力描绘出那些未曾亲眼看见的人所不了解的事物。"②

但是在《谈演员的矛盾》(Paradoxe sur le Comedien)中,他用古典主义的核心模仿论来反对作为浪漫主义核心的随意性原则(doctrine of spontaneity)和自由迸发的理念。狄德罗这个最为喜怒无常的人——用他自己的话来说,任由脾气摆布自己——却反对情绪化的表演。他认为演员不应是感情主义者,而应是冷静的观察者,他应凭借自己的理智

---

① 朗格勒(Langres),法国东北部市镇。
② 出自狄德罗的《论戏剧诗》。

和判断力找到一个范本然后去模仿它。最重要的是,在表演时他应该避免感受到自己的角色。《谈演员的矛盾》于1830年出版,仅比缪塞的《献给马利布朗的诗》(Stances à la Malibran)早几年。缪塞扮演了人们本期待狄德罗会扮演的角色。玛丽布朗得到了赞扬,因为她在浪漫主义的意义上充满了"灵魂",并在台上流下了真实的泪水。这种熟练运用情感的能力,在狄德罗看来不是天才的标志,反而是平庸的表现。"我做一番非同寻常的坦白,"他补充道,"如果自然曾塑造过感情充沛的灵魂,那也只会是我自己的灵魂。"

的确,狄德罗是敏感灵魂(l'ame sensible)的完美典范,是时而垂泪时而慷慨陈词的真正浪漫主义先驱。拉布吕耶尔说,一个人会为在剧院展示自己的情感而羞愧。在狄德罗的时代,他不展示情感才应该羞愧,因为那个时代有了一个伟大的发现:人性本善。而展现这种善最好的方式就是落泪。在公共场所呜咽抽泣,几乎成了优雅礼仪的要求之一。当1769年《一家之主》(Père de Famille)上演时,据说每只手帕都派上了用场。法国大革命似乎动摇了流泪和善良之间的联系。1811年《一家之主》被观众用嘘声哄下台,正如若弗鲁瓦①在他的"专栏文章"(feuilleton)中评论道:"我们从一次致命的经验中得知,过去40年对感性、人道、慈悲的宣扬和吹捧,只是让人们准备好迎接野蛮主义的最后泛滥。"

狄德罗戏剧本身的无聊和粗糙众所周知,但他戏剧理论的价值与影响如何,各人意见不一。他呼吁创造中产阶级戏剧,抨击只有一定社

---

① 若弗鲁瓦(Julien Louis Geoffroy,1743—1814),法国作家,文学评论家。

会地位的人才能出现在严肃戏剧中，其他人只能沦落入喜剧和闹剧这种观点，这些都属于当时那个世界运动的一部分，而这一运动如果没有他大概会取得胜利。但是，他的戏剧理论中更具独创性的部分至少还有趣地展现了他的企图：废除"洞穴里的内战"，即自然主义对二元论的反对。他会在舞台上展示角色的职业而非性格。舞台上角色的自我不由自己决定，而是由他的社会身份和所处环境来决定。这一戏剧理念没能应用在舞台上，而是在巴尔扎克的《人间喜剧》(*Comédie Humaine*)中得以实现。对伟大的戏剧家来说，要表现人物的内心挣扎须对台词精雕细琢，狄德罗却尽可能地用哑剧般的手势取而代之；而那些真正的戏剧动作，他也用一系列舞台画面（他称之为活动布景[*décoration animée*]）进行代替。他把这两者相结合，用来宣扬有普遍社会功用的道德准则。看来，煽情的社会问题电影就能基本满足狄德罗的要求了。

二

人们批评狄德罗的戏剧观过于图像化，而他对绘画的看法又过于文学化和戏剧化。他批判旧式的古典主义或者伪古典主义依据"诗如画"(ut pictura poesis)这样的格言对艺术形式进行混淆，这里有莱辛思想的雏形；但同时他自己又为现代情感主义式的混淆铺平了道路，这股洪流现已冲破了所有阻碍。

比起其戏剧理论，狄德罗的《沙龙》引起的分歧更多。一些人将他视作真正艺术批评的创始人，另一些人则将他视作破坏者。有人指责他在绘画中看到的是另一种形式的文学,批评他对主题和故事的兴趣比对绘画技巧的兴趣更大。对这种批评明显而易见的回答是,他只能在当时的画作中看到艺术家们自己努力表达的文学意图。毕竟,艺术作品不应只是技巧的胜利,还应有充分的属于人的目的。对狄德罗真正的指责不是他将主题放在首位这点,而是他对主题的理解仅限于格勒兹①的《惩罚忘恩负义的子女》(*Mauvais Fils puni*)。这一弱点的根源在于他对二元论的否定,并由此让感情主义代替了真正的洞见。他没能用判断力来调和他盎然的兴趣和无穷的热情,这种内在调解毕竟只是"洞穴里的内战"的一部分。因此狄德罗拥有的只是偏好而非品位。他的偏好通常表现为对欣赏事物的褒扬,而不是像黑兹利特那样表现为对厌恶事物的批判。"我天生倾向于忽略错误而热爱优点……如果一本书,一个角色、一张图片或一个雕塑有优点,我的目光便只停留于此:我只看见并记住这一点,其他的就几乎都忘了。"他显然是新浪漫主义意义上的"创造性"批评家的先驱,他们的工作就是描述自己的"灵魂"在伟大杰作前的惊奇感受。艺术家的作用被简化为表达自己遇到外部刺激时的情绪反应,而批评家反过来也只须告诉人们这种描述如何影响了自己的情绪。人性中本应存在的控制情绪的因素,在这两种情况下都被抹杀了。

三

根据传统学派的说法,主要问题不在于情绪的表达,而是将情绪变

---

① 格勒兹(Jean-Baptiste Greuze,1725—1805),法国画家,擅长作风俗画和肖像画。

得合乎人性。他们坚持认为必须建立起一个常规的人的形象,并通过模仿该形象来克制情绪的冲动。这种对情绪进行约束的结果就是礼仪。而众所周知,礼仪这一古典主义的伟大核心原则如今已沦为纯粹的矫揉造作,礼仪已经与上流社会的规矩或学院规范等同起来。狄德罗在这场反对虚伪礼仪的运动中所起的作用恐怕仅次于卢梭。我已经提到了他对戏剧中虚伪礼仪的攻击:"啊,残酷的礼仪,有了你,作品变得多么体面而渺小啊!"狄德罗那充沛的情绪与(不论是真正的还是人造的)礼仪施加的限制形成了一种滑稽的对比。叶卡捷琳娜女皇①在给若弗兰夫人②的信中写道,她与狄德罗会面时被他挥舞的手拍打得伤痕累累,使她不得不在两人中间放张桌子,以免为他激动的手所伤。

批评家们毫不吝啬地赞扬狄德罗灵光闪现的预测和良好的直觉:他对物理法则(physical law)的直觉确实当之无愧这样的赞美。而狄德罗极度缺乏对人性法则的感知,以及由此衍生出的得体和节度感(sense of measure)。他是彻底的纯粹扩张主义者(expansionist),活在"完全开放的宇宙"里。他所展现出的性格是无节制的,是理智和感情不受限制的喧嚣,是法国人说的"狂乱的活力"(une verve endiablée)。内克夫人(Madame Necker)③评价道:"他只有在夸张时才显得自然。"另一个同时代的人这样形容他的理论:"那些想法仿佛喝醉了一般,彼

---

① 叶卡捷琳娜女皇(Catherine the Great, 1729—1796),叶卡捷琳娜二世,俄罗斯帝国女皇。
② 若弗兰夫人(Madame Geoffrin, 1699—1777),当时文艺沙龙的女主持人。
③ 即斯达尔夫人(Madame de Staël, 1766—1817),法国作家、文艺理论家。著有《论德意志》等。

此相互追逐。"他总是显得比真实的他更疯狂,在这点上他与卢梭截然相反。他的作品总是提醒我们,礼仪和体面是紧密相关的,这两个词也确实曾长期作为同义词使用。我曾在上文引用过他那令人难忘的具有培根主义观点的作品,它不仅不体面,而且下流到了犯罪的程度;狄德罗轻描淡写地称这部作品为"下水道散发的致病气体"。圣伯夫评价道,他的眉宇间也许闪露出柏拉图式的光芒,但仔细看就能发现萨梯①的蹄子。当时有人写诗称他"与培根和阿雷蒂诺②齐名",确实让人怀疑这是不是赞美。

缺乏礼仪反而给他带来了许多人眼中的文学美德——惊人的自我坦诚。任何读过他作品的人,无论是《与旧睡袍离别的痛苦》("Regrets on His Old Dressing-Gown")还是《致沃兰小姐的信》(*Letters to Mademoiselle Volland*),都不会抱怨缺乏与作者的亲密交流。

在我们这个时代,不论是普通人还是国务卿或总统都已摒弃了礼仪,并且从最近的某些迹象来看,正准备抛弃体面,这样的时代显然应把狄德罗视为先祖之一。然而正如弥尔顿所说,礼仪毕竟是理应遵从的伟大杰作。如果这个世界有朝一日能够走出当下的自然主义纷争,将真正的礼仪和与传统的礼仪一起抛弃将会是有史以来最糟糕的一次"把澡盆里的孩子与脏水一起倒掉"(请允许我用这个俗语)般的事故。失去了礼仪就无法获得艺术和文学中的精华(更不用说生活本身),就失去了挑选的秘诀与宏伟的风格。狄德罗在这方面的弱点已经预示了

---

① 萨梯(Satyr),希腊神话中的森林之神,半人半兽,嗜酒好色。
② 阿雷蒂诺(Pietro Aretino, 1492—1556),意大利文学家,作品多有情色描写。著有《对话录》等。

艺术当下面临的窘境——是选择像摄影般的写实手法,还是尝试晦涩难懂的象征个人情感的方式,它在这二者间摇摆。当然,狄德罗关于宏伟风格偶有精彩的论述,正如他关于任何事都有精彩的论述一样。他了解经典,写过关于泰伦斯①的文章(他在其中看到了中产阶级戏剧的前身),得到了名副其实的赞扬。然而作为一名批评家,他希望几个世纪的时间能一瞬即逝,以便理查逊②获得他应有的名誉,并能与荷马相提并论;他还将《伦敦商人》的作者利洛③提高至索福克勒斯的地位,这都让我们不免对他批评的严肃性产生质疑。即使不看他呈给叶卡捷琳娜女皇的"大学规划",我们也能确定他对人文学科在教育中的作用并无真正的概念,其思想的总体倾向完全是功利主义的。

四

作为一个18世纪的情感主义者,狄德罗试图让我们相信只有回归自然、随心所欲地生活,才能成为世外桃源的居民;但至少在他的作品《拉摩的侄儿》中,桃源乡的迷雾被驱散,显露出自然的本质——为生活而挣扎。如果将自己所处社会中的规则和惯例仅仅看作传统并予以抛弃,只听从性情的鼓动,实际上就成了一个浪荡子;而拉摩的侄儿不仅是个浪荡子,而且至少从动机上来说还是个追逐猎物的猛兽。在他

---

① 泰伦斯(Publius Terentius Afer,约前185—约前159),古罗马喜剧作家,作品有喜剧《安德罗斯女子》等六部,大多根据希腊新喜剧改编而成。
② 理查逊(Samuel Richardson,1689—1761),英国小说家。著有《帕梅拉》等。
③ 利洛(George Lillo,1691—1739),英国剧作家。著有《伦敦商人》《致命的好奇心》等。

看来,生活就是对权力和快感的争夺。强者和狡黠者获胜,而傻瓜和弱者付出代价。理性主义瓦解了社会的传统基础,却无力提供任何替代品。恐怕18世纪的任何其他作品都无法像《拉摩的侄儿》那样,让我们如此清晰地听到大厦将倾的可怕声响。

拉摩的侄儿对生活的看法与巴尔扎克笔下的拉斯蒂涅①及类似的角色一致。所以崇拜巴尔扎克的世代也必然最推崇狄德罗。这一代人在19世纪中叶活跃起来,自称现实主义者,反对上一代的浪漫主义。他们将泰纳视作自己思想的代表,在左拉的小说里找到了他们思想最为极致的,甚至可以说是夸张的表达。狄德罗的一段话简直提前陈述了泰纳和宿命论者的观点:"没有什么自由和行为值得赞扬或责备,没有罪恶也没有美德,没有事值得嘉奖或也没有事值得惩罚……事物发生只有一种原因,那就是物理原因。"可是试图把生命贬低为分子集合的所有物(该学派的某个人这样表述)真的可以称作现实主义吗?狄德罗处理物质自然的方法无疑是现实主义的,在这一方面他确实值得褒奖;那么人性这方面呢?一般认为叶卡捷琳娜女皇对人性的认识是真实的,而她在每天与狄德罗会面几个月后,认定狄德罗并非现实主义者,而是一个幻想家,他的想象力与对事实的感受背道而驰,因此从他对实际事物的看法来看,他是一个乌托邦主义者。从能否正确地判断日常生活中的人这一点,可以测试出一个人是不是现实主义者,而狄德罗这方面差得出名。所谓的现实主义作品几乎都用想象改造了现实。

---

① 拉斯蒂涅(Rastignac),巴尔扎克的小说《高老头》中的人物,出身没落贵族,为了改变自己的贫困境地,抛弃了道德、良知。

例如,巴尔扎克的巴黎不是真实的,而是骇人听闻的梦境,是用脱离现实的想象力投射出的一个特殊的乌托邦。正如莱斯利·斯蒂芬①所说,巴尔扎克描述的巴黎是地狱,而这地狱却是唯一值得居住之地。左拉的农民同样不真实,他们是自然主义式的噩梦。我们应注意不要如此轻率地授予某人现实主义者这一崇高称号。

什么才是对人性的真实呈现?这个争论最后可以归结到一个问题:"洞穴里的内战"是人造的吗?假定就像人文主义者主张的那样,每个人内心深处最原始、最直接的并不是想法和感觉,而是控制想法和感觉的力量,我们可以试着称其为"向心力"。这样一来,"洞穴里的内战"非但不是人造的(这是陈腐的教条主义者的偏见),反而是至关重要的事实。以"自然"的名义否认这一事实,无异于凶残地扭曲了人性。未来的希望存在于这样的人身上:他对"洞穴里的内战"这一事实深信不疑,并拒绝被理性或感情天花乱坠的幻觉拉走;他将从这一角度严肃地检视科学和情感自然主义者那流畅的幻想;他会像培根主义者对待"物之法则"(law for thing)那样对待"人之法则"(law for man);他至少会对先验论者(apriorist)和体系建立者同样不屑;他会挑战科学研究者,不是因为他们太过实事求是,而是因为他们不够实事求是;他会抱怨实证主义者不够实证;简而言之,他会准备好以现代精神的名义反对上个世纪的大扩张运动,而狄德罗无疑正是这场运动各方面的先驱。

---

① 斯蒂芬(Leslie Stephen, 1832—1904),英国评论家、历史学家,弗吉尼亚·伍尔夫之父。著有《18世纪英国思想史》等。

乔治·桑与福楼拜[1]

近来种种迹象表明,人们对乔治·桑[2]的兴趣正在复苏。她在自然主义全盛时期湮没无闻。但如今自然主义已经"病入膏肓,并逐渐死亡",年轻一代的法国作家正在做出热切的,甚至可以说是孤注一掷的努力,以达成某种形式的理想主义艺术。这场运动有望带来对乔治·桑的追捧,正如它已然导致了巴尔扎克风潮的没落一样。

泰纳认为整个文学史上不曾有哪个作家的职业生涯像乔治·桑那样具有启发意义——没有哪个作家像她一样有如此丰富的素材用以研究她的生活,也没有哪个作家可以如此完美地适用圣伯夫的方法。目前人们已显露出对圣伯夫方法的厌倦,正如他们已经厌倦了自然主义;我们渐渐不关注作者才华的来源,而更专注于挖掘这种天赋本身,衡量它的绝对高度,探究它在多大程度上是作者意志和环境的产物。后一种方法——新批评的方法——比圣伯夫的方法更适用于研究乔治·桑一生。泰纳虽然与圣伯夫观点不同,却对他表示出了一定的认同。泰纳曾说,如果从乔治·桑的作品中寻找她性格变化的轨迹,也许能变成

---

[1] *Atlantic Monthly*, October, 1898.——原书
[2] 桑(George Sand, 1804—1876),法国女作家。著有《安蒂亚娜》《我的一生》等。

一项令人钦佩的研究。她的书信无疑为该研究提供了最多素材,而在这些书信中,最引人入胜的则是她与福楼拜①的通信。毫无疑问,乔治·桑作为艺术家的才华在她的田园诗中已臻成熟,然而她性格和人生观最为明晰和充分的表达却在她与福楼拜的通信中。

关于乔治·桑写作生涯的开端,我们需要的不是信件,而是她的自传《我的一生》(*L'Histoire de ma Vie*),尤其是描绘她在巴黎的英国女修道院②中生活的篇章。我们须得谨记,她在修道院生活期间曾对天主教的神秘主义十分狂热。她在后来的一封书信中写道:"我预先体验到了一种无限的狂喜,仿佛我童年时以为见到圣母一样,她仿佛太阳上的白色模糊幻影飘在我的头顶。"她早期的书信风格简单、自然,后期受浪漫主义的影响,加之与杜德望(Dudevant)男爵之间的不幸婚姻即将结束,其写作风格有了奇妙的变化。乔治·桑无疑对丈夫有抱怨,但她主要的不满似乎是遗憾他并非才华横溢的天才。她最终决定与他分手,并于1831年初来到巴黎,如其所描述的那样"乘船航行于文学的风暴之海"。紧接着的几年被马修·阿诺德精准地描述为"痛苦和反叛"的时期。她努力挣脱各种形式的惯例定则,乐于打破所有惯常的中产阶级礼节观念。她以男装示人并频繁出现在波西米亚社交圈中。在通信中,她曾向友人吐露她现在最主要的支出是烟草。像所有浪漫主义作家一样,她宣称信奉激情,这一理念在她的作品《雷丽娅》(*Lélia*)中

---

① 福楼拜(Gustave Flaubert,1821—1880),法国小说家。著有《包法利夫人》《情感教育》等。
② 英国女修道院(Couvent des Anglaises),由从英格兰逃到巴黎的本笃会修女于1664年建立的修道院。

有所体现。"对诗意的灵魂来说,"她在作品中写道,"感官的爱欲中也有着朝圣般的感情。"现代对于爱的定义充斥了太多这种唯心主义与感官欲望的混合。在彼特拉克身上我们发现了这种用享乐主义方式使用宗教情感的最早例证,它将理想拖下天堂,并将其神圣的光辉投射到俗世的激情上。这一倾向也许在名为浪漫爱情的产物中达到巅峰,用勒内·杜米克①先生的话说:"爱情这致命的幻想肆虐法国文坛长达一个世纪——它感染人们的思维,扭曲他们的观念,扰乱社会,侵蚀道德,使成千上万的人深受其害,而其中乔治·桑和阿尔弗雷德·德·缪塞只是最出名的两个罢了。"她与阿尔弗雷德·德·缪塞的风流韵事,与其他若干次的浪漫爱情实验一样以幻灭告终——这是一种彻底的幻灭,彻底到她一度陷入完全的绝望及对人对己的鄙夷,这一点无须再说。她后来曾对朋友坦白:"如果我将对一切的憎恶,对存在的恐惧都告诉你,你会以为我在讲述一个空想出来的故事。"她谈到她的"反社会情绪",她"对所有男人的憎恨",邻家孩子溺水都不足以使她伸出援手。她也曾被自杀的念头折磨。1845年在给马志尼②的信中她写道:"十年前我还居住在瑞士,仍处在狂风暴雨的年纪。我曾下定决心,如果我能抵御住那不断逼近的自杀的诱惑,就去见你。"她最终在诺昂庄园(Nohant)隐退,并在那里度过了余生。用她自己的话来说,她的青年时期已"在骚动不安和痛苦呻吟"中结束。循着她的信件,我们能了解她达到相对平静状态的思考过程。"我曾与自己进行激烈的决斗,与

---

① 杜米克(René Doumic,1860—1937),法国传记作家。著有《乔治·桑传》。
② 马志尼(Giuseppe Mazzini,1805—1872),意大利革命家,民族解放运动领袖。

自己的理想进行剧烈的斗争;我曾被深深地伤害,饱受苦痛;现在的我过得足够安静闲适。"在摆脱了自爱自恋后,她更轻松地恢复了冷静与自持;因为,无论她怎样滥用了理想的概念,她从来没有用它来理想化自己的形象。借用她自己的话,她没有"感染上路易·菲利普①统治时期人们特有的巨大虚荣心"。她开始对爱情的神圣性产生怀疑。在最近出版的写给圣伯夫的信中,她写道:"现在我可以鼓起勇气说,那些让我们痛苦万分的爱并非上帝期许我们的爱,我们受到了蒙蔽才会这样想。""让真理的统治再次降临吧——我相信真理的统治,尽管我知道它不会在我的时代出现。到那时,人类将不再知晓我们曾承受的这种苦痛。"

与此同时,在激情信仰湮灭的废墟之上,一种新的信仰开始在乔治·桑的脑中成型。她宣称:"至于我,勒鲁②的教诲解开了我心中的疑惑,并为我的宗教信仰奠定了基础。""我现已投身社会主义的学说中。在其中我找到了力量、信念、希望和对人类持久而坚忍不拔的爱——这是我年少时梦想能在天主教信仰中获得的珍宝。"值得注意的是,在乔治·桑获得人类福音的同时,从圣叙尔皮斯教堂③逃脱的勒南正在宣扬科学这一宗教。有趣的是,在勒南和乔治·桑的例子中,抛弃旧的教条很容易,但使自己从天主教用百年的时间培养出的思维和

---

① 菲利普(Louis-Philippe de France,1773—1850),法国国王。于1830年8月9日加冕为法国国王,后因二月革命于1848年2月24日逊位。
② 勒鲁(Pierre Leroux,1797—1871),19世纪法国著名的哲学家、空想社会主义者,深受卢梭影响。
③ 圣叙尔皮斯教堂(Saint-Sulpice),巴黎的一座天主教教堂,勒南曾在这里学习。

情感定式中解放出来却很难。勒南在早期作品中提出了诸如科学的绝对正确性、科学的教皇、科学的天堂与地狱,甚至科学家创造的上帝等概念。与勒南一样,乔治·桑也将基督教神秘主义的整套词汇应用到了社会主义中。她曾提到,法国这个"各国的救世基督"将会带来"社会重生",并提及"社会主义圣徒"和"社会主义殉道者"等等。1848年革命爆发的消息传来时,她在无尽的狂喜中匆忙赶去巴黎。然后,在所有社会主义梦想完全崩塌、社会主义梦想家彻底崩溃之际,她也再次陷入深深的沮丧。她发现勒鲁这个"在理想生活中如此令人钦佩之人",一旦遭遇现实也只能绝望挣扎。从这个角度来说,勒鲁是整个运动的象征。她谈及六月后自己"彻底的抑郁"。她痛苦地发现,她曾如此理想化的人类中,存在着"许多无赖、大批疯子和数不胜数的蠢人"。几乎直到生命尽头,乔治·桑都或多或少被"自然""进步""人道"三个伟大的词欺骗。对它们的滥用导致了过去两个世纪里思想界的浩劫。然而,即便她还没有放弃"社会重生"的梦想,她至少已经意识到它不得不被推迟至非常遥远的未来:

在那乐观的青年未经历练的眼中,
漫长的征途显得如此短暂;
而高耸的山巅隐没在阴云密布的天际,
那山巅之上正是真理的王座。①

---

① 出自马修·阿诺德的诗作《塞西斯》("Thyrsis")。

她承认,她费了极大的力气才"从那恣意的幻想走到彻底的幻灭"。

但她再一次控制住了她的绝望。就在第二帝国时期,在世界正经历自罗马帝国衰落以来最严重的物质主义时期,乔治·桑重又建立起对理想的信仰。这一次,这种信念有了更广阔而可靠的基础。她渐渐醒悟"法国的救赎未必要通过政治来实现",比起全人类的进步那种遥远而不可知的未来,个人在当下确定的进步更为重要。她意识到现在最迫切的是"给人类心灵和良知一个新的方向"。她宣称当代政客"是命运的奴隶,因为他们自出生就被自己奴役",而"履行义务自然会有其回报,平静又重归于我的心灵,信念再次降临"。"一切都会过去——青春、激情、幻想以及生的渴望。只有一件事保留下来——我内心的完整。心不会衰老,相反,它在 60 岁时会比 30 岁时更加新鲜强壮,只要它依自己的意愿行事。"

乔治·桑与福楼拜(Flaubert)相识之时已接近生命中最后一个时期,即成熟而洞悉世事的阶段。他们被彼此独特的天性以及在彼此身上观察到的细腻与超然吸引,但更重要的是,他们都是这个敌视浪漫主义时代里顽固的浪漫主义者。"如果要相信如今这些少年老成之人,我们那些早已过时的观念将使我们永远停留在 25 岁。"她在给他的信中写道。

除了这些联系,我们很难想象乔治·桑和福楼拜竟然还会有那样激烈的分歧。乔治·桑自己也曾向福楼拜明言:"肯定从未有过像我们一样性格迥异的匠人。"而福楼拜则惊异于乔治·桑丰富而轻松的即兴创作能力,回答道:"你根本无法体会一整天抚额苦思、绞尽脑汁来搜寻一个修饰词是什么滋味。"二人的通信如此有趣,很大程度上是因为,他们各自的性格特点通过频繁对抗和对比完全释放了出来。乔治·桑力劝福楼拜锻炼自己的意志,而福楼拜则回答说他是"如土耳其人一般的宿命论者"。"你相信生活并热爱它,"福楼拜说,"而生活却让我充满怀疑。""很奇怪我生来就对幸福缺乏信念。我在年轻时就完全预感到了我的一生。它就像是透过地下室窗户飘散出来的令人作呕的厨房里的味道。""是的,"乔治·桑回答道,"生活的确是快乐与痛苦的可怕混合。"然而"我们必须要承受,要哭泣,要希望,简而言之,就是要存在,我们必须在各方面锻炼自己的意志"。"你距离天堂就只有一步之遥了,"福楼拜在另一封信中说道,"而我这个可怜虫却如双脚灌铅,被牢牢地锁在大地上。""尽管你有斯芬克斯①般的眼睛,你看世界总是像透过一层金色的滤镜。""而我则一直在剖析:当我发现任何本应是纯净的事物开始腐坏的时候,当我发现最美好的部分都生了坏疽的时候,我会抬头大笑。"福楼拜说自己需要"待在优越的,人为修建的环境里"。而乔治·桑则说:"让我在一棵大树下,或是两根烧焦了的木头前待上几个小时,我也确信自己能从中找到感兴趣的东西。我已经学会超脱自我而存在了。我并非向来如此,我也曾年轻过,也受过消化不良之苦,但那个阶段已经结束了。"

最后,福楼拜告诉乔治·桑,艺术家是不能在其作品中表达个人情感的:"不要将自己的感情写进作品中!"乔治·桑反驳道:"我完全无

---

① 斯芬克斯(Sphinx),最初源于古埃及神话,被描述为人面狮身,是智慧的象征。

法理解你——哦,不,丝毫也不能理解。"事实上,福楼拜已经注意到最伟大的艺术作品都是客观的,由于无法想象客观的人类情感,他索性将所有感情都摒除了,这样至少可以达到一种自然主义的客观。他说:"我们必须像描述乳齿象和鳄鱼一样描述人。"因此,他决然地从他的作品中删去了他最渴望表达的思绪与情感。乔治·桑写道:"这很奇怪,你的另一面完全没有出现在作品中。"的确,已出版的作品中的福楼拜,与书信中那个会用感叹词,会突然大叫,会用俚语和下流话的福楼拜之间有着有趣的强烈反差。

尽管这种说法十分矛盾,但福楼拜与其他被谴责为不懂感情的19世纪中期法国文学家实际上是文学史上最主观、最以自我为中心的作家。为艺术而艺术学派完整的心理状态在这位代表人物的书信里展露无遗。宣扬这种信条的人多半将源于天主教的思维习惯,尤其是情感模式带入了艺术中。正如我们在乔治·桑那里发现了人道的福音,在勒南那发现了科学的宗教一样,我们在福楼拜身上发现了对艺术的狂热主义。他以艺术的名义布道,宣扬节制、克己和禁欲。他将背离艺术正统之人驱逐出艺术的教会,在谈及艺术中的异端和不信教者时,其语气之凶狠残酷不亚于西班牙的宗教审判者。

不幸的是,福楼拜本人却未能拥有那种纯粹的艺术狂喜和他所追求的"文学的癫狂"。如果说他与乔治·桑之间分歧颇多,他与自己的矛盾也不少。他告诉我们,他在智识上的启蒙是《堂吉诃德》(*Don Quixote*),甚至在会识字之前就已将这个故事烂熟于心。事实上,他的内心一直存在着中世纪的幻想与现代实证主义的冲突,这与塞万提斯在那部杰作中以象征手法描写的冲突有诸多相似。出生在这样一个由情感的时代向科学分析的时代过渡的阶段,福楼拜悬置在两个世界中间,无法全然享受任何一个世界的全部益处。他痛呼:"我有着两相矛盾的理想,其后果便是犹豫,停滞和无力!"如果他的眼泪在情感的重压下夺眶而出,他的第一反应便是在镜子前观察自己。他成了自然主义的创始人,而他对此深恶痛绝;而如果他试图着手处理某个宏大的诗歌主题,就会发现他的抒情意识已经被理性分析蚕食干净。像本世纪许多其他作家一样,福楼拜也试图用堆积知识来掩盖他缺乏内在生命力的事实。他告诉我们,为了创作《布瓦尔和佩库歇》(*Bouvard et Pécuchet*),他阅读并注释了三百本书,而这只是部分准备工作而已。然而,福楼拜身上最突出的还是他作为天主教徒的感性,以及由此产生的对现代生活的憎恶。的确,我们很难理解福楼拜和19世纪那整个学派的艺术家,尤其是所谓的颓废派,除非我们能意识到他们的心灵还沉浸在中世纪的狂想中,因而无法接受这个建立在科学分析基础上的僵硬的文明:

> 铁路上的一切都已被扫清,
> 一切都伟大,一切都美好,然而我们消逝在空中。①

"我是个天主教徒!"福楼拜喊道,"我的内心沾染着诺曼教堂的绿色。"而谈及《萨朗波》(*Salammbô*)时,他说道:"几乎没人能想象,一个

---

① 出自缪塞1833年长诗《罗拉》(*Rolla*)。

人要忧郁到何种程度才会试图在作品中重现古迦太基城①。对现代生活的恐惧已将我逼至忒拜②的荒野了。"这种恐惧逐渐在福楼拜身上积聚，最终使他生活在一种长久的愤懑中，充满了对同时代人白热化的愤怒。谈起《布瓦尔和佩库歇》时，他说道："我写这本书是希望能一吐这已让我窒息的苦水。"

乔治·桑写道："我希望你对他人的愚蠢少些愤怒。"然而福楼拜不愿意抛却他的愤慨。他小心翼翼地告诉我们，正是骄傲与个人优越感支撑着他孤独地投身于艺术；他需要这种愤怒来使自己确信他确实高出他人一等。他曾坦白："若不是因为愤怒，我本应平平无奇。"不幸的是，我们越思考某事，就越容易变得与它相似。福楼拜写道："责骂蠢人的风险是指责之人也可能变得愚蠢。"当谈及书中的两位资产阶级人士布瓦尔和佩库歇时，他说："他们的愚蠢就是我的愚蠢，这使我痛不欲生。"

乔治·桑委婉地指出福楼拜正用错误的艺术理论折磨自己。她说："天赋自然会带来责任；为艺术而艺术不过是句空话。"美本身不是原因而是结果，是个人或民族各个部分和谐组合的产物。我们可以补充说，美本身只是幻觉的要素，抛开其他东西只追求美的人无疑正试图让美与内容分离，就像伊克西翁③一样，用一生去拥抱一个幻象。"哦，艺术啊，艺术，"福楼拜叹道，"苦涩的欺骗，无名的幽魂，闪烁着幽光，

---

① 迦太基城（Carthago），《萨朗波》故事的发生地。
② 忒拜（Thebes），又译作底比斯，古希腊城市。
③ 伊克西翁（Ixion），希腊神话中特萨利拉庇泰族人的国王。因追求赫拉而惹怒宙斯，宙斯制作了赫拉形状的云并诱使伊克西翁与之结合。

引诱我们走向毁灭!"他在其他地方提到"风格的混乱已经让他身心俱疲"。乔治·桑告诉我们,随着年纪渐长,她越来越感到要将真置于美之上,将善置于力量之前。她写道:"我花了很多时间来反思什么是真。在探寻真理的过程中,自我的感情渐渐消失了。"而福楼拜,却变成了"精致的研究者"(chercheur d'exquis),并在这个过程中将一生献给了对美的追寻,这只成功地加剧了他的自我情结并刺激了他的神经。福楼拜赋予了审美感知力近乎宗教般的价值,这使他渐渐开始迎合所有病态的奇思妙想。他陷入了法国人称之为怀古(nostalgie)的状态,想要挣脱自己的肌肤,到不属于自己的地方去;他成为"艺术过敏症"的受害者,自卢梭以来,许多法国作家都曾经受这种病症的困扰。他在晚年抱怨道:"我的感觉比剃刀的刀刃还要锋利;门吱嘎作响声、资产阶级的面孔、荒谬的言辞都会使我心神不宁,心烦意乱。"

从福楼拜及这一学派其他人的生活中我们完全可以做出如下推断:当不受比自身更高的原则约束之时,艺术就是空洞的。柏拉图说:"如果有人认为美高于美德,这不正是对灵魂真正的、彻底的侮辱吗?"在文学史中,除了那些为艺术而艺术的信徒——福楼拜、勒孔特·德·李勒①、泰奥菲尔·戈蒂埃②之外,再也没有人会有那样愤懑的言辞和那种从心底喷涌而出的忧郁了。福楼拜住在克罗瓦塞(Croisset)别墅时一直表现得焦躁不安,乔治·桑自然非常惊讶:"那是个令人愉快的

---

① 李勒(Leconte de Lisle, 1818—1894),法国诗人。著有《古代诗篇》《蛮族诗集》等。

② 戈蒂埃(Théophile Gautier, 1811—1872),法国诗人、小说家、评论家,"为艺术而艺术"学派的代表人物。著有《珐琅和雕玉》等。

隐居之地,处处弥散着舒适与宁静。"

我们不必认为乔治·桑在艺术理论和实践方面是完全正确的,而福楼拜则完全错误。一方面,我们与福楼拜的看法一致,文学大师的创作过程并不像他那样伴随着如此多的苦痛挣扎和情绪爆发、如此多的工夫和折磨。另一方面,大师并不像乔治·桑那样总是进行即兴创作;他们并非如我们推想的那般总在半梦半醒中写作。"我只是个风琴罢了,"她告诉福楼拜,"是另一个人在我的心头肆意弹奏……每当想到这点,我都心生恐惧,不停对自己说我什么都不是,完全什么都不是。"乔治·桑不厌其烦地重复道:"天才是由心灵孕育的。"这种充满女性气质的天才论从乔治·桑口中说出比从拉马丁①和缪塞这样的男性作家口中说出更容易让人接受。然而,正是太过顺从内心的鼓动才使乔治·桑无法达到完美。她坦言:"生活让我脱离了地面。"她被她的感觉、情绪、爱慕与同情弄昏了头;因此福楼拜才会在信中写道:"桑夫人太过善良和圣洁了。"当然福楼拜的这种评价不无道理,毕竟《新约》里也有段落写到暴乱之人也能登上天国。正是因为缺乏集中的力量,缺乏如烈火般的强度,缺乏福楼拜所拥有的那种对细节的无限追求,才使乔治·桑无法跻身一流艺术家之列。她自己也承认:"我并不是理想的艺术家。""我太爱给孩子们缝缝补补,擦擦洗洗了……另外,我也并不热爱完美。我能感受完美,但无法将其呈现出来。"

扰乱乔治·桑晚年安宁的主要事件是普法战争和巴黎公社。公社

---

① 拉马丁(Alphonse Marie Louis de Lamartine, 1790—1869),法国浪漫派诗人、政治家。著有《湖》等。

成立后,她曾经痛呼:"我为我的国家和民族的疾病而感到恶心!""我真希望自己早已死去,那样就不用看到这种野蛮行径横行于世了。"她还写道:"我曾以己度人;我为修补自己的性格做了大量努力;我已扑灭了我那无用且危险的奔放热情;我已在我的火山上栽种了花花草草,我天真地幻想每个人都能做到自我启蒙和自我约束。现在我才如梦初醒,发现整整一代人不是愚蠢就是精神错乱。"而福楼拜,无论有什么缺点,至少没有受到人道主义的欺骗。早在1848年,他便宣称勒鲁和其他社会主义者都不是现代人——他们仍"深陷在中世纪中"。他从巴黎公社中看到了中世纪的表征。乔治·桑也通过以往的经验教训在晚年摆脱了自身思维方式里的中世纪残余。这体现在她对先验理论愈发的不信任上。她逐渐领悟到爱默生在《论补偿》一文中曾表达过的深刻见解:真理若没有反真理(counter-truth)的制衡便不能被称为真理。她曾对从政的朋友说道:"你难道看不出天主教牧师是不容异己的吗?因为他们绝对拒斥反对意见。""扳倒一切当权的布道者,无论他们身着什么道袍。只要不把共和的理念作为教条强加于人,共和国自会发展壮大。"她在别处说:"1793年原则①导致了我们的毁灭,恐怖统治与圣巴托罗缪之夜是同种精神的体现。"

随着她对人道主义最后一丝希望的破灭,乔治·桑的性格演化可

---

① 1793年原则,指法国1793年宪法前言"人权和公民权宣言"中所体现的激进的平等原则。该宪法主要由罗伯斯庇尔、圣茹斯特起草,但未得实施,法国转而进入恐怖统治时期。

以说完成了。她在给亚历山大·小仲马①的信中写道:"自此以后,我相信,但不幻想,这便是我所有微薄力量的秘密。"在研究乔治·桑的内心世界时,这种信仰的存续确实最值得注意。基督教最大的历史性错误便是将信仰与盲从混为一谈。对大多数现代人来说,信仰等同于教义,一旦教义消失,信仰便随之消失了。而乔治·桑的独特之处便在于,她能不断地将宝贵的信仰从虚假理念的残骸中解救出来。这信仰是如此强健,可以支撑过一次次幻灭的冲击。晚年时期,她的信仰逐渐摆脱了幻想——用她的话来说,这种信仰建立在相信"整全比我们更伟大也更美好"这种简单的感情之上;建立在神圣的感情之上,完全不受任何陈规的限制。

她说:"如果人喝下了永恒真理之水,他将不再过分热情地支持或反对某个相对短暂的真理。"与信仰一道进入乔治·桑生活的,还有愉悦、确信、安宁、行动意识以及对意志自由的坚信,这些美好的、令人向往的事物似乎已经随着信仰的消失一并消散了。

她在给福楼拜的信中写道:"我希望看到人真实的一面,他不是善的也不是恶的,而是既善又恶的。但是除此之外还有别的品质,虽说他既善又恶,但跟随内心力量的引导,结果很可能是大恶之人存了几分善心,或大善之人也不乏几分恶念。"她补充道:"我总是想,为什么你的《情感教育》(*Éducation Sentimentale*)的形式(form)如此出色,却又如此不受大众欢迎。在我看来,原因在于书中人物皆是被动的——他们没

---

① 小仲马(Alexandre Dumas fils, 1824—1895),法国剧作家、小说家。著有《茶花女》等。

有依自己的意愿行动。"依自己的意愿行动才是一个人最有人性之处，而当福楼拜建议要像研究乳齿象或鳄鱼一样研究人时，他恰恰忽略了这一点。

正是乔治·桑所表现出的依自己的意愿行事的能力，使她的一生有了独特的趣味。她对自己的评价非常公正："我无法忘记，我之所以能够战胜绝望是仰仗自己的意志力，以及与之前完全不同的对生活的全新理解。"这与福楼拜疲惫不堪的呼喊是多么不同："我就像上了发条一般。今天做的事明天也会做；而昨天也一样；我与十年前的自己没什么两样。"或者将乔治·桑的生活与维克多·雨果相比较，后者在深思熟虑后只会大肆神化罗伯斯庇尔和马拉①。

泰纳这样评价圣伯夫：他是除乔治·桑之外，本世纪唯一展示出了持续成长能力的法国作家。然而，乔治·桑比圣伯夫更胜一筹，她的成长是均衡的，不是单一能力的扩展。她如向阳的植物一般朝着她的理想成长，不像现代的专家只是机械地朝一个方向前进。我们发现圣伯夫对理智机械过于信任，滥用大脑，这是循着科学精神发展的痕迹。乔治·桑写道："可怜的圣伯夫，他的智力也许得以发展；但是智力不足以支撑生活的目的，它不能教我们如何面对死亡。"她在给另一人的信中写道："你对真理整体(le vrai total)的理解比圣伯夫、勒南和利特雷②还要好。他们重蹈德意志的覆辙，这正是其弱点所在。"而福楼拜则对

---

① 马拉(Jean-Paul Marat, 1743—1793)，法国政治家，法国大革命时期的雅各宾党领袖，后被刺杀。
② 利特雷(Émile Littré, 1801—1881)，法国哲学家、词典编纂人。编有《利特雷法语辞典》。

乔治·桑写道:"让我惊奇和欣喜的是你完整的人格力量,而不仅仅是你的头脑。"

因此,在职业生涯的末期,乔治·桑渐渐从 19 世纪的理智主义中解脱出来,而正是这种理智主义对乔治·艾略特(George Eliot)晚期的作品造成了极大的破坏。她写道:"我感到自己越来越不像个基督徒了,我每天都能感到降临在生命地平线的另一道光芒,而我正日益平静地朝它迈进。"尽管乔治·桑说她已不像个基督徒,我们还是很容易看出她的许多缺点和几乎所有的美德都直接来自基督教的传统——是圣方济各①一派的基督教而非圣托马斯·阿奎那②一派的基督教。研究其性格的主要乐趣来源于,她能完成泰纳所说的"从世袭信仰到个人信仰的痛苦转变"。

我们正处于一个选择的准则和方向感空前重要,同时也更难实现的时代。我们对像乔治·桑那样的人负有特别的义务,他们成功地继承了旧信仰中最重要的精神,并将其与现代思想中最前卫的部分结合。在这方面,乔治·桑可以与爱默生一起跻身未来理想主义先驱之列。与爱默生相似,她一直忠于自己的理想,没有陷入病态的自我意识。她与卡莱尔一样清晰地感受到,由于失去了对道德法则的掌控,她所在时代的人性已然堕落了,但她并没有因此将她同时代的人视为"一群在死海岸边喋喋不休的猿猴"。由于这个原因,乔治·桑最终将不仅作为伟大的文学艺术家被人们铭记。在这伟大的启蒙与微弱的光明并行

---

① 圣方济各(Saint Francis, 1181/1182—1226),天主教方济各会创始人。
② 阿奎那(Thomas Aquinas, 1225—1274),中世纪哲学家和神学家。著有《神学大全》。

的时代，她还将作为少数几个既能坚守对理想的狂热，又能坚持"在思考中保有不可摧的信念"(le sens contemplatif, où réside la foi invincible)之人留在人们的记忆中。而最能体现她运用这种几乎有些过时的理念的篇章都在她的书信里。

印度短诗百咏①

在穆尔先生的短诗集中发现了有关印度的一卷，既有学术价值又能引起普通读者的兴趣，真是令人耳目一新。叔本华(Schopenhauer)所期望的由梵语文献研究引发的新文艺复兴在文学中还鲜有表征。过去的一个世纪里，德国学者在梵语中开采了学术的巨矿，然而除了吕克特②的诗歌外，他们并未成功地从这天然的材料里提取出人类智慧和经验的结晶。然而，雅利安文明的两极——英国文明和印度文明——在印度相遇了，而印度思想也正渐渐向西方渗透，所带来的问题引发了所有思想者的兴趣。穆尔试图简要地描述古代印度思想的真实概况，为那些希望在宏观方面思考这个问题的人提供了帮助。他只在极少情况下才以梵文原作为背景抒发自己的诗兴，也没有像菲茨杰拉德③那样从原诗中读出现代不可知论的思想。

要想把古代梵语文献翻译得有文采几乎是不可能的，任何读过类

---

① *Atlantic Monthly*, October, 1899. Review of *A Century of Indian Epigrams*, by Paul Elmer More.——原书

② 吕克特(Friedrich Rückert, 1788—1866)，德国诗人，深受印度文学影响。著有诗集《婆罗门的智慧》等。

③ 菲茨杰拉德(Edward FitzGerald, 1809—1883)，英国作家，翻译家。曾翻译古波斯诗人的《鲁拜集》。

似《东方圣书》①中《奥义书》②译文的人都可以作证。有时，为了偶尔读到一个精彩的段落，我们须得在沉闷无聊的废话中艰难摸索。而穆尔先生《百咏》中一半的诗作选自伐致呵利③的诗集，从而解决了这个难题。伐致呵利的诗歌和其他梵语作品一样有着鲜明的个人色彩，而且似乎诞生于那个短暂而特殊的文学时期，带有某种程度的艺术自觉，却又没有陷入完全的矫揉造作。然后，穆尔先生自由地借鉴了更早时期的印度文献资源来完善这本著作。伐致呵利的诗歌分为三个百咏——艳情百咏（Love）、世道百咏（Worldly Wisdom）、离欲百咏（Renunciation）④，每一部分代表一种"道"（path）。穆尔先生在他的书里也依次模仿了这一分类，着重突出了"艳情"和"离欲"两种道，因为，正如他所说，印度人很少会去思考那处于享乐理想与禁欲理想之间的地带。

> 一人行离欲之道；
> 一人甘愿处世道之中
> 为灵魂偿还巨债；
> 另一人于欢愉之道

---

① 《东方圣书》（*The Sacred Books of the East*），牛津大学出版社于1879至1910年印行的大型英文出版物，是对亚洲宗教著作的转译，由麦克斯·缪勒（Friedrich Max Müller, 1823—1900）主编。
② 《奥义书》（Upanishads），印度古代哲学典籍，《吠陀》的最后一部分。
③ 伐致呵利（Bhartrihari, ? —?），古印度诗人。
④ 三者均系金克木先生的译法。

忘却万物,艳情游荡:

人间三道,此之谓也。

穆尔先生在序言里写道,印度文化对爱情的处理更接近我们现代的方式,而非古典。这种对女性的浪漫看法在印度史诗的所有情节里都能看到,比如"那罗(Nala)和达摩衍蒂(Damayanti)的故事",以及下面的诗句:

未经人嗅过其芳香的花,

未经人听过其歌唱的鸟,

未经匠人雕琢过的白珍珠,

未经品尝的新鲜蜂蜜存在

洁净的罐子里,未曾破损的水果

已从美德之根长大成熟——

我惊叹道:"未经沾染的美貌,

亲爱的姑娘,上天安排你取悦于谁?"

但是,印度对女性的构想总体会让我们想起中世纪女性。确实,加斯东·帕里斯①在研究法国古诗时曾经试着证明中世纪观念很大程度上来源于印度。因此穆尔先生的部分短诗具有真正的历史意义,它带

---

① 帕里斯(Gaston Paris, 1839—1903),法国作家、学者。著有《中世纪法国文学》等。

领我们找到疑惧女色的禁欲观念在印度的源头,这种观念已经渗透到中世纪的思想中,并成为修道思想的一个重要组织部分——女性羞耻(mulier hominis confusio)。

> 女性是羞耻之源,
> 因为女人燃起了仇恨的火焰,
> 以肉身为陷阱,通过女人
> 灵魂被囚禁——啊!当心女人。

穆尔先生把爱默生的一节诗当作这本小书的座右铭;确实,比较一下爱默生的思想(或者也可以加上丁尼生晚年的思想)与印度哲学,人们难免会为他们的相似性感到震惊。如果我们更仔细地思考这一类比,在爱默生的那篇《论超灵》("Over-Soul")或者类似《新泛神论》("New Pantheism")这样的诗歌中,我们会发现这种相似包含着一种"绝对"(the absolute)观念。谢勒尔①有过一句耳熟能详的评论:19世纪的主要成就是动摇了人们对"绝对"的信仰;但是谢勒尔所指的是明显体现在规则和惯例中的"绝对",是试图将完美不变之真理囚禁在教义与信条之中。很显然,这种形式的"绝对"与爱默生和丁尼生的"绝对"没有什么关系,后者可以说是对超乎理性之光的纯粹精神感知,与对教条和规则的信仰无关。

---

① 谢勒尔(Wilhelm Scherer, 1841—1886),德国文学史家,语言学家。著有《德国语言史》《德国文学史》《论歌德》等。

火乃婆罗门之神；有先见者

知道神在心间。

愚人自有其偶像；但清醒者，

明眼看神无处不在。

    正是在感知"绝对"，渴望生活的统一中心之时，我们要找到印度对现代世界的启示，如果这种启示存在的话。正如谢勒尔理解的那样，我们丧失了对"可见的绝对"的信仰；对于普通人来说，这意味着陷入了纯粹的印象主义。人们还没有成功地通过思考找到一套内在标准来取代已经失去的外部标准。作为美国人，我们彻底摆脱了过去，摆脱了对权威和传统的尊重，因此是最印象主义的。我们是印象主义的民族，其程度在历史上几乎绝无仅有。这是我们的弱点和优势的秘密所在。正因为如此，我们才免除了排外和不宽容，而这两者是在信仰外在"绝对"时几乎无可避免的两大缺点。一些不那么宽容的批评者也许会说，这种特点同时也导致了我们琐碎低俗的性情、强烈信念的缺乏、行为礼仪的弱化，以及个人品德的堕落。如果说事到如今我们还看不到印象主义的这些恶果，那可能是因为我们还在依靠并得益于清教精神遗留下来的道德力量。研习东方哲学，如果可以帮助我们以某种方式逃离印象主义，逃离当前智识界的那种无政府状态，那就是有理由去做的。以布吕内蒂埃①为代表的思想家们非常恐惧这种无政府状态，他

---

① 布吕内蒂埃(Ferdinand Brunetière, 1849—1906)，法国文学评论家。著有《批评研究》等。

们甚至更乐意回到天主教所体现的旧的"绝对"理念。事实上,要想有效地反驳布吕内蒂埃,似乎需要一些新的"绝对"理念来为现代理性主义的大厦加冕;当人们从纯粹理性的角度来思考生活,将其分解为一组组矛盾时,只有用"绝对"理念才能调和矛盾的两面。

如果从印度的角度来看,这种新见解将带来新的责任观和自律观以代替"自律原则"(principle of restraint),后者的逐渐消亡使布吕内蒂埃先生异常担忧。印度哲学中一切事物的目的都是与"阿特曼"(Atman)①或曰"真实自我"(true Self)的交融,真实自我这一隐藏在内心秘密之处的神性,能把低级自我的感觉和动荡的激情制伏在它的权威之下。

> 坐在俗世肉身的车上
> 安静的自我被带向远方;
> 驾辕的五个感官像烈马一样
> 猛拉硬拽,不受驾驭。
>
> 如果车夫迷失方向
> 或者马缰断裂,谁能料到
> 在怎样盲目的道路上,
> 这疯狂飞驰、鲁莽前冲的战马将会跳进
> 怎样的恐惧之井?

---

① 梵语,意为自我或自我存在的本质,印度哲学的核心概念之一。

好好驾驶啊,心灵,用好你的技艺,
你这战车的驭者!有感觉的心啊,
你要做个结实坚强的缰绳!
因为乘车的乃是主上,而且道路很长。

那么,现在也许正是西方历史上的一个时刻:它需要通过接触东方思想来更新并激活某些关于真理的观念。我们已经完全沉迷于追求力量的奥秘,如果我们能避免自满之心,时不时地调转目光,去看看印度这样一个完全沉迷于追求平静的奥秘的国家,对我们也许是有益的:

像躁动的傻子般,你漫游到
幽谷的深处,
或者爬到了那黯淡星光
沉睡的苍穹之上。
满世界地游荡,我的灵魂啊!
一直在寻找而永不停歇;
看啊,梵天的平静,你的目标,
藏在你自己的胸中。

我们竭力通过分析来了解那些无限小的事物,如果没有东方思想那对无限大的追求来制衡,就会导致学究式的迂腐和对细节的沉迷。西方越来越倾向于纯粹的"动",而印度,只有印度,一直倾向于纯粹的

"静"。在这里,又一次,东方的一半真理可以矫正西方的另一半真理,达到曾被称为古典理想的"静中有动"(activity in repose)的状态。尤其是我们美国人,如果不把生命都耗费在肤浅的躁动之中,也许能有益地培养对"平静的终极要素"的感知。拉斯金曾指责美国人是无法安定的民族,通过这种方式,我们应该能免于这种责难。

喜爱古典文化的人不会因为害怕人们被引向另一个极端——寂静主义(quietism),而不去赞美印度思想。目前,我们的危险并不是过于相信天国就在我们心中,而是向美国读者解释东方思想的认真尝试得不到应有的认可。诚然,不少人对东方思想抱有一定兴趣;也有听众愿意听一听那特意引入的婆罗门滔滔不绝地讲述个人与神性融合之福祉。确实,人们有时会觉得,为了吸引美国大众,东方文化需要带上一点招摇撞骗的色彩。有多少人对保罗·卡鲁斯①先生作品中的佛教热情高涨,一旦接触巴利文原文,就立刻退缩了,吓跑他们的不是原文中的谬误,反倒是其优点!与当代热爱交际的人道主义性情实质上背道而驰,印度文化坚持"离欲"(renunciation)和冥想、坚守人类精神的孤独本质,而这正是穆尔先生很多短诗的重任。

> 每个凡人独自吸入第一口气,
> 独自走在通往死亡的路上;
> 独自品尝恶行带来的苦果
> 独自享受善行带来的果实。

---

① 卡鲁斯(Paul Carus, 1852—1919),德裔美国作家,哲学家,语文学家。

我们对印度观点如此陌生的真正原因并不难找。正如中世纪的基督徒一样，印度教徒关心的主要问题是个人灵魂的救赎，而现代人的兴趣则越来越集中在进步上，并非个人的进步，而是社会的进步。伐致呵利在精神上更接近中世纪的圣徒，而非19世纪的慈善家，这一点在下面的短诗里很明显，近乎直白：

> 噢，大地母亲！噢，空气父亲！噢，光线，
> 我的朋友！水啊，我的亲人！还有你，天空
> 的极高处，我的兄弟！向你们哭喊，
> 哭喊，我请求告别。

> 我曾在你们之中劳作——现在
> 智慧的曙光冲击着那年老的谬误，
> 光明破晓，久久等待的灵魂
> 问候她至福的目标。

正是如此高水平的翻译才让穆尔先生的这本小书成为对总体文学的贡献。同时，它的成功，以及秉承同样精神写就的其他作品的成功，将检验这个国家对远东思想是否有着真正的兴趣。

向西方阐释印度[①]

一

众所周知,佛教在其发源之地已几近消失。小乘佛教(Hīnayana, Little Vehicle)作为佛教更古老和正宗的派别主要存在于今天的锡兰、缅甸与暹罗。在正宗性上仅次于小乘的大乘佛教(Mahāyāna, Great Vehicle),与其说是单独的教派不如说是一个宗教系统,主要存在于中国和日本。库马拉斯瓦米[②]博士已着手阐述两派的教义,并为我们勾勒佛教艺术的历史发展脉络。面对这样庞杂繁复的历史,读者如果只想得到一个初步的快速印象,他的著作也许有所帮助。但从这个角度看,该书只属于资料汇编,当然作者也并未提出更多的目标。他说,这本书"并不打算为早已不堪重负的图书馆增添新的负担,而是希望为人生哲学做出切实的贡献"。我也提议从这个角度来读这本书。西方的学者们在研究佛教哲学时总会进行某种歪曲,而大多数流行的佛教典故又可能被视作荒诞不经。库马拉斯瓦米博士正好可以借此机会澄

[①] *The Nation*, October 18, 1917. Review of *Buddha and the Gospel of Buddhism*, by Ananda Coomaraswamy.——原书

[②] 库马拉斯瓦米(Ananda Coomaraswamy, 1877—1947),斯里兰卡哲人,印度哲学史、艺术史家,是较早向欧美介绍印度文化的学者。著有《佛陀与佛教教义》等。

清大量的误解。然而,他选择雅各布·波墨①、威廉·布莱克(William Blake)与沃尔特·惠特曼(Walt Whitman)的诗句作为卷首引语,实在让人不安。也许阐述佛陀是什么的最好方式是说明他在哪些方面与上述名单中的人物有所不同。引语中的最后一句来自佛陀本人,要是用来表明卷首引语的名单有多么不妥的话,我想这句引语真是最恰当不过了:"婆蹉!此法是甚深、难见、难随觉、寂静、殊胜。超越寻伺境界,聪敏之智者当知之也。故,彼具异见者……具异修行者是难知者也。"②库马拉斯瓦米博士似乎不时以吠檀多信仰(Vedantist)反对佛教教义。然而他绝对不是这个"其他教派"的狂热拥护者,问题的根源也不完全在这里:他的这种做法不仅是对佛教隐约的不忠,也是对吠檀多本身隐约的不忠,或者总的来说是对古代印度精神隐约的不忠。从这个角度看,在声称要向西方阐释印度的著作中,本书算是一个典型。

如果想了解古代印度的真正精神,我们就需要思考神性就是"内在制约"这一定义。爱默生在科尔布鲁克③关于吠檀多的文章中看到这个定义时大为震动。没有比它能提供理解古代印度思想的钥匙了。总体说来,这种思想高度内敛;在这种思想里,扩张并不等同于"善",相反,集中才是善。将这种"否定的精神"视作上帝,还是像浮士德那样将其与魔鬼等同,这似乎确实是一个重要的问题。浮士德鼓吹扩张

---

① 波墨(Jacob Böehme,1575—1624),德国哲学家,基督教神秘者。
② 译文出自元亨寺版《汉译南传大藏经》,通妙译,中部经典,中分五十经篇,普行者品,第七十二,《婆蹉衢多火〔喻〕经》。
③ 科尔布鲁克(Henry Thomas Colebrooke,1765—1837),欧洲著名梵文学者。

的段落,也正是布特鲁①将之与德国对战争的忏悔联系起来的段落,与波墨的某些方面非常契合,而库马拉斯瓦米博士也喜欢将波墨与佛陀相比较。众所周知,波墨对深受库马拉斯瓦米博士钟爱的布莱克有直接影响,在他身上,将约束原则(restrictive principle)斥责为恶魔,将善等同于扩张性欲望(expansive desire)的倾向达到了顶峰。库马拉斯瓦米博士说,布莱克的理论"受压抑的欲望会产生瘟疫"已被精神分析学证实。颇为奇怪的是,怀抱着这样的想法,他居然还要写一部关于佛陀的著作;因为比起古今任何一位导师,佛陀都更关注欲望的节制。如果有人想感受人类思想史上最彻底的对立,不妨同时翻开布莱克的诗作《天堂与地狱的婚姻》与佛教的《法句经》。

如果说佛陀与其他古代印度导师一样强调内在制约,他与其他人的不同之处就在于他将这种内敛精神与一种极为实证的精神相结合。面对当时流行的六十二见,佛陀直接宣称形而上学是虚妄的。他不赞成一切有"见"之人。"佛陀无知见。"不是直接接触和体验的东西不可信。"五尺之身,受想而已,世界尽在其中。"这和智者派与苏格拉底学派辩论时说出的那句重要格言"人是万物的尺度"有异曲同工之妙。要想找到能真正与佛陀相比之人,应该在那个时代的希腊,而不是在像布莱克这样的浪漫主义者那里去寻找。在他对这一问题("人是万物的尺度"就包含这个问题)的答案中,佛陀会使我们联想到的希腊人是亚里士多德。佛陀与亚里士多德都有种强烈的分析倾向。通过比较东

---

① 布特鲁(Émile Boutroux, 1845—1921),法国哲学家。

方这位最伟大的分析家与西方的分析大师,我们或许能彻底澄清目前对佛陀的某些误解。佛教的基本行为在于严谨地追踪道德的因与果。通过分析,也就是跟随恶的链条,环环相扣,佛陀寻到了恶之源头——无知,从而大彻大悟。在得出恶源于无知这点上,佛陀与苏格拉底、柏拉图是一致的,但他拒绝将无知的对立面——知识与美德等同,这与亚里士多德一致。一个人也许知道什么是正确的却不去行动。佛说,此障碍乃诸罪恶中最为隐微而致命者——道德怠惰,即随着惰性与欲望消极浮沉于世。从实证的角度看,人的懒惰并不能仅仅看作无知的一面:人是无知且懒惰的。

如果道德怠惰对佛教徒来说是首宗大罪的话,它的对立面自然就是至善的。有位婆罗门曾前来拜访佛陀并说自己行程匆忙,问他能否用一句话道尽佛教真意。佛陀答曰:可,一词而已,不放逸(Appamāda)。他对弟子的最后要求就是永不松懈地践行这一美德。人不应该顺从自己的冲动随波逐流,而是应该自我掌控。"奋勉不放逸,节欲慑服己,智者自筑岛,洪水不能侵。"① 不放逸也可以被理解为警戒,因为在这点上佛陀与歌德持相同的意见:"谬误之于真理,犹如昏睡之于觉醒。"佛陀则言曰:"精进人身处放逸人之中,犹觉醒者身处昏睡人之中。智者如良驹,驽骀自难及。"②

---

① 出自《法句经》,二品"不放逸品",25,译文出自白璧德:《法句经:译自巴利文并附论文〈佛陀与西方〉》,聂渡洛、黄东田译,商务印书馆2022年版,第20页。

② 出自《法句经》,二品"不放逸品",29,译文出自白璧德:《法句经:译自巴利文并附论文〈佛陀与西方〉》,第22页。

二

如果说佛陀与亚里士多德一样有实证精神,这种实证也不是现今西方世界所赋予那个意义。例如,狄德罗代表了我在布莱克身上已经注意到的大扩张运动的另一面,他提出了"人的一切都基于实证"的原则,然后由此出发,认定所谓的人的双重天性是人造的概念。双重天性论认为人一方面有扩张的欲望,另一方面有控制扩张的力量,狄德罗称之为"洞穴里的内战",他认为要想成为有活力且"自然的"人,就应摒弃这一概念。佛陀也说人的一切都基于实证,但与狄德罗相反,他恰恰从"洞穴里的内战"出发,理由是没有什么比这更具实证性:人不必依靠权威或传统,只需观察自己的内心。事实似乎证明佛陀是对的:没有什么比自制的行为更重要和直接,通过自制力人可以超越他那喜怒无常的脾性。当前,实用主义者宣称他们渴求直接性,任何未经实验的东西都不足以满足他们,他们想要生活在"万物的谜题都已解开的世界",这对任何一个头脑清晰的人来说都似乎有点可笑。

佛陀主张要永不懈怠地与冲动和喜怒无常的脾性斗争,其目的可以用其教义中另一句短小精悍的话表达:苦与解脱。佛教本质上是关于幸与不幸的欲望心理学。一个人是智慧或是愚昧由其欲望的品质而决定,或者说,由其对苦与乐的判断决定。佛陀称:"他人所言乐,诸圣称是苦,他人所谓苦,圣者称是乐,了知难解法,无知则痴迷。"①一个人如果想加入高贵者行列,同时远离邪恶,就必须摆脱对短暂事物的欲

---

① 译文出自元亨寺版《汉译南传大藏经》,云庵译,小部经典卷,经集,大品,第十二,《二种随观经》。

求,去追求那些更持久的事物,并最终完全放弃对短暂的欲望,而追求那些不再受制于生与死的事物。超越短暂性是佛教徒毕生追求的境界。例如,即便是最高天最终也会消逝,因此对天界的欲望也被佛教贬低为是"低级的"。

佛陀认为,人有各种方法哄骗自己以寻求虚假的安全感,幻想自己已经达到了永恒,而事实上却并未超脱。欺骗自己的方法之一就是在不断变化的现实世界背后推测出一个由臆想的本质构成的世界。在佛陀看来,这种推测只不过是形而上学观点的大本营。佛陀这种立场接近西方的极端唯名论(nominalism),但由于他厌恶"万物有灵论"(animism)与绝对主义的形而上学,因此我们一定不能像戴维兹夫人(Mrs. Rhys-Davids)①那样将他视作柏格森的先驱。如果佛陀看透了流变(the flux)的本质,那也只是为了逃离它。事实上,"逃离变动"(bhavanirodho nibbānam)也是涅槃(Nirvāna)的一个含义;然而,不仅是柏格森,许多现在勉强算得上是哲学家的人都在为新奇本身而欢呼,只要求变动的大轮永远旋转,并在形而上学中建立起他们自己对未来的陶醉。

如果说佛陀不承认形而上学意义上的灵魂或者自我,那么如我们所见,他的出发点是主张流变的哲学家们刻意忽略的这一心理事实:人的心中不只有一个,而是有两个自我存在,两者之间有冲突("洞穴里的内战"),对立的一方是变动的因素,个体通过体验了解这是生命冲动(élan vital);另一方则是永恒的因素,个体通过体验了解这是生命制

---

① In her *Buddhism* (Home University Library).——原书

约(frein vital)。脱离苦难的唯一方法就是努力践行控制原则。任何人或任何神都无法替他人行勤勉之功。在大乘佛教徒中,人以十分夸张的形式通过信仰获得拯救;但在更古老的教义里,信仰佛陀意味着对"入道"的信仰。"自为自主,别而无他"①,"汝当自努力,如来仅为师"②。

显然,佛陀离我们最遥远。我们正在鼓励个体推卸责任,尤其是把责任转移到社会上。正如有人所言,我们希望政府为每个人都装上双翼。根据佛陀的说法,即便有双翼,双翼也必须由自己长出来。没有人比佛陀更严肃地要求个体重视责任,人不仅应该为他将成为怎样的人负责,也该为他现在是怎样的人负责。佛陀凭借因果报应律将责任向前或向后延伸,并且警告我们,此律是"不可思的",它须由成佛之人参透,且只有成佛之人才能参透。然而,即便是非佛教徒,在获得超凡的记忆后,他们的目光也能超越时间,感知到自己如何以某种方式收获他在前世辛勤耕耘的成果。

既然人只有通过自己才能得救,那么就让他珍惜自我——那个进行控制的自我。多伊森③曾说,如此关注自我意味着自私,这也呼应了大乘对小乘的指控。亚里士多德也经受了同样的指责,他认为伦理道德的终极动力是自爱。"自我"一词的含义确实模棱两可。在最近一

---

① 出自《法句经》,十二品"己品",160,译文出自白璧德:《法句经:译自巴利文并附论文〈佛陀与西方〉》,第83页。
② 出自《法句经》,二十品"道品",276,译文出自白璧德:《法句经:译自巴利文并附论文〈佛陀与西方〉》,第135页。
③ 多伊森(Paul Jakob Deussen, 1845—1919),德国东方学家,梵语学者。

本谈论易卜生①的著作中,作者所谓的"首要之事是对自我真诚"的言论预示了我们现代自我表现的福音;但从语境来看,波洛涅斯②明显是一名堕落了的亚里士多德主义者,而非易卜生的先驱。佛陀与亚里士多德理解的自我是永恒的自我。佛陀说,凡是人性中不持久、来去不定的部分都不能被称为自我;他坚定地走一条摒弃不定而追求永恒之路。在佛教的意义上,成为一个自爱者,就"自我"(ego)而言,就是要成为一个无私的人。佛陀不提倡任何形式的肉体折磨,但他所推崇的对普通自我(ordinary self)的消灭至少与最为严苛的基督教持平。佛陀尤其喜欢不言"我是(I am)",对凡夫俗子来说这是一种极隐蔽的乐趣。西方世界确实会怀疑,当佛陀把短暂的自我净化后,还能留下什么。佛教徒自己也拒绝形而上地讨论三毒——贪、嗔、痴——被"断灭"或者"熄灭"("涅槃"的字面义)后还剩下什么。但涅槃这一心理事实与未来无关,只与当下的经验有关,关于这一点他有很多话要说。瞻前顾后,渴望不存在之物,这与佛教徒的秉性极为不合。戴维兹教授费尽平生心力钻研原始材料,坚持认为早期佛教徒有一种"蓬勃的乐观主义"。这句似乎需要加以解释。真正的佛教徒,像真正的基督徒一样,对未皈依之人都以悲观之心视之。尽管他认为生命在总体数量上令人沮丧,但对生命的某个品质,他无疑是乐观的。在这点上佛教徒有别于斯多葛派,之前也有人曾将他们做过比较。佛教徒虽然有敏锐的分析能力,却不是理性主义者,而是充满热情的人。然而这种热情并不是我

---

① 易卜生(Henrik Ibsen, 1828—1906),挪威剧作家。著有《玩偶之家》等。
② 莎士比亚的《哈姆雷特》中的人物。

们所熟知的那类情绪,而是一种乐观的平和;因为从短暂到永恒也就意味着从喧嚣到宁静。幸福问题最终无法与平和问题剥离开来。如果一个人愿意承认基督徒那来自信仰的宁静,那么他也应该承认佛教徒的涅槃。佛陀理解的平和,是主动且有些狂热的,它无法被动获得,而是通过最大限度的努力换来的奖赏。"战而胜百人,战而胜百次,难媲克己者,彼人为最上。"①他是这场战役的胜利者。"心中寂静,语业寂静,正智解脱,清净安定。"②佛陀说出此话之时似乎带着深不可测的宁静,但这种宁静却丝毫没有慵懒之态。

三

现今我们忙于想方设法推进人类集体的和平进程,但与此同时,我们所持的人生哲学却倾向于使个体内心滋生极度的焦躁不安。卡莱尔说,给擦鞋匠一半宇宙,他很快就会与另一半的拥有者争吵起来。如果他脾气喜怒不定,那情况自然会是这样。因此佛教徒牢牢抓住这一点;与亚里士多德一样,他将布莱克与浪漫主义者鼓吹的"无限"扩张的欲望视作恶,并试图约束那拥有无尽欲望的普通自我或喜怒不定的自我。在他看来,战争与和平的真正戏剧是在人的小小"五尺"之身中上演的;身内之事也会扩展至全社会。其他一切战争都或多或少是"洞穴里的内战"的映射。

---

① 出自《法句经》,八品"千品",103,译文出自白璧德:《法句经:译自巴利文并附论文〈佛陀与西方〉》,第58页。
② 出自《法句经》,七品"阿罗汉品",96,译文出自白璧德:《法句经:译自巴利文并附论文〈佛陀与西方〉》,第55页。

佛教在战争与和平问题上的实际运用可以从印度历史中得到有趣的说明。约公元前273年，阿育王（Asoka）继任王位，他祖父旃陀罗笈多（Chandragupta）武功煊赫，曾在旁遮普（Punjab）地区打败亚历山大大帝遗留下来的马其顿士兵，其治下的王国比现代英属印度还要广阔得多。他有能力陷整个世界于战火之中，而一开始他确实这么做了，但随后他皈依了佛教。其结果可以用他自己的话说明。由于他曾管辖的广袤地区至今仍然留存着他在位时期刻下的碑铭①，其中一处向我们表达了他"沉痛的悲伤"，他悲悯那些在羯陵伽（Kalingas）之战中逝去的生命，哀叹给那些无辜者带来的苦难。"倘有千分之一、百分之一的人仍承受如此命运，陛下都心不能安。"一位威武的帝王，不仅为自己的统治欲悔过，同时还将忏悔刻成石碑作为后世之鉴，在目前的状况下，这确实值得我们思考。用阿育王自己的话来说，他希望以正义之律的回响替代战鼓之声。他花了近30年的时间，努力传播他的信仰，因此他在佛教中的地位经常被比作基督教中的君士坦丁大帝。而他的性格则经常与马可·奥勒留做比较。佛教与斯多葛派的不同之处可以用一个词表示，此词与我上面引用的碑铭同出一处："陛下愿天下之生灵安然、自制、宁静、快乐。"释迦牟尼（Sakya sage）那务实与实证的精神在印度至少保留到了阿育王时代。他说："让凡人、圣人都各尽其能，让所有欢乐都由勤勉而得。"在当前这个时代来评价阿育王，他的一生在各种意义上都是勤勉的奇迹，但他最珍视的还是通过沉思而达成的内

---

① 碑铭译文参看 Asoka, the Buddhist Emperor of India, by Vincent A. Smith, (2d edition, 1909)。——原书

心的勤勉。

佛陀所说的不放逸,事实上就是指沉思。我们应再次注意到他与亚里士多德的相似之处。在亚里士多德看来,目的是所有事情中最重要的,而一切目的之目的是幸福。一个人只有从变动走向平和与永恒时才可能幸福。这种升华只能按照人性的特定法则进行努力才能达到,也就是正确的沉思。因此,亚里士多德对幸福的最终定义是在"沉思中修行"。中世纪哲学正确地认识到了亚里士多德"构想的生活"与其理念的紧密联系。如果耶稣较马大更爱玛丽,那并不是由于玛丽更为呆滞,而是因为她更爱沉思,因而更平和。佛陀比亚里士多德更注重沉思,且思考得也更为深刻。佛陀确实可以说是一个不动情之人。他热爱分析的那一面使人想到亚里士多德;而他将这种对分析的热爱用于他的宗教观,从结果来看又与基督教殊途同归。佛教与基督教在教义上简直有天壤之别,但在实践中却互有印证。圣保罗说,"圣灵之果"涵括"仁爱、喜乐、和平、忍耐、恩慈、良善、信实、温柔、节制"。阿育王则说的是"同情、慷慨、真理、纯洁、温柔、神圣"。阿育王的清单可能不如保罗的完备,但其精神是契合的。

四

关于佛陀不放逸或精神努力的思想我们已经谈得足够多了,也只有这样我们才能警惕西方当前的倾向:将如此警觉且富有男性气质的人物描画成一位昏昏欲睡的消极空想家。例如,切斯特顿先生要我们比较一下艺术中两类圣徒的形象:怠惰的佛教徒与活力充沛的基督徒。

他说:"佛教徒对内在有一种独特的专注,而基督徒对外在则有不寻常的狂热。"毫无疑问,圣徒各有不同。几年前,伦敦报纸刊登了来自印度的快讯,大意是"在斯瓦特河谷(Swat Valley)中出现了一位新圣徒。警察正在追捕"。但无论是佛教还是基督教圣徒,只要他知道自己作为圣徒的使命,他就进行正确的沉思,而沉思的深度就是他内心所达到的宁静的深度。一位连切斯特顿也不得不尊敬的权威曾说,天国自在我们心中。如果切斯特顿先生能解释如何通过"对外在的狂热"寻找内在之物,那将非常有趣。正如其他许多人一样,切斯特顿先生无法区分宗教与浪漫主义,因而他成功诋毁了佛教和基督教。

如果我们牢记佛教与亚里士多德关于沉思的概念,我们也需要警惕文章开头提到的库马拉斯瓦米博士对这一主题的歪曲,它也属于浪漫主义式的曲解。库马拉斯瓦米博士未能足够清楚地分辨沉思与伪沉思,真正的哲学和宗教与对哲学和宗教的粗糙戏仿。诺瓦利斯①说,"神秘之路通往心灵",但是他没有进一步说明内在生活本身就存在重要的道路分歧。一条是需要洞察力与辨别力的升华之路,选择此路的人会被称为精神锻炼者;另一条是通向次理性的下降之路,路上尽是追求混乱幻想之人(这些幻想来自界限的湮灭与差异的模糊),以及那些为了追求"随意性"而放弃目的之人,我们可以称其为"寰宇流浪者"。在但丁的"幻想"中,从天堂之顶到地狱之底,都有清晰的道德评价标准;而惠特曼(在其《自我之歌》中)的"幻想"是:无论男、女,善的、恶

---

① 诺瓦利斯(Novalis, 1772—1801),德国浪漫主义诗人。著有《夜之赞歌》《圣歌》等。

的,抑或冷漠的,还是"接骨木、毛蕊花、美洲商陆",依据泛神论者所谓的爱的标准,全部都是平等的。这两种幻想有着强烈的反差。库马拉斯瓦米博士颇为赞许地引用了惠特曼的诗句:"万物与隐藏的灵魂为一体。"而这句诗与早期佛教或者任何关注内在制约的哲学精神都相去甚远。泛神论的幻想、不自控,以及把不同等级的存在混为一谈,在上个世纪的西方世界已经发展成了一个庞大的伪信仰体系。

这种漫无边际的幻想也许非常具有诗意和艺术性,且无疑在娱乐生活中有一席之地;但作为坚实的最终目的和事功(work)的替代品,无论是根据人性法则还是自然法则,它都只会让人虚弱无力。在任何情况下这都与佛陀的真正精神相去甚远。库马拉斯瓦米博士承认这一点,他的结论是,佛陀只是个心理学家,并不像耶稣以及尼采那样是"神秘主义者",因为他在这本著作的其他地方也提到,尼采只是"最新近的神秘主义者"。最近的神智学文献总是把这些毫不相干的名字摆在一起,这么做似乎尤其吸引某些半吊子的受教育者,他们既想享受广博的精神,又不愿意付出智力与道德上的努力。

事实上,库马拉斯瓦米博士的观点也有一定道理,他认为现在我们需要进行一场调动圣人的运动以抵消西方正在进行的其他运动;但是需要调动哪些圣人,我们应进行严格的审查和考量。否则,就会像我们现在看到的那样,在库马拉斯瓦米博士的书里,极为勤勉的佛陀与惠特曼这个"寰宇流浪者"被放到了一起,而尼采和耶稣一起被列入"神秘主义者"的行列。好在印度遵循其古代的惯例,"让军团轰轰烈烈地开过去,然后再次投入沉思"。但是如果这种沉思脱离了佛陀具有的敏锐辨识力的话,它将不会带来益处。印度民族可能还存在得其一脉真传的精神锻炼者,但在这种情况下,他们不会向外显露自己的踪迹。那些对外展示自己的人则像西方一贯熟悉的一类人——摆出启示主义者姿态的唯美主义者(aesthete)。

我们不能将内在生活的价值尺度转交给唯美主义者,也不能交给原始主义者(primitivist)。在东方,从中国道家到泰戈尔(Tagore)都有原始主义鼓吹者,他们强调"明智的被动"。依自然法则而有为,依人性法则而无为。将物质追求与精神漂泊相结合——在当下的生活中这一结合正大行其道,对于解决我们的终极问题——幸福的问题来说是极为蹩脚的方案。但是,即使我们需要在内心和外物中进行实践,也就是说要明智地进行努力,我们也不必像某些人①劝诫的那样一定要成为佛教徒。佛陀与其早期信徒都是冷静分析的纯粹的超自然主义者。他们的目的是攀登存在的终极之峰,倾听"从遥远因陀罗(Indra)天空传来的曲调"。这使他们和我们这种具有自然主义倾向的人之间存在着不可逾越的鸿沟。如果我们想要超越这一层面,我们也可以从西方的导师中寻求启示。从这些导师和佛陀身上,我们一方面可以了解专心、沉思与平和之间的关系,另一方面也可以学习扩张与战争的关系——无论是自我的战争("洞穴里的内战")还是与他人的战争。

佛教虽然不可能取代西方智慧,但可以对它进行补充和支持,尤其能被那些因为太注重实证而无法在传统的基础上接受西方智慧的人使

---

① Paul Dahlke, *Buddhism and Science*, 1913. A. David, *Le Modernisme Bouddhiste*, 1911, etc.——原书

用。危险在于,人们所持有的实证性与批评精神可能已足以使他抛弃外在制约,但同时又不足以使他拥有内在制约。而佛陀和亚里士多德不仅提出了这个尖锐的问题,也坚持完成了对它的解答。对于一个不完全实证和批判的人来说,欲望会狂野放纵。他的欲望不仅多得难以满足,而且彼此之间通常难以调和。比如,他想成为纯粹扩张型的人,在他眼中这意味着活力四射甚至"创意不断",但同时他又想拥有和平与友爱。但是历史告诉我们,如果历史真的能教会我们什么的话,纯粹扩张的世界里盛行的必然是狡诈与强权的法则。试图将和平、友爱与扩张的生活结合确实是西方目前最极端的狂想。佛陀的高明之处在于,他并不像扩张主义者那样用理智或感性的诡辩和诡计来粉饰欲望的不可调和。佛陀以一种实证而冷静的方法处理节制原则——人性的特别法则,正如牛顿处理万有引力法则那样。如果一个人希望和平与友爱,他必须付出代价——他必须要超越自然主义层面,这只有通过克服道德怠惰,通过对性情冲动的内在制约才能实现。佛陀有言曰:"一切有益的佛法(dhammā),都根植于努力。"

民主国家的风格问题①

我所指的风格,和其他大多数有价值的事物一样,是艰难调和的结果。当然,一个人的风格应该极具个人特色,但同样重要的是它还应体现一种结构感,而且只有让个人天赋所带来的独特性从属于某个更宏观的整体时,这种结构性的特征才能显现。卡尔·桑德堡②先生在以下诗句中对风格一词的使用明显是片面的:

  继续说吧。
  只是别夺走我的风格。
  那是我的面孔。
  也许不好看,但终究是我的面孔。

正如布朗乃尔先生在《风格的天才》(The Genius of Style)一书中表明的

---

① 本文是白璧德1932年11月10日为美国艺术文学院所做的演讲。*Academy Publication*, No. 79.——原书
② 桑德堡(Carl Sandburg, 1878—1967),美国诗人,传记作者。著有《亚伯拉罕:战争的年代》《诗歌全集》等。

那样,当布封①讲风格如其人时,他所指的并不是这种风格。事实上,布封不仅为学术院②做了《论风格》的演讲,他本人也在很大程度上继承了学术院传统。他没有把风格与自我表达的冲动联系起来,而是(用他的话来说)把风格与"影响个人思想的社会秩序与运动"联系起来。从这个意义上来说,布朗乃尔先生将风格定义为"艺术作品中,能从各个部分感受其总体形式的那种要素"。为了整体效果,布封会毫不犹豫地牺牲局部细节,他甚至要求我们在描述时要"尽量概括"。这一原则与其说富有真正的古典精神,不如说充满了伪古典精神,而且无论如何都会激起浪漫主义者以特色为名的抗议。

　　总的来说,自18世纪以来一直有这样一种倾向:偏爱生动的多样性和丰沛充盈的天性,对这种丰沛的天性施加任何规范都会被视为专制与造作。我们尤其倾向于认定,任何企图约束语言天然丰富性的行为只会使语言变得更加贫乏。然而法兰西学术院传统上对语言采取的态度与我们对自然与随性的膜拜相去甚远。比起从古至今的任何一门语言,法语都要显得更有人为雕琢的痕迹,这在很大程度上得益于学术院的努力,尤其是他们在17世纪的贡献。就创立者的初衷而言,学术院作为协会的一个组成部分,其组织目的只是为了就什么是真正的人文和杰出达成一致(商议编纂一份公约③——字面意义上的公约)。简而言之,学术院形成的风格与桑德堡先生的定义迥然不同。学术院在

---

① 布封(George Louis Leclere de Buffon, 1707—1788),法国博物学家、作家。著有《自然史》。
② 本文中的学术院应指法兰西学术院(Académie française)。
③ 即下文所说的《词典》。

《词典》中所设立的遣词造句规范,反映了巴黎一个相对较小的团体的观点,其中许多成员隶属于宫廷。包括学术院院士在内的文人们在沙龙中与贵族会面并讨论风格问题,特别是与遣词造句相关的部分。这些讨论很大程度上决定了学术院的最终选择,可想而知,这个小圈子的内部人士会认为自己掌握了文字的生杀大权。"如果目前'祝贺'(féliciter)一词尚未进入法语,"沙龙里的一位贵族女士写道,"明年它一定会进入,沃热拉①先生已经向我保证我们申请收录该词时他不会反对。"

有人说早期的院士们斟词酌句就如同守财奴以秤量金。总的来说,与文学技巧有关的任何问题都会引起他们的注意。因此,据说学术院曾细细剖析一首马莱伯的颂诗,结果花费数周时间连第一节都没读完。这种做法无疑会使人们指责它对风格纯正性的狂热已经到了纯粹主义(purism)的地步。费奈隆②抱怨说,为了反对龙萨和七星诗社新造的几个颇受争议的词汇,马莱伯及其在学术院中的继任者宁愿冒着"过分限制本国语言而致其枯萎"的风险走向另一个极端。不过回过头看,学术院尽管好吹毛求疵,过于讲究人为雕琢而不够自然,但在多个方面依然功不可没:它不仅为路易十四统治下的伟大古典时代铺平了道路,更赋予了法语风格上的优越性,并以某种方式一直保留至今。"啊!不要说他们一事无成,"勒南写道,"在17世纪,那些把一生都花

---

① 沃热拉(Claude Favre de Vaugelas, 1585—1650),法国语法学家,法兰西学术院院士。
② 费奈隆(François Fénelon, 1651—1715),法国诗人、神学家。著有《特勒马科斯纪》等。

在判词辨音上的默默无闻的学者创造了一项杰作——法国语言。他们编纂了《词典》，为人类精神贡献了绵薄之力，使我们避免了那对语言来说致命的放任自由……只有当一个人意识到，对于一切思想，无论它有多么精致、新颖或是高雅，都能在学术院的《词典》中找到恰如其分的字词进行表达时，他才算真正头脑成熟了。"

勒南对学术院《词典》所表现出的敬意即使在他那个时代也显得不同寻常。新与旧之间的冲突已渐趋激烈，不仅出现在语言中，也表现在其他各个方面。圣伯夫将其概括为两个词：宫廷与民主。他继续道，"现代在许多方面都与沃热拉时代是对立的"（你也许还记得，他是早期法兰西学术院的语言权威之一）；"那时一切都倾向于纯粹与文雅，而如今一切似乎都反其道而行之；……那时所有受争议的词汇都被要求从法语中剔除，而如今，一切粗俗的、实用的、技术的，甚至标新立异的词汇都一哄而上要在法语中争得一席之地。"毋庸置疑，旧制度下法国人那种精挑细选的态度有时显得太过狭隘和排外。然而另一种更严重的错误是像信奉平等主义的民主分子那样试图将精挑细选的贵族式原则全部舍弃。平等主义民主人士所鼓励的对普通人的狂热崇拜已与对平庸的崇拜相差无几。在谢勒尔看来，这种民主会导致"那凝聚了三百年间伟大作家的心血而几近完美的高贵语言走向衰败"。语言的纯粹性被玷污了，后世称之为"法语的危机"（crise du francais），而谢勒尔将之归咎于"美国主义的入侵"。从那天起，欧洲人就习惯于将优劣不分、文化标准尽失的原因与美国的毒害联系起来。这些言论从最近几本新书的标题中可见一斑：《美国即祸害》（*America the Menace*），甚至

《美国即癌症》(*America the Cancer*)。奥特加·伊·加塞特①先生并不认为他所说的"大众人"(the mass man)的出现完全是美国的责任,他无疑是正确的。在他看来,欧洲一直在与自己的过去决裂,这意味着,无论有没有美国,"大众人"的出现都已成为必然。随着自然科学的发展,普通人(el hombre medio)或加塞特先生所说"大众人"已准备好从那充满力量和物质享受的庞大机械工具中获益,他错以为机械工具的存在就像四季更替一般天经地义,同时又懒散放纵,不肯用达到风格和卓越所必需的标准来约束自己。简而言之,他在心理上是个骄纵过度的孩童。

接下来我们对风格的讨论将围绕一个与前文大不相同的方面展开。风格不仅需要精湛的技艺——比如早期法兰西学术院所强调的语言纯粹性,还与人的整体人生观密不可分。显然,在技巧或外在与内容或内在之间需要找到一个平衡。任何偏废在本质上都与柏拉图抨击的那种智者派特性无异。某些当代英文教授在纯真青年们尚未形成思考前便教他们如何字斟句酌地表达自己,难免让人将其视作高尔吉亚②或者普罗泰戈拉③的传人。对于言语修辞技巧的过度关注似乎不仅是智者派,也是希腊人的普遍弱点。乔伊特④说:"雄辩之风很快传遍了

---

① 加塞特(José Ortega y Gasset, 1883—1955),西班牙思想家。著有《大众的反叛》《大学的使命》等。
② 高尔吉亚(Gorgias,前483—前375),古希腊哲学家、修辞学家,智者派的代表人物。
③ 普罗泰戈拉(Protagoras,约前490—约前420),古希腊哲学家,智者派的代表人物,提出"人是万物的尺度"。
④ 乔伊特(Benjamin Jowett, 1817—1893),英国古典学者,以翻译柏拉图的作品而闻名。

希腊;具有远见卓识的柏拉图也许早已从远处看见那巨大的文学荒原、那了无生气的地平线、那迟早吞没希腊文学的冗长沼泽。"这一说法不包含某些例外。我首先要把朗吉努斯(Longinus)的《论崇高》(On the Sublime)排除在外;或许更恰当地说,是所谓的"朗吉努斯"讨论所谓的"崇高"的文章。因为,根据现代学者的说法,作者并非历史上生活于公元3世纪的朗吉努斯,而是公元1世纪一位不知名的高人;而此文所讨论的崇高与18世纪以来所说的崇高也大不相同。它实际涉及的是写作中何以达到高尚或卓越;简而言之,它是一篇探讨风格的文章,而且可能在任何语言中都是登峰造极之作。布瓦洛便是如此看待此文的,他与学术院共同定义了风格的概念,而他本人可以说就是那种风格的化身。在布瓦洛翻译此文(1674年)之后,《论崇高》在法国文学的兴盛期产生了有益的影响。它在风格的两大要素之间达成了可贵的平衡。它细致入微地探讨了写作技艺,同时坚称想要达到文学上的卓越,必须先有精神上的崇高。朗吉努斯强调,这种崇高与贪财和享乐尤其不相容,这些恶习在当时似乎就颇为猖獗,而如今则确定无疑地横行于世。我确实倾向于认为我们生活在一个最有悖于朗吉努斯理念的时代。当代文学甚至当代生活都前所未有地缺乏崇高感。根据最近一位英国作家的说法,与如今地上的一众活人相比,但丁笔下许多被罚入地狱的人更懂得为人的尊严。在这一点上,欧洲人再次纵容自己将美国打成替罪羊。马修·阿诺德早就指责过,美国人对追求"一切高尚之物"这一劝诫格外漠视。我不打算就这个如此棘手的话题展开讨论,但我愿意表达这样的信念,目前的平庸泛滥不应全部归罪于美国。相反,它源于一场庞大的运动,主要发端于英国,席卷了整个西方世界,甚至入侵了东方,这场运动一方面是情感主义的,一方面是功利主义的。情感主义者倾向于用一种普遍的、不加选择的同情心来代替其他一切美德。甚至在涉及高尚时,他似乎也要低头俯瞰而非举头仰视。比如,格雷就幻想着那些"沉默的、不体面的"弥尔顿们现在也许正沉睡在乡间的教堂墓地里,因为"冰冷的贫困压抑了他们高贵的怒火"。格雷所说的那个阶层中有很多人后来已把贫困远远地甩在身后,却并不见得多了几个弥尔顿。情感主义式的否认选择与合理地给予选择更广泛的基础是不同的,当然,区分二者并非易事。如果说格雷在《挽歌》(Elegy)中是情感主义的,柏克在以下一席话中则避免了这一点:他不希望将"权力、权威和荣誉局限在血统、姓氏与封号之内……除了美德与智慧之外,不论它是实际的还是推测的……没有其他资格限制。不论出身、境遇、条件、职业如何,只要具备了这些品质,他就拥有了上天赐予的通往名誉与地位的通行证"。

扩大选拔基础可以形成柏克所说的"天然贵族制"(natural aristocracy),与之相比,只论出身的贵族制度最多只是一个拙劣的替代品。然而,人们也许会怀疑,一直以来我们是否在贵族准则与民主准则之间取得了令人满意的平衡,例如,我们是否如旧式贵族一样,保持了风格与良好品位的标准。我们的学者花费了大量精力来抨击"清教主义"(Puritanism)和"文雅传统"(genteel tradition)。要是能够思考一下功利-情感主义人生观(utilitarian-sentimental view of life)对西方人文宗教传统的压制,及其对文明产生的整体利害关系,他们的工作会有益得多。特别是在教育领域，功利主义者与情感主义者一直占据着主流，我国尤其如此。这意味着什么？让我们通过分析目前最负盛名的美国哲学家约翰·杜威教授的例子对此进行思考。他的影响在我们的教育中无处不在，甚至延伸至中国和布尔什维克俄国。杜威教授毫不犹豫地将经验与科学实验等同。因此，过去被认为包含真正经验的广大领域，那些经典传授给我们的真正的人文或宗教经验，只要未经实验室的检验，就都必须被当作无意义的空谈。

杜威教授的这种功利主义哲学会把专家们捧上神坛。专家往往在某一学科分支中越钻越深，全然不顾他的研究与这一领域的整体关系，因而很可能远远达不到布封所说的风格。借自我表达的名义，只顾培养自己喜怒无常的冲动的作家或艺术家，也是在以自己的方式行专家之事。法兰西学术院的优点是从一开始就能以均衡有度的理念(the idea of proportionateness)来对抗它眼中一切过于片面和偏颇的事物。简而言之，它所持的观点就是至诚君子的为人之道。我很清楚这种旧式人文主义者可能遭受的指控：对专业知识的恐惧使他常常流于肤浅，而他优美的形式有时又接近形式主义，他往往分辨不出谁是真正的风雅之士，谁又只是在故作姿态。但是我们不能因为要去除弊病就将其隐含的要义全部抛弃。人文主义要求我们应极力在人生全局中找到对称，并以这种对称为参照保持一定的平衡与规范，这种想法本身是极为可贵的。"我们应该缅怀的是，"勒南在关于法兰西学术院的文章中写道，"17世纪意义上的至诚君子没有源于专业的狭隘思想，也没有任何阶级特有的举止或智识上的偏见。"

你会注意到勒南对至诚君子的赞许中包含着一丝怀旧的味道。然而,法兰西学术院至今仍在努力维持标准以保存它的风格,来对抗平等主义民主制的侵蚀。在美国可能存在一所学术机构发挥类似的功能吗? 我想,以美国目前的状况来看,本学院的任何成员都不会对这种机构取得的成就太过乐观。在这样一个广袤而权力又如此分散的国家,首要的难题就是如何与公众建立有效的联系。据说,曾有一个省级学术院代表告诉伏尔泰,他们的学术院是法兰西学术院的长女,而伏尔泰答道:"是的,先生们,长女,那个从来无人谈论的贤淑的女儿。"事实上一所学术院应当是受人关注的,当然它绝不依靠公众宣传那些雕虫小技。最初,法兰西学术院通过发表对高乃伊《熙德》(*Cid*) 一剧的评论而引起了关注。圣伯夫不无遗憾地指出,学术院本应继续发表其他类似的评论,尤其对那些广为讨论又极受争议的作品。时隔三百年后的现在,学术院才终于出版了原本列在最初计划之内的语法范本;由此可见它仍有可能发表一些与《熙德观感》(*Sentiments sur le Cid*)水平相当的现代评论。而美国的情况则是:在1930年为瑞典学术院(Swedish Academy)所做的演讲中,辛克莱·刘易斯先生曾极为坦率地表达了自己对美国艺术文学院的看法。美国艺术文学院完全可以回敬刘易斯先生的赞美,谈一谈它对辛克莱·刘易斯先生的作品的看法,当然不是以嘲讽的口吻,这自不必说,正相反,是给出力所能及的公正客观的评价。或者学院还可以更进一步,与国家研究所(National Institute)合作,不时发行当代美国艺术文学成就纵览。此类纵览给出的某些批评意见无疑会被严重误解;无论如何,它一定会遭到某些人士的嘲弄。不过,法兰西学术院的历史明确地验证了一件事，那就是一所学术院最不需要畏惧的就是嘲弄。法兰西学术院几乎自成立之日起就被大加嘲弄。如果有一天，它不再被嘲笑，我们倒要说法国人不再重视它了。而且不可不提的是，那些讽刺法兰西学术院最厉害的人中有很多后来都成了学术院院士的典范代表。

　　因此，美国艺术文学院应不畏嘲讽，而应想尽一切办法扩大影响。前面已提到，我们可以效仿法兰西学术院的一个做法，对具有显著价值的书进行表彰。法兰西学术院及法兰西学院之下的另外四个学术院也研究了各种其他方法，以帮助公众评估某些当前的成就在各自领域内的价值。其中的一些方法也许可以应用到美国。但是，美国艺术文学院今后可能采取的任何方法毕竟都需要与它以往的做法保持一致。与以往做法一样，新方法也要鼓励艺术或文学作品在某种程度上达到朗吉努斯的双重检验标准，换句话说，既能拥有崇高的主旨，又能拥有纯熟的技巧。这样，美国艺术文学院也许有望为解决民主国家的风格问题尽其绵薄之力。

人文主义者与专家①

蒙田讲述了他在去波尔多(Bordeaux)的途中遇到两名旅客的故事。其中一位旅客在被问及与他同行的绅士是谁时,回答道:"他并不是绅士,而是位语法学家,我则是个逻辑学家。"蒙田似乎总是只想用他的文章给读者们带来幽默,他是个人主义者中最为轻快洒脱的一位。他比同时代的任何人都更不屑于卖弄学问,并为法国新古典时期的盛行的人文主义准则(humanistic discipline)铺平了道路。新古典时期的人文主义者有一个显著特征,他们对专业化,以及所有因过度而缺乏均衡感的事物感到厌恶。这种对完美均衡感的崇拜为当时的上层社会所采纳,逐渐发展成了"至诚君子"或"绅士"的理想形象,依照拉罗什富科②的说法就是"不以任何事物为荣"。蒙田也曾说过:"在我看来,最好的生活是符合普通模范的生活,不过分惊人、不过度奢侈。"绅士远不是专家,他们甚至会避免使用带有特殊技艺或职业痕迹的语言。他

---

① 本文是白璧德1926年10月在布朗大学马斯顿语言会堂(Marston Hall of Languages)的致辞。*Brown University Papers*, III.——原书
② 拉罗什富科(La Rochefoucauld, 1613—1680),法国作家。著有《道德箴言录》等。

不急于成为任何人,甚至包括做一名绅士。梅雷骑士①为树立新模范煞费苦心,却被指责为"对好教养有着教徒般的狂热"。

在敌视这类人文主义者的人中,不得不提到某些信奉苦修的基督教徒,例如帕斯卡。在被梅雷等人传授了这种新兴教养后,他最终还是拒绝接受,因为在他看来,这不足以使人超脱俗世。一个人可以成为人文主义绅士,而无需经历基督教所规定的内在重大转变——皈依。对帕斯卡这样曾受过神恩启示的基督徒来说,"至诚君子"似乎是冷淡且自我的。帕斯卡是一名我行我素的宗教狂热者。而至诚君子则不愿意让任何热情来打扰他内心的宁静。

然而,对人文主义概念的真正威胁注定不是来自宗教,而是来自自然主义的发展。弗朗西斯·培根对优雅、全面的人格已经失去了兴趣,他更感兴趣的是这样一些人,他们通过某些发现或实证的知识似乎能够推动现在所谓的人类进步。这种通过专家们通力合作而取得进步的培根式理想,在1662年英国皇家学会(Royal Society)成立后进一步得到推进。学会成员通常被称作行家(virtuosi)。他们的藏品众多,从徽章到蝴蝶、鳄鱼标本。当时的机辩之士与人文主义者对此极尽讥讽,因为他们以牺牲均衡感为代价来追求自己随机的好奇心。你们或许还记得,蒲柏曾把这些行家描述为向愚钝女神(goddess of dullness)致敬:

如蝗虫般笼罩大地,

---

① 梅雷骑士(Chevalier de Méré),原名安托万·贡博(Antoine Gombaud,1607—1684),法国作家。著有《论君子》等。

> 一群人，用杂草和贝壳做成梦幻般的冠冕，
>
> 各自带着奇妙的礼物，接近神明，
>
> 一个鸟巢、一只蟾蜍、一株蘑菇，或者一朵花。①

蒲柏似乎在影射，一个人只有在无法自由施展自己的智力时，才会认同自己是个行家，或者说在某种专业技能中寻求避身之所。

> 对玄学茫然无知的心灵，
>
> 或许在苔藓遍地的荒野漫游；
>
> 那些转向月亮的脑袋，
>
> 以尾为平衡，可驾驶威尔金斯(Wilkins)的双翼②。

你会注意到，蒲柏已经预言了现代航空专家的出现。

法国拉布吕耶尔也描绘类似的一位"昆虫爱好者"的生活。"他每天都会采购新的昆虫；最重要的是，他是欧洲收藏蝴蝶第一人；他拥有各种大小和颜色的蝴蝶。你拜访的时间真不凑巧，他正悲痛万分，阴郁恼怒呢，全家人都不得不跟着受罪。究其原因，原来是一个无法挽回的损失导致的。靠近些，看看他手指上是什么，是一个方才逝去的生命。是个毛虫啊！着实可惜了！"最近法国自然主义者法布尔③被称赞为

---

① 出自蒲柏的诗作《愚人记》(The Dunciad)。
② 英国皇家学会成员威尔金斯想象中的发明，他幻想用这个机器飞上月球。
③ 法布尔(Jean-Henri Casimir Fabre, 1823—1915)，法国昆虫学家、文学家。著有《昆虫记》等。

"昆虫界的荷马",这或许最能衡量出自拉布吕耶尔以来我们已经偏离得多远了。

　　蒲柏与拉布吕耶尔所嘲讽的行家们在其各自领域都是狂热分子,虽然他们的狂热与帕斯卡和波尔-罗亚尔修道院的修士们完全不同。卢梭在谈到他的一位好友米萨尔(Mussard)先生时说,他在位于帕西(Passy)的自家住宅挖地基时发现了一些贝类化石。他为此激动万分,从此沉迷于贝类,最后在他眼中整个世界除了贝壳外别无他物。用卢梭的话来说,他变成了"贝类狂热者"(conchyliomaniac);我们会说他为贝壳而"疯狂"。卢梭并未像"至诚君子"那样批评他因此而失去了均衡感。正相反,米萨尔先生生活中出现的新鲜热情与兴趣似乎完全补偿了这一损失。总的来说,今天的人们逐渐认识到,人应该自由发展自己的天赋或天性,不必受到人文主义者倡导的典范或礼仪的约束。同时,那些自称代表人文主义者的人也开始质疑人文主义的观点。以礼仪之名精心制定的高雅仪表与礼节,似乎只是阻碍人们直接表达温暖情感的无意义的障碍。卢梭能颇有些道理地认为沙龙里的礼仪只是利己主义的面具。他抱怨说:"一个人完全可以成为君子,只要他足够无赖。"女性的礼仪似乎与真正的美德更没有关联。早在布朗托姆①所在的16世纪,"正派"一词如果用来形容女士,则让人不时想起一首滑稽的曲子:"性格鬼祟,却是淑女无瑕。"切斯特菲尔德②这位新古典时期

---

　　① 布朗托姆(Pierre de Bourdeille, seigneur de Brantôme,约1540—1614),又被称作布朗托姆神父,历史学家、编年史家、军人。
　　② 指斯坦诺普(Philip Dormer Stanhope, 1694—1773),第四代切斯特菲尔德伯爵(4th Earl of Chesterfield),英国政治家、文人。

人文主义者与君子的典范,在晚年不无讽刺地将"礼仪"一词定义为"实在地享受着恶习,又用美德的外表进行装饰"的技艺。这门技艺在塔列朗①身上臻于完美,拿破仑曾戏称他是"金玉其外败絮其中"。

切斯特菲尔德理想中的绅士最关心的就是怎样远离粗俗。任何太过随性的事物,比如眼泪和笑声,都会扰乱个人的优雅与庄重,使得人俗气不堪。18世纪支持的新式随性而为的人,会在最微不足道的场合放声哭泣,来反抗那种对自然人(natural man)的无情约束。如果切斯特菲尔德生活在我们当中,他大概不会因为我们的哭泣而恼怒——我们远不如18世纪的人那样爱掉眼泪,反倒是我们不假思索、毫无节制的大笑会冒犯到他。他说:"在我看来,没有什么比笑声更粗鄙和缺乏教养……我确定,从我能充分运用自己的理性以来,从未有人听到我笑出声过。"

总的来说,让人惊讶的是,比起传统人文主义赋予情感的地位,如今我们把情感放在了过于重要的位置上。我们的现代理论似乎是,人应当成为充满热忱的专家,同时通过对他人的同情心来摆脱专业局限带来的狭隘。每个人都可以热情地、自由地去追求自己的专长。简而言之,一种扩张性的情感必须由另一种扩张性的情感来矫正。然而,至诚君子或有教养的人作为精英孤傲清高,通常不会培养自己散漫的同情心。可以肯定,新古典人文主义者在这点上的态度并不一致。蒙田说他"与生俱来的怜悯"对他有太大的影响,而拉罗什富科则称:"人必

---

① 塔列朗(Charles Maurice de Talleyrand-Périgord, 1754—1838),法国大革命时期的政治人物。

须严格限制自己不要表现出悲悯的情绪,并谨慎地避免自己感受到它……这种情感应该留给普通民众,因为他们从不依照理性行事,所以需要依靠激情刺激才能行动。"

当今,如果我们要给绅士下一个定义,也许首先应该提到的就是友善、同情与服务精神。但传统人文主义者依然会反驳说,一个人可以满足以上所有特征但依然毫无卓越之处;观察到的结果似乎是支持人文主义者的。和蔼亲切却琐碎平凡,这实在是最常见不过的事情。事实上,我们并不希望成为传统意义上"卓越的人";也并不想像人文主义者那样竭力追求内心的平静与均衡,甚至也无意像切斯特菲尔德那样遵循公认的模范,表现得庄重而优雅。对于我们来说,"卓越的人"是出类拔萃、独一无二的、最为优秀的,他们在某些特定领域比其他任何人都走得更远;他们常常沉迷于在专业领域取得杰出的成就,以至于从未考虑过专业与生活整体和谐之间的关系。这类专家不可能平静低调且不过分夸大,更不可能有"不以任何事物为荣"的精神。相反,他总是希望自己的超群之处能被四处宣扬,甚至渴望成为聚光灯下的焦点。当下我们对破纪录与制造噱头的热情与这种趋势相辅相成。比如,一位年轻女士因为赢得了吃蛤蜊比赛的冠军而被刊登在报纸上。最近哈佛的一位学生因为擅长吃鸡蛋而为母校赢得了荣誉;他在41分钟内吃掉了48个鸡蛋而力拔头筹。每个人如果挖空心思,必然能找到他独一无二或者特殊的方面。近来有位男士为了获得名声,不惜宣称自己从1870年以来一直佩戴同一颗领扣。这种意义上卓越并不意味着远离庸俗,而是与庸俗几乎紧密相连。

我所说的情况在这个国家比在欧洲更符合现实。最近在纽约,人们夹道欢迎一位横游英吉利海峡的年轻女士;在报纸上我们也读到,整个圣路易斯都为一场棒球比赛而"疯狂";然而我们很难想象同样的事会发生在伦敦或巴黎。尤其在英国,传统的绅士标准很大一部分被保留了下来。这也可以解释为什么英国学生与美国学生对体育运动的态度会有如此大的差异。众所周知,要让我们美国的学生适度地看待比赛,将求胜心约束在一定范围内,是件多么难的事。远东伟大的人文主义者孔子说:"君子无所争。必也射乎!揖让而升,下而饮,其争也君子。"①令人担忧的是,我们的学生在体育竞赛中并不总是合乎孔子的标准。他们倾向于以专家或职业选手的精神参赛,而不能参照恰当的价值尺度正确地为体育运动定位。他们的借口是,屈服于外界强大的公众压力。剑桥地区最近出现的海报写道:"红脸格兰奇(Red Grange)是美国百万民众的超级偶像。"

　　这种对体育竞赛片面性的强调,以及其他形式的片面性,应该在人文研究中寻找矫正之法。然而,人文学科须由人文主义者阐释。古希腊、罗马经典深受阐释所累,讲授它们的人通常都是不谙古典精髓的狭隘的专家,而古典研究最忌狭隘的专业化。现代经典也经常遭受类似的命运。此外,与古典研究的同行们不同,从事现代领域研究的人文主义者还面临这样一个难题:不仅是作家个人,整个文学时代所暗含的生活观都与人文主义完全相反。朱尔·勒梅特尔曾从这个角度勾勒出上世纪末法国文学团体的有趣现象。他说,这些团体的成员们都忘记了

---

①　语见《论语·八佾》。

布瓦洛的告诫:作家在成为文人之前须得先成人。他们崇拜原创,鄙视普通的人类经验,这实际上意味着,每个个体都可以在他最隐秘的个人情绪领域内成为专家。勒梅特尔说:"从前,作家通常是绅士。他写作,过着普通人的生活。他如果想要成为成功的作家,就更需要融入上层社会,尽量避免标新立异。而时下的情况则正好相反。年轻一代的作家形成了全新的人类种群。他们在 20 岁,有时更早,就牢牢被这种病症所控制。接下来就抱团成立三人、两人甚至是一人的团体。他们把已经很极端的文学形式又极尽痛苦地夸张到极致;他们比左拉更自然主义,比龚古尔兄弟①更印象派,比波德莱尔②更神秘恐怖。他们发明了象征主义(symbolism)、工具主义(instrumentism)、颓废主义(decadentism)和"卡巴拉"(kabbalah)③。为了说出惊世之语,他们不断折磨自己。拉布吕耶尔谈及某些金融家时说:'这些人不是亲属,不是朋友,不是公民、不是基督徒,也不可能是人;他们有钱财。'仿照这个说法,我想说,这些年轻人不是基督徒、不是公民、不是朋友,大概也不是人——他们是文人,每人都有独特的文学宗教,只有他自己信仰,也只有他自己理解——假设他确实理解的话。"

此外,以人文精神研究现代文学的人还必须面临另一难题:这些文学所处的时代遭遇了不仅是个人情绪的,而且是民族情绪的近亲繁殖。

---

① 龚古尔兄弟,哥哥埃德蒙·德·龚古尔(Edmond de Goncourt, 1822—1896),弟弟茹尔·德·龚古尔(Jules de Goncourt, 1830—1870),法国自然主义小说家。

② 波德莱尔(Charles Pierre Baudelaire, 1821—1867),法国现代派诗人、象征派诗歌先驱。著有《恶之花》等。

③ 希伯来语,字面意思是"接受",是犹太教内部的一套神秘主义学说。

最近有位法国作家直率地声称：在人文研究上，现代文学不可能比得上古希腊、罗马文学，因为不可能以一种超然与客观的态度研究它们。实际上，它们更有可能成为宣传工具而非人文文化的实现手段。我们必须承认这种危险，但不必认为这是无法避免的。许多现代著作（其中一些已被列为杰作）的作者，在明确自己是人之前，会首先注明自己是法国人或德国人。我们可以把这个问题叫作"极端民族主义者"问题。哪怕是专业地做一个美国人，我们也受不了。没能找到某种真正的民族融合原则（principle of integration）来平衡民族情绪的近亲繁殖，威胁着西方文明的生存。现在常见的国际主义者帮不上什么忙，因为他们以一种较弱的情感形式对抗一种较强的情感形式；我们所需要的融合原则会使人超越任何一种形式的专业化，将人们凝聚在一起，而我认为这种原则根本不可能根植于情感之中，或任何具有扩张态势的形式中。就事物的本质而言，这种原则必须是集中且有选择性的。一个人可以全面而赞许地掌握整本《大不列颠百科全书》，却仍不是人文主义者，因为他缺乏真正的价值尺度，他将无法平衡地处理这样浩瀚的材料。

事实上，当代许多哲学家已经意识到进步观念所鼓励的专业化的狭隘所带来的危险。然而在我看来，在寻求综合因素来对抗专业化弊病的过程中，他们做得并不成功。例如，怀特海①教授在《科学与现代世界》的终章讨论了这个问题。他似乎相信，人可以逃离自己专业的影响，而以一种审美的方式走到一起——或许首先要以华兹华斯②的方式沉思

---

① 怀特海（Alfred North Whitehead，1861—1947），英国数学家、教育家、哲学家。
② 华兹华斯（William Wordsworth，1770—1850），英国浪漫主义诗人，曾被称为英国桂冠诗人，其诗歌理论推动了英国浪漫主义运动的发展。

夕阳之光,思考这阳光与人的心灵之间假定的本质同一性。杜威教授也在最近的一篇文章中谈到这个问题。他声称:"这个问题日渐明晰,如果不能达成某种整合,那么随着各专业领域的日益分化与敌对,我们的文明最终会瓦解。"他对如此重要的问题提出的解决方案与怀特海教授一样,是审美的、情感的,尽管重点略有不同。他向我们保证,理想的整合可以从观赏画作得来。杜威教授的文章发表在巴恩斯基金会(Barnes Foundation)的杂志上,该杂志还登载了马蒂斯①和其他极端现代主义者的画作,它们本身就是某些情感极端分化的结果。要在本身就不受任何核心约束的艺术中为人类寻求一个中心,这显然是恶性循环。然而,撇开马蒂斯及现代主义者不谈,我们也不认为,人们能通过欣赏画作来抵消这种人性中的离心趋向,就像沉浸在自然的神奇与多样中时,我们也无法抵消这种趋势一样。

显然,我并不指望在这样的致辞中为困扰当下哲学的难题提出任何彻底的解决方案。我最多只能尝试提出些许建议,说明现代语言研究中培养人文态度的最佳途径。我的首要建议(也是我多年前就反复申明的)便是:古人与今人应当携手合作而不是延续以往的争辩。我们应该反思,当前对现代语言的研究远超古希腊语与拉丁语,这并不是由于现代语言文化上的优越性,而是源于它们实用上与情感上的吸引力。根据校长的报告,哈佛大学1924—1925年间古典语言专业在册研究生共12人,而现代语言专业研究生则高达216人。如此大的差距揭

---

① 马蒂斯(Henri Matisse, 1869—1954),法国画家,野兽派的创始人和主要代表人物。

示出了一个沉重的问题,不仅古希腊语、拉丁语的教师应当关注,而且,但凡有人文关怀的英文、法文与德文教师也应当关心。美国东部一所综合性大学的罗曼语系主任最近抱怨,在其研究领域内要争取到一个具有广博文化背景和在传统意义上博览群书的教师几乎不可能。这里所说的文化背景正是当今时代所缺乏的,很大程度上是指古典文学。我费尽脑力也想不通为什么要禁止现代文学研究方向的博士候选人按照自己的意愿,把那些中世纪语言课换成古典课程,比如古希腊戏剧或哲学。总体说来,当前的弊端很大程度应归咎于目前对博士学习的过早专业化要求。专业化带来的后果是精神视野的急剧收缩,而依据我的观察,它是不可逆转的。有人论争说,现在的学术训练是必要的,它保证我们不会受一知半解及卖弄文采的不学无术之辈的蛊惑,这个理由在我看来并不令人信服。我们可以有另一种学位设置。这种学位比起博士学位更强调人文学习而不是现行的原创性研究,同时它更具探究性。事实上,法国资格考试(agrégation)中已经有类似的学位。据我判断,比起我们的博士学位,这种考试更不能容忍平庸之人。

目前的研究生不仅局限在自己的专业中,同时在物理意义上也是孤立的。针对后者,洛威尔①校长已经指出解决方案:"如果攻读博士学位的学生们能一起住在有餐厅与会客厅的宿舍楼或大楼里以增进情谊,对他们彼此都有好处。学术氛围促使大家拓展个人兴趣,激发思想,这对每个人来说都有至高的价值。"事实上,在现有体制下,任何能

---

① 洛威尔(Abbott Lawrence Lowell, 1856—1943),美国教育学家,在1909—1933年担任哈佛大学校长。

够凝聚本科生、研究生和教师并能协调他们关系的事物都是极为可取的。从这个角度看,我们应衷心祝贺布朗大学,它即将拥有一整幢大楼以研究现代语言,就像埃德加·刘易斯·马斯顿会堂(Edgar Lewis Marston Hall)一样。其他研究机构,包括我所供职的哈佛大学,也非常需要类似的建筑。作为结语我想说,希望我们今天为之举办典礼的这栋建筑优先推动的不是学术专业化(虽然毋庸置疑的是,不能牺牲学术缜密性),而是人文研究。

艾略特校长与美国教育[1]

一

如果能在艾略特校长的性格人品与他的教育理念之间找到联系的话,那就令人心安了。然而,他的性格和个性似乎来自全盛时期的清教传统,而他的教育理念本质上却是对清教主义的极端反叛。关键在于他对待"恶"这一问题的态度。真正的清教徒脑海中有着非常强烈甚至夸张的"老亚当"概念[2],而艾略特校长几乎从未考虑过"身体法则"。当前,人们贬低清教主义,因为它在过度压抑的同时,又忽略了那些应该被抑制的东西被压抑到了何种程度。确实,要不是清教主义如此有效地发挥了它的抑制功能,艾略特校长也许就无法把人性想象得如此质朴美好。一般说来存在一种危险,人们以为某种现象是自然流露的原始人性,但实际上它是历经世世代代的宗教或人文约束的结果。艾略特校长的错觉和一个生在富豪之家,认为人人在银行都有存款乃属"自然"的人的错觉是一样的。

可以肯定的是,许多人也有这种错觉。像爱默生这样伟大的思想

---

[1] *The Forum*, January, 1929.——原书
[2] 老亚当(Old Adam),指原罪。

家也明显犯了同样的错误。然而,爱默生在重要的细节上超越了他那个时代,而艾略特校长最多不过是反映了这个时代的主流趋势。40年来,他推动美国教育朝着它已经偏离的方向发展。他的整个职业生涯都说明随波逐流而不考虑目的地的做法是多么便利。

然而,单单追随某个世代的智慧,做它忠心耿耿的仆人,最终不可能成为一个伟大明智的领袖;他还必须忠于"万世之智慧"(the wisdom of the ages)。艾略特校长是否符合后一个情况的问题,如果要以一种与他相称的方式进行探讨,就应该放下琐碎的、私人方面的细节,上升到更高的理念层面:这实际上意味着要思考他与其他19世纪领袖热切推崇的自然主义哲学价值观。

这种哲学在进步理念中达到巅峰,并且似乎与"万世之智慧"严重冲突;因为显然,承认确实有一种"万世之智慧",就意味着必须承认确实存在一种普遍的人类经验的核心,任凭外界环境潮起潮落,它始终不变。然而,要达到自然主义者所谓的进步,不能通过对现象流变的超越而要依靠对现象流变的顺从才能达成。正如丁尼生在最具维多利亚时代特点的时刻感叹的那样:

向前,让我们向前寻访;
让这伟大世界永远在铺
带来变化的钢槽之网。①

---

① 译文出自丁尼生:《丁尼生诗选》,黄杲炘译,上海译文出版社1995年版,第115页。个别字词有删改。

至今仍有许多人，尤其在美国，抱着对进步的天真信仰。然而，人们可能会怀疑，未来能与艾略特校长相媲美的杰出人物，能否以同样乏味的自信拥护这种信念。它现在已经受到最严重的驳斥——事实的驳斥。"遥远的神圣事件"（far-off divine event）的概念①与世界大战这样的事件之间存在着太过明显的对比。

二

分析一下基于进步信仰的人道理想主义，我们会发现它要么是功利主义的，要么是情感主义的。实际上，在教育及教育以外的其他领域，功利主义和情感主义运动正在取代宗教的或人文的传统。艾略特校长可以当之无愧地被列为教育领域的头号人道理想主义者，不是因为他的观点有什么新颖之处，而是因为他在落实这些想法的时候，保持着始终如一的态度和毫不动摇的坚定信念。事实上，他的观点在前人的著作中早有迹象，其中功利主义的一面可以追溯至洛克的《教育漫话》（*Thoughts on Education*），既功利主义又情感主义的一面可以追溯至卢梭。他的《爱弥尔》（*Émile*）已经被现代教育界人士奉为"圣经"，即便不模仿具体的做法，也会遵循它的基本思想。

至少从表面上看，今天的人道主义比艾略特校长在世时更胜一筹。如今，人道主义塑造着我们从小学到大学的教育政策。但是，我们应该顺便注意这样一个奇妙的现象：最彻底的人道主义者——例如，教育学

---

① 引自丁尼生的长诗《悼念集》（*In Memoriam*）最后一节，指的是基督教意义上的世界末日。

或社会学的教授们——在学术界几乎遭到了普遍质疑，而且常常被同事们视为彻头彻尾的骗子。

在处理这一情况时，似乎特别需要一种批判性的分析，换言之，要试图穿透表面直指基本原理。例如，艾略特校长以选修制度的名义攻击大学传统课程的做法，归根结底是自然主义哲学常见的一个分支与"万世之智慧"之间的冲突；因为显然，这种智慧既不是功利主义的，也不是情感主义的，而是宗教或人文的。在揭示这一冲突的本质时，似乎应该尽量避免教条式的主张，要保持实证的态度，在合理的意义上从心理方面继续进行讨论。细数历史，显然相当数量的不同群体在不同时间、地点就某些基本问题达成了一致，简言之，形成了惯例习俗。这些惯习构成了贯穿各个历史时期的精神氛围。在这些时期，大多数人不会质疑他们所遵循的惯习，就像他们不会质疑自己呼吸的空气一样。

三

一部分人认为，在人类经验中并不存在一个高居历史进程之上的永恒核心。当然，如果他们能证明历史中占据主流地位的诸种惯例习俗互相矛盾的话，这种否定将更具说服力。这些惯例习俗必然牵涉当时当地的相对条件。然而，如果从它们在生活和行为上追求的目的来看，我们不禁为某些重要的一致性而惊叹。随意选取东西方各自流行的主要宗教习俗——佛教与基督教习俗为例，我们就可以证明这一点。

大约在公元前3世纪中叶，印度的佛教统治者阿育王（Asoka）在他广袤的国土范围内树立石碑和石柱，将践行美德的建议雕刻其上。我们会发现,他推崇的美德几乎与圣保罗所列举的圣灵之果完全一致:"仁爱、喜乐、忍耐、恩慈、良善、信实、温柔、节制。"①而熟识儒家经典——远东的主要人文主义源泉的中国人也会惊奇地发现,儒家经典与亚里士多德的《伦理学》在本质上是一致的,而后者也许是西方人文传统中最权威的独立文献。

此外,不仅在不同的人文主义类型之间存在重要的一致性,在人文主义和宗教之间也存在着这种一致,即认为人需要标准以约束自然之我(natural self);简而言之,他需要在几乎字面的意义上经历转变(conversion)②。虽然皈依总是涉及对自然人的正视或背离,但不同的人对它的理解是不同的。例如,信奉奥古斯丁教义的基督徒会戏剧化地将皈依想象为神恩突降的结果。而对于亚里士多德派而言,皈依是通过从小开始逐渐培养的正确习惯完成的。然而,在其所有形式中,皈依都意味着个人内心存在着扩张型欲望和克制原则(principle of control)之间的对立冲突。

运用克制原则需要付出特殊的努力或意志。简而言之,我所说的"万世之智慧"主要涉及内在生活,而它对这些问题的态度是二元的。在宗教层面上,它所推崇的活动可以被概括为沉思。真正的沉思涉及自然人对更高意志的顺服,即"谦卑",该词在这个自然主义盛行的时代几乎已经丧失了它的真实含义。在基督教更严苛的教派中,对更高意志的顺服,可以达到完全抛弃自然人欲望的程度。而人文主义者则

---

① 见《加拉太书》5:22—23:"圣灵所结的果子,就是仁爱、喜乐、和平、忍耐、恩慈、良善、信实、温柔、节制。这样的事,没有律法禁止。"

② 意指皈依。

满足于用节度法则或规范来约束欲望。他的做法可以用"调和"一词来总结。

宗教和人文主义不止在皈依的概念上一致，而且我们必须补充，如果人文主义者不想让自己降低到自然主义的水平，那么他的调和就必须以沉思为基础。如果只从心理的层面上来讲，我们最后肯定会赞同柏克的这一说法："谦卑是所有真正美德中低等却最深刻的基础。"这并不意味着我们必须接受 T. S. 艾略特先生的理论，即人文主义是不稳固、不独立的，尤其对西方人来说，人文主义若是没有教义清晰的神启宗教来支撑，就注定会迅速崩溃。古希腊文明并无艾略特所说的宗教支撑，却是世界上最重要的人文主义表现形式。

然而，我们不能认为希腊是人文主义的唯一来源，就像我们不能认为基督教垄断了宗教信仰。在这个交流普遍而便捷的时代，在这个物质联系日益密切的时代，正视远东在宗教和人文方面的成就是非常重要的。亨利·马西斯①在其著作《西方的辩护》(*Defense of the West*)中声称，西方人在宗教或人文上的智慧，只有罗马天主教会这一个有效的来源。这部分是出于宗教狭隘，部分则是由于对事实的无知。西方人通常把自己的人文主义和宗教与悠远的罗马、希腊、朱迪亚(Judea)联系起来，其理由尽管非常有说服力，但实质上只是权宜之计，并非基本原则。一个人的批判精神越发达，他就越是要把自己的信念建立在直接能感知的材料上，而非传统之上。

---

① 马西斯(Henri Massis, 1886—1970)，法国散文家、文学批评家。

四

让我们尽量用这种批判的方式来探究问题:为什么从前的宗教或人文主义导师如此关注制约原则的运用?总体来说,为什么如此关注内在生活的问题?也许我们能借用亚里士多德的三句话来回答。许多现代学者声称其全部哲学都建立在实证之上,我们会发现与他们相比,亚里士多德更有实证精神。这三句话是:"目的最重要。""一切目的之目的是幸福。""幸福是一种事功。"

亚里士多德自己告诫过我们,古代先贤的话只有在与当下的事实相符时,才能听从。因此,如果我们重视亚里士多德,理由不应是他的传统权威,而是因为后来的事实证明,亚里士多德本身确实代表了"真知灼见"。

确实,如果一个人诚实对待自己,他必须承认没有什么比他自己的幸福更值得关切。亚里士多德对幸福的态度与我们所讨论的话题密切相关,因为他在"幸福"与他的教育计划之间建立了密切的联系。他说,教育只有发展到拥有"闲暇(leisure)观念"的巅峰时,才是自由的(liberal)①。在这一观念要求所有局部目标和特殊学科都应服从于具体的人的努力或能量。它才是真正的幸福源泉,这种努力在调和中进行,并最终存在于沉思或者有远见的生活里。

考虑到这一背景,我们应该就能抓住"万世之智慧"与艾略特校长人道"理想主义"(humanitarian "idealism")之间矛盾的本质。与过去宗教和人文主义的导师一样,艾略特校长非常正确地执着于幸福这一

---

① 也意指"通识教育"或"人文教育"。

问题。和这些导师一样,他也认为要想获得幸福就必须积极进取且精力充沛。但是对于何种活动能带来幸福,艾略特校长的想法与这些导师大相径庭。根据某位法国权威的说法:"幸福并非易事,我们在自己身上很难找到它,而在其他地方则不可能找到它。"艾略特校长一定属于希望在"其他地方"找到幸福的人。在他 90 岁寿辰的演讲中,他建议在场众人要避免内省,要"向外看,不要向内看"(从上下文来看,他将内省与内向者的病态苦思等同了起来)。他接下来给出的建议表面上与阿育王数百年前刻在石碑上的劝告相同:"让所有快乐都归于努力","让渺小之人与伟大之人发挥自己的作用"。

艾略特校长推崇的努力,是外在的努力——功利型的努力,而阿育王主要关心的是内在的努力——在沉思中进行的努力。当然,与其他例子中一样,艾略特校长极富代表性。在他的时代,甚至直至今日,西方人的努力主要是功利性的。如果有人认为功利主义的努力将会带来阿育王和圣保罗提及的宗教上的成果,那么他的"贪心不足"(a large and easy swallow)似乎尤甚于该特质所属原型——那位英国乡村的助理牧师①。

无论如何,我们都已走到了分岔路口。如果有人认为艾略特校长关于努力的理念从根本上是正确的,那么他就会继续相信我们美国人正走向 19 世纪进步主义学说所预言的辉煌的胜利。否则,人们就会倾向于相信我们正在催熟报应的果实,会因为精神盲目而受到惩罚。现

---

① 疑似指美国作家沃尔夫(Thomas Wolfe, 1900—1938)小说中的人物,此人对食物来者不拒。

在相当严重的问题是,我们对与功利主义截然不同的努力形式的需要完全视而不见。

五

艾略特校长的关键假设似乎是,功利主义式的努力所推动的物质效率将得到无私的使用。用他自己的话说,他试图用"为服务和权力而训练"来代替传统的为文化和性格而训练。权力本身是可取的,只要被用于适当的目的。问题在于,人道主义的"服务"能否提供这个目的。大部分美国人相信答案是肯定的,"服务"不仅能够提供这个目的,而且确实在提供着这个目的。"服务"已经成为扶轮社(Rotary)①福音的基础,因而也被称作我们的"扶轮公约"(Rotarian convention)。

但是,不论他人如何告诉我们这一公约的伟大之处,我们都必须谨记,世界上其他国家对这一公约的接受非常有限。一般来说,我们的理想主义只要是人道主义式的,外国人从中看到的不是伪善就是自欺欺人——通常是前者。尤其在我们与其他国家的关系上,国外几乎普遍认为,我们总是自以为高尚无私,但践行的却是帝国主义。一小部分美国人(现在越来越多),也开始质疑我们"对服务的信仰"(religion of service),认为这不过是商业主义表面的一层清漆,而且正越磨越薄。

应指出的是,在从基督教向人道主义过渡的过程中,服务一词的含义已经发生了改变。一般说来,功利-情感主义运动(utilitarian-sentimental movement)的代表们喜欢篡改常用术语的定义,向他人(或

---

① 国际扶轮社是一个国际服务组织,其公开的宗旨是提供人道主义服务。

许也是向自己)掩饰新旧宗教之间的巨大差异。我几乎是随机选择下面这个人寿保险公司的广告作为这一趋势的例证:"佛陀生为王子,放弃了名誉、王位和遗产继承权,只为获得安全感。可是我们不必放弃世界;只需会见一个保险代理人,就能买到对未来的安全感,直接走向内心的安宁。"这条广告引出的问题与基督教之间的关联不亚于它与佛教之间的关联。佛教和基督教所追求的"安宁"和"安全"无法从人寿保险公司的代理人那里买到。像这样将宗教语言转换成完全不同领域的语言,从"万世之智慧"的角度来看,最终鼓励了一种异常自满的物质主义。

"服务"的词义变迁——"服务人类"代替了传统的"服务上帝"——对教育产生了重大影响,因为它实际上意味着"皈依"观念已被消灭殆尽。基督徒将皈依的观念建立在原罪的教义上。乔纳森·爱德华兹等清教徒赋予这一教条的形式无疑是非常令人反感的。不幸的是,艾略特校长和人道主义者在反对原罪教义的同时,也有"把澡盆里的孩子和脏水一起倒掉"的嫌疑。抑制人类自然天性的不仅是清教教义,每一种强调二元人性的教义都必然会让我们感到些许压抑。

艾略特校长希望将这种压抑替换为充分的、自由的表达。他所推动的选修制度意在把个人性情、癖好的展现等同于个人理想的需求。他认定每个年轻人都有与生俱来的天赋——这种天赋受到了最虔诚的对待,不容反对。年轻人依照自己的性情偏好进行努力使自己获得幸福,并最终服务于人类。亚里士多德宣称:"我们也应该考虑到自己天生的偏好,它因人而异,可以依据我们心中升起的快乐或痛苦来确定。

此外，我们应该强迫自己向相反的方向前进，因为当我们远离错误的一端过远时，才会发现自己正好处于中间；要扳直一根弯曲的棍子，必须努力向相反的方向矫正。"然而，此时的亚里士多德显然想到的是一种基于不同幸福概念的努力。

毕竟有何证据可以证明艾略特校长的理论所培养的这种纯粹随性的人会是无私的呢？人道主义者最终总是不得不回到一些关于人性本善的理论，这种理论通常与卢梭有关，但在英国，第三代沙夫茨伯里伯爵①早已有过类似言论。他认为，未皈依的人并不像宗教传统上认为的那样自私自利；相反，他们对同胞有一种自发的爱护，可以说这是一种服务意志(will to service)。

从沙夫茨伯里时代至今，这一理论未曾有过大的改进。例如，约翰·杜威教授不仅在我国，在新的中国的教育界也是最有影响力的人物。他写道："孩子生来就有一种天然的欲望，要付出，要做事，要服务。"（强调为我所加）让任何一位有孩子的人仔细观察他们，然后自己判断：孩子们是否自然地流露出服务他人的热情。之后让这个观察者调查人性本善这一理论在过去几代人身上是否有大规模的体现。他也许会得出结论，宗教和人文约束作用的衰落并未带来人类善良天性的极大释放。他也许会发现，既不调和又没有沉思的人性，简言之，放弃了谦卑适度原则的人性，从来都不像田园般质朴和美好。

---

① 指库珀(Anthony Ashley Cooper, 1671—1713)，第三代沙夫茨伯里伯爵(3rd Earl of Shaftesbury)，英国政治家、哲学家。著有《人的特征、风习、见解和时代》等。

六

　　这种不切实际的田园般的希望展示了人道主义者想象力的品质，这是决定人生观的重要因素。艾略特校长对这个话题非常关注。他正确地阐述道："想象力的训练是教育中最重要的部分。"我们不仅可以证明他想象的性质是田园式的，而非伦理的，而且可以证明这一事实也解释了他对"恶"的态度（本文开篇曾提及）。他要求我们明辨两种不同的想象力——建设型的（constructive）和接受型的（receptive），并进一步根据建设型想象力在文学或物理科学中的作用对其进行了细分。接着他对比了这两种建设型想象产生的成果：在文学领域内，像但丁或左拉这样的人运用想象力创造出的成果是昏暗且不和谐的；而科学领域内，想象力的成果，例如现代发电厂，一切都是精确、有序、有益的。艾略特校长显然把那些关注人性之恶的作家视作阴郁的理论家，而非冷静客观的观察者。我们也许还会顺便注意到，他似乎并没有发现，在对恶的处理上，但丁与左拉有着天壤之别。

　　作为接受型想象力的例证，艾略特校长描绘出了两幅图景：一名年轻女子正在阅读萨克雷①，她无益地翻阅那一幕幕为了展示"贝姬·夏普丑恶动机和肮脏灵魂"的场景；而另一个年轻女子正站在窗前，观察窗边枫树上安家的两只知更鸟，并且从鸟儿们行为中学到无私与爱的道理。我们几乎无需强调这一对比暗含的对自然和人性的田园式、情感主义的看法。

---

　　① 萨克雷（William Makepeace Thackeray，1811—1863），英国小说家。著有《名利场》等。

艾略特校长认为，达尔文和巴斯德①能够通过其想象力活动像但丁、歌德或莎士比亚一样满足人们的"精神需求"，他这种对想象力的处理已经"过时"了。19世纪的那种特殊氛围已逐渐退去，消融在远景之中，艾略特校长及其同时代人试图在自然主义基础上建立起来的理想主义似乎只是美好的幻想。如果最终，在未经皈依的、任由各种冲动自由扩张的人的身上，其权力意志比服务意志更泛滥，那么即便我们借助科学想象力获得了对自然力量的控制并带来了益处，又有什么用呢？世界大战在这方面已经给予了启示。

一旦承认人道主义假说已经从中心开始瓦解，那么替代方案似乎是以某种方式重振上文提及的二元论构想，并再次确定个人为了自己的幸福需要用完善的准则约束其外在的欲望。用佛陀的话说，为从善欲，而弃恶行。"对生活享受的普遍渴望，"艾略特校长说，"已愈演愈烈，无法缓和。"在这种情况下，人们可能认为迫切需要某种正确的价值规范来节制这种渴望。相反，艾略特校长做出这一观察部分是为了呼吁将政治经济学和传统人文学科放在同等高度。

就政治经济学而言，不论是正统的还是非正统的，它们都已接受了人道主义原则作为克制原则的替代。这导致的结果是，政治经济学至今仍被怀疑是"前景黯淡的学科"。任何对个人欲望的限制，政治经济学家都会侧目而视，因为他们主要将个人视作消费者，唯恐这种限制会造成经济生产减缓的后果。显然，生产要无限扩张下去——可以用

---

① 巴斯德（Louis Pasteur，1822—1895），法国化学家和微生物学家。

"猪生猪再生更多猪"的模式概括这项活动。亨利·福特①最近为《论坛》杂志所撰写的文章中也提到了这一模式。可以断定,若是没有艾略特校长这样的权威人物做他的后盾,在某些基本理念上与他统一战线的话,他不会如此自信地——我甚至想说如此天真地——阐述自己的工业哲学。

七

诋毁克制原则而去赞同纯粹的扩张,一般来说是可疑的。在教育领域,这不仅可疑,而且会导致对天赋及其所谓的自由扩张权的过分强调,因而也是乌托邦式的。任何一个为本科生提供咨询建议的人都会告诉我们,他们通常意识不到自己的天赋,在选择人生职业时往往被偶然的机会或需求左右,然后在从事这一职业的过程中对其产生兴趣。当然,偶尔有学生似乎天生就具有某些才能。人文主义者并不会阻挠他们实现自己的天赋,他只不过要求他们接受补充训练,以免成为独腿专家。

艾略特校长首先断定大部分学生都有渴望追随的本能偏好,在此基础上,他进一步假定,与传统教育不同,不需要用竞争来刺激学生努力学习。他认为:"与必修制度相比,在选修制度下,懒惰的学生更有可能从无精打采的状态中打起精神。"这论断并未得到现实观察的验证。如果今天普通学生对橄榄球比对思想的话题更感兴趣,其中一个

---

① 福特(Henry Ford, 1863—1947),美国实业家和汽车制造业的先驱。

原因可能是，与已经臣服于新教育体系下的大学不同，橄榄球比赛有一个确定的目标，能使学生围绕目标进行公开竞争。

据估测，我们的高等教育机构大概有75万学生在册，超过其他所有国家的总和。与此同时，在当前美国混乱的状况下，人文教育这个概念却面临消失的危险。如果说这种混乱是由艾略特校长一手造成的，未免有失公允。然而，他对人性中那些易变因素的推崇远远多于其不变因素，这确实促进了这种混乱。"每个18岁的年轻人，"艾略特校长说，"都是一个无限复杂的组织，从来都无法复制，也永远不可能复制。"这种危险的观点有一半是对的，但一旦被当作教育制度的基础，将会与所剩无几的宗教与人文主义标准产生冲突。

如今我们似乎见证了标准降低的后果。根据安德烈·西格弗里德①先生的说法，我们无情地牺牲掉了更高的文化价值，只是为了大规模生产和物质效率。查尔斯·默茨（Charles Merz）先生在他温和的讽刺作品《伟大的美国乐队花车》(*The Great American Band Wagon*)中说，现在美国正上演着一出好戏，众多本质上爱好琐碎事物的人不停地从一个无足轻重的时髦热潮奔向另一个。这样的描述无疑是片面的。可是美国正逐渐趋向标准化的庸俗，这点毋庸置疑。同样毫无疑问的是，我们整个教育体系并没有提供矫正的解药。

比如，有多少大学毕业生有能力享受亚里士多德所说的"闲暇"？众所周知，这些大学毕业生在工作之外的时间里，心理状态与疲于生计

---

① 西格弗里德（André Siegfried, 1875—1959），法国社会学家、地理学家和政治作家。

的商人别无二致；甚至，在专业学术工作以外，包括传统人文学科的教师在内的大学教师的内心世界也常常与疲惫的商人一样。现在人性目的已经缺失，功利目的大获全胜。大量的在人们看来层次都差不多的专业不仅取代了旧课程中的精选课程，也取代了"精选"原则本身。教育变得越来越五花八门、包罗万象。

从旧到新这一变化的重要性被掩盖在了通用学位制度下。这种掩饰有时形同欺骗。一个人希望享受传统文科学士学位（A. B.）带来的荣誉，同时又躲避这一学位带来的传统训练。例如，他希望选修一门关于"禽类的捕杀、捆绑和营销"的课程（摘自某州立大学的课程表），同时又想以接受过人文教育的身份示人。

相对而言，极少有美国人和我一样，对人道主义革命的教育理论和实践抱有上述质疑。艾略特校长提出的服务理念，作为"扶轮公约"的基础，并没有被真正撼动。然而，有迹象表明，即使在美国，功利-情感主义运动也已经走过了它的高峰。越来越多的人开始担忧情感主义者所造成的道德责任感下滑。更多的人意识到，功利主义式的努力是片面的，正是由于这种片面性，现代社会可能会堕入一种险境，如同汹涌的洪流不知奔向何方。实际上，越来越多的人在抱怨"物质正统治着我们"，我们的行为和思想正在被机械化，简而言之，我们在某种程度上正在变成"机器人"。即便是舍伍德·安德森[①]都能意识到当今标准化的美国是有问题的。

[①] 安德森（Sherwood Anderson, 1876—1941），美国小说家。著有短篇小说集《鸡蛋的胜利及其他》等。

不幸的是，对标准化的恶果哀叹是无用的，除非有合理的建设性方案支持。如果只需要在嘴上嘲讽"扶轮公约"和"对服务的信仰"的话，那么门肯先生和辛克莱·刘易斯这样的作家似乎就已经能满足所有要求了。然而，这些作家本身也是他们所抨击的弊病的一部分。这种弊病可以被定义为：拒绝接受任何限制个人性情张扬的规范或人性法则。

任何对18世纪以来的现代运动进行过研究的人最终都会确信：只凭性情来反抗传统是徒劳的。究竟这种性情主义者（temperamentalist）是柔弱型、感伤型，还是像门肯先生及其追随者那样是强硬的尼采派，相对来说并不重要。反对"扶轮公约"，并不是因为它是惯例公约——这反倒是它的长处，而是因为在"扶轮公约"基础理念中扎根的那种可疑的价值观，一种似乎无法与自然人的"欲望"相抗衡的服务理念。用宗教语言来讲，扶轮社员奢望不皈依就能得到救赎。

那些放荡不羁的人不太可能成为反抗扶轮社的有效力量，他们任凭自己的性情随意行动。真正有效的反抗来自出发点完全不同的另一群人，他们看到，摆脱标准化不能依靠现有的理念，而是通过一系列的标准。而要获得这些标准，则必须坚持人身上那些被自然主义者消除掉的人性要素。这种清除有多彻底，可以在近期几乎所有形式的心理学中看到。尤其是以 J. B. 华生[①]为首的行为主义者（behaviorist）在这方面坠入了前所未有的深渊。

[①] 华生（John Broadus Watson，1878—1958），美国心理学家，行为主义心理学代表。

八

拒绝接受伪科学或其他替代品作为标准的人仍然面临选择:是用批判的方式获得标准,还是用纯粹传统的方式。例如,罗马天主教徒就以后一种方式获得标准。如果有人希望采用更有批判性的方式,他就会面临柏拉图所说的"一"与"多"的问题。换句话说,他将不得不在这两者之间进行选择:或者屈服于自然主义的流变,或者相信人的身上有某种可以超越自然主义流变的事物。

有些时期,我们几乎完全摆脱了与过去的联系,因此必须借助"一"与"多"以找到标准,这些时期往往被证明至关重要。有证据表明,我们现在正处于这一关键阶段,可我们却转错了方向。实用主义这个在世人眼中与美国密不可分的哲学思想,从宗教或人文主义的视角来看,既粗糙又原始。实用主义者的问题不在于偏爱有用之物,而在于对"有用"的理解非常片面——他们没有考虑到亚里士多德所说的那种有助于获得幸福的"有用"。这种片面的观点之所以在美国比在其他地方更流行,原因不言而喻。功利主义式的奋斗理念是我们占领美洲大陆的必需品。拓荒者的美德已被发展到极致,而现在我们有可能成为这"美德"的受害者。

然而,我们应该注意,不要过分夸大美国与其他国家的差距。其他国家正一边悲叹"美国化"的恶果,一边又不失便利的以最快速度将自己"美国化"。也许,唯一能有效地对抗"美国化"的方案必须来自美国自身。我们不能像其他国家那样,以经济需求的压力为借口,为功利主义的过度泛滥找理由。就经济状况而言,我们完全可以自由地发展与

"懒散"和"消遣"不同的"闲暇观念",以展示我们是"行动的民族"(其意义与功利主义者赋予该词的意义完全不同)。闲暇的概念本身极为重要,如果我们能充分发展它就有可能成为世界的文化领袖。令人沮丧的是,我们完全没有把握这一状况,特别是我们的高等教育,远远没有以培养"闲暇者"(man of leisure)为目标,而是越来越彻底地被人道主义者的"理念"支配。

我说过,如果想要获得标准来对抗人道主义者的理念——至少是以现代的、批判性的方式,我们最终就必须面对"一"与"多"的哲学问题。然而,应该补充的是,运用常识不仅能解决这一难题,还可以暴露新教育的缺点并制定补救方案。甚至很可能已经存在一小群敏锐的观察者,准备从不同于现在占统治地位的教育观出发走到一起来,有力地支持那些以人文主义而不是人道主义为精神基础的教育机构。正是在这种时刻,我们才有可能成功抵挡那愚蠢的标准化的倾向。

这个问题应引起小型文理学院的特别关注。在这些学校中,完善的教育实践有可能与自身利益保持一致。新教育需要极其精密而昂贵的设备,它得到了功利主义者和情感主义者的双重支持:功利主义者主要强调通过众多专家通力合作以实现人类的进步;情感主义者则主要强调固有的天赋以及学生实现这些天赋的权利。如果实行这种百货商店式的教育,小型文理学院就会立刻让自己处于极为不利的地位。而对人文学院来说,即使它的需求已经不能由坐在传统原木一端的马克·霍普金斯①来

---

① 霍普金斯(Mark Hopkins, 1802—1887),美国教育学家。加菲尔德(James A. Garfield)曾经在晚宴上说:"理想的大学,就是马克·霍普金斯坐在原木的一端,一个学生坐在另一端。"此格言揭示了人文主义大学的特点:敬业的教师和用心的学生。

恰当地代表,却有可能在设备更简陋的条件下也实现繁荣发展。

九

在一代人或更长的时间里,美国大大小小教育机构的领导都安于追随艾略特校长的步伐。目前,我们需要的是把质量放在首位的教育领袖。质量是指教师的质量、学生的质量,以及最重要的——课程的质量。大学若想拥有一个确定目标,并见证竞争精神以健全的方式复苏,就必须把百科全书式的大杂烩课程替换为精选的课程。然而,我们不应认为,在人文教育的培养计划里,某些科目比其他科目更值得受到重视是出于武断专制的原因(如同足球比赛的规则一样)。相反,取舍的理由深深根植于历史和人性。

正如我一直试图证明那样,整场教育辩论本质上是"宗教-人文主义"哲学和"功利-情感主义"哲学之间的对立。这一对立由于涉及了一些基本原则,是不能折中与调和的。那些试图进行调和的人,不是人文主义者,而是无立场的老底嘉人①。许多自以为温和稳健之人不过是头脑糊涂之辈,因此我已经指出,有必要进行批判性的区分。哪怕只有一部分人因此放弃了老底嘉式的态度,并在事关美国文明未来的问题上站稳立场,我的努力就不是徒劳。我们会发现,高等教育会在最中心的位置供奉亚里士多德的闲暇理念,还是艾略特校长及人道主义者的服务理念,这绝不是一件小事。

---

① 老底嘉人(Laodicean)指无明确立场之人,老底嘉人的教会在《新约》中被斥责:"我知道你的行为,你也不冷也不热。我巴不得你或冷或热。"(《启示录》3:15)

我相信什么:卢梭与宗教[1]

一

卢梭通常被认为是过去两百年来最具影响力的作家。据称,阿克顿[2]勋爵曾以夸张的口吻说:"卢梭用他的笔产生的效应,比亚里士多德、西塞罗、圣奥古斯丁、圣托马斯·阿奎那,或者其他任何人都大。"[3]无论如何,这句话需要根据斯达尔夫人的说法来解释:"卢梭什么都没有发明,却把一切都点燃了。"他的重要观点大多早已出现,尤其是在英国,并且主要对中产阶级具有吸引力。在 18 世纪,中产阶级迅速获得了权势和声望并从此成为社会的主导力量。

卢梭式的人生观一直延续了下来,当然其表面做了许多修正,但大多数人对其基本假设没有任何严肃的质疑。讨论卢梭实质上就是讨论我们当代生活中的文学、政治、教育,以及最重要的宗教等问题。因此卢梭的名誉和作品自产生至今一直是全世界辩论的战场。在这场争论中,盲目反对一方并非明智之举,比如忽视卢梭的众多优

---

[1] *The Forum*, February, 1930.——原书
[2] 阿克顿(John Emerich Edward Dalberg-Acton, 1834—1902),英国史学家。著有《自由史论》等。
[3] 出自《阿克顿勋爵致玛丽·格莱斯顿的信》。

点——他使人们更加敏锐地观察到了自然之美,尤其是原始的自然。我们也不应该忘记,所有的争论都有一个核心问题,人们最终必须对其采取明确的态度。

关于这个核心问题一直存在着许多困惑,它是卢梭主义者与反卢梭主义者根本冲突的来源。混乱的一个主要原因是,与其他伟大作者一样,卢梭的作品中存在着与自己主要思想相矛盾的元素,而且比大多数作家都严重。例如,卢梭有其理性主义(rationalistic)的一面。基于这一事实,一位法语教授①最近试图证明,卢梭并非像人们通常认为的那样是情感主义的代表,"真正的卢梭在其伦理学、政治学和神学中是理性主义者"。

同样,卢梭所说的话中有一部分非常符合传统道德。另一位美国学者已经着手试图说明,让卢梭为道德上的变革负责是错误的。还有一位学者依据类似的理由成功地说服了自己,相信卢梭在《论人类不平等的起源和基础》中并非原始主义者。

最引人注目的是一本刚刚出版的书②,其作者傲慢地给几乎所有研究卢梭的前人学者扣上了偏见的帽子,并承诺要为读者还原卢梭的真正精神。然而这位作家甚至没有引用那篇关键的文章,正如卢梭自己曾告诉我们的那样,那篇文章是解读其主要著作的钥匙。每个真正称得上是卢梭阐释者的学者都会将它放在突出位置:因为它的论点强有力地影响了整个世界。这篇文章之所以有如此大的影响,是因为它

---

① Albert Schinz, *La Pensée de Jean-Jacques Rousseau*.——原书
② *The Meaning of Rousseau*, by Ernest Hunter Wright.——原书

背后充满了想象和情感的动力,这是卢梭其他文章所没有的,甚至其他文章也许还会修正这种力量。

在我所说的这篇文章中,卢梭曾经提及自己顿悟过程。那是1749年的一个炎炎夏日,他从巴黎到万塞讷(Vincennes)散步的途中经历了顿悟。这一顿悟对于这场重大现代运动的重要性,堪比圣保罗去大马士革路上的顿悟对于基督教未来的重要性。此刻众多"真理"涌现在他的脑海中,其中最重要的一条,用他自己的话说是:"人性本善,只是受社会制度的影响才变得邪恶。"

人性本善这一新的"神话"带来了难以估量的巨大影响。其中第一个就是,它使人们开始质疑神学对人性的定义。神学认为,人类不是像卢梭声称的那样从自然中堕落,而是从上帝那里堕落,在这种堕落状态下人类主要培养的美德应该是谦卑。根据基督教的说法,善与恶的真正交锋发生在个人的内心;除非或多或少借助于神的恩典,否则精神法则难以战胜身体法则。而卢梭建立的新的二元对立存在于人善良的本性与社会制度之间,不仅用社会学代替了神学,而且彻底否定了任何形式的传统二元论。

事实上,卢梭主义的追随者们斗争的对象,与其说是社会制度,不如说是掌控并管理社会制度的人——在运动早期是国王和教士,现在是资本家。卢梭宣称:"我们正在接近一个危机的时代,一个革命的时代。"他不仅做出了这样的预言,还比任何人都努力确保了预言的实现。他的作品中有保守甚至胆怯的成分,但是,基于人性本善的神话而产生的二元论具有极富想象力的吸引力,他实际上扮演了头号激进派的角色。已有评价中最为公允的一篇来自法国批评家古斯塔夫·朗松①,在公正地评价了卢梭作品中各种次要的倾向之后,朗松准确地总结了其作品最主要的影响:"它激发和鼓励暴动,煽起热情,激起仇恨。它是暴力之母,是一切不妥协的源泉。他使简单的灵魂在对绝对的追求中完全屈从于一种陌生的美德,这种绝对或者通过无政府状态实现,或者通过专制社会实现。"

我已提到,卢梭主义使神学的人生观逐渐让位于社会学的人生观,或者也可以称其为人道主义的人生观。应该补充的是,在卢梭之前人道主义哲学中就出现了另一元素——功利主义。弗朗西斯·培根预言了功利主义。同卢梭一样,培根的作品中也存在着非常多样化的元素,但是,也与卢梭一样,这些元素都有一个核心动力:它们一直以来都鼓励着,将来不出意外也会一直鼓励用人的王国来代替上帝的天国——让物质的地位超越精神的"慰藉",以进步的名义神化人类对自然力量的控制。

卢梭主义者和培根主义者虽然在表面上常常意见相左,却不仅联手损害了宗教传统,更损害了西方的另一种传统:这一传统并非源自朱迪亚(Judea),而要追溯到古希腊。这个更为古老的传统可以被定义为人文主义。人文主义者的目标是平衡而恰当地生活。人文主义希望通过遵守节度法则达到这一目标。任何人只要成功地弥合了这一普遍规则和某些具体紧急情况之间的缝隙,那么他就做到了适当和得体。正如在基督教徒眼中谦卑高于其他任何美德,礼仪对人文主义者也至关

---

① 朗松(Gustave Lanson,1857—1934),法国文学批评家。著有《法国文学史》。

重要。从传统上来讲,礼仪往往和绅士的概念联系在一起,并且通常带有不少形式主义的成分。各种形式的人文主义与宗教时有冲突,但更多的时候它们是同盟。正如柏克在一篇有名的文章中所说:"毋庸置疑,在我们欧洲世界中,风俗、文明以及一切与这两者紧密联系的美好事物,长期以来都依赖于两项原则,并且实际上就是这两项原则结合的结果,我指的就是绅士精神和宗教精神。"

二

我一直都在区分的这些观点——培根主义、卢梭主义、基督教、人文主义——经常被混淆起来。然而在混乱中有一个问题仍然十分明确:人道主义——或有人更愿意称之为功利-情感主义运动——是否提供了能有效替代柏克两条原则的信条。就"绅士精神"而言,它的衰落是如此明显,几乎无需争论。甚至有人认为,在美国这个传统标准衰落得最为彻底的国家,绅士在这个注重务实的世界无疑处于劣势;想要更快达成目的,不如摆出一副"无赖的派头"(mucker pose)①。威廉·詹姆斯通常被视作美国哲学家代表,依据他的看法,绅士这个概念本身就有一点撒旦的色彩。詹姆斯说:"黑暗之王据说可能是绅士的样子,但不论天上与人间是哪个神在主管,他都绝不可能是真正的绅士。"

至于说宗教精神,虽然在我看来其衰落程度同绅士精神同样严重,但是远没有绅士精神那样明显。我们现代生活中宗教的代替品——无

---

① 参见 James Truslow Adams, "The Mucker Pose", *Harper's*, November, 1928。——原书

论是培根式的还是卢梭式的——最终都汇聚到了服务理念上。关键问题是,我们是否可以假设,起源于功利主义活动的庞大机械力量,在目前的趋势下能够被用于非营利性目的;或者,它会不会更常为国家团体或个人的利己主义目的而服务。

人们对这个问题的回答取决于他怎样理解卢梭主义中关于兄弟友爱的理论。正是在这一理论上,整个卢梭主义运动体现出了伪宗教(pseudo-religious)的特性。我只能给出最基本的理由,来说明为什么我坚信这一运动确实是伪宗教性质的。我们可以证明,卢梭认为的人类堕落前的自然状态与真实情况并不相符,而是田园想象(idyllic imagination)的投射。主张人在自然状态或其他类似想象状态下是善的,实际上就是要废除现实世界中传统给人们的约束。谦卑、皈依、礼仪,都被抛在脑后,取而代之的是情感的洋溢。但是,以这种方式被解放的人,能够自然地流露出对同胞们热情洋溢的爱,并用这种爱抑制自己内心不断扩大的自私自利的冲动吗?如果是这样,我们就可以安心地与第三代沙夫茨伯里伯爵、约翰·杜威这些无私的利他主义者(altruists)站在同一边了。我们也就可以放心地认为,在从服务上帝转变为服务人类,从把神的恩典视为救赎转变为把自然的恩典视为救赎的过程中,没有遗漏任何重要的东西。

不幸的是,事实总是与人道主义的理论不符,从18世纪到世界大战,越来越多的证据表明,在自然人身上,我指的是那些存在于真实世界的自然人,而不是存在于浪漫幻想中的人,权力意志的力量远远超过服务意志。可以确定的是,许多人对这些证据无动于衷。有人曾正确地指出，在顽固的理论面前，顽固的事实无济于事。无私的利他主义理论显得格外顽固，因为它比任何别的理论都要讨人欢心：人们不需要付出相应的精神努力，就有希望得到最高境界的精神收益，比如和平与兄弟联盟。

如果我们得出结论，人道主义服务无法代替宗教精神和绅士精神——柏克的"两个原则"——之后该怎么办呢？我们至少应该理解那些反对现代运动，并或多或少地回到了纯粹的传统主义态度的人。他们认为教条式基督教和天启式基督教中有一种超自然因素，这是利他主义不可替代的，只有这样的宗教才能将古代世界从堕落的自然主义中解救出来；也只有这样的宗教才能应对当今世界遭遇的问题。

我说过，人们在宗教-人文主义和功利-情感主义之间必须做一个清晰的选择，但这是否意味着人们必须在纯粹的传统主义者和纯粹的现代主义者之间进行选择呢？归根结底这是一个涉及个人主义的问题。典型的传统主义者——罗马天主教徒，在宗教事务上是摒弃个人主义的。至少在宗教领域里，他们服从于一个"先于、高于、外在于"个人的权威。相反的情形是，个人以批判精神的名义把自己从外部权威中解放出来（这种批判精神和现代精神等同），但解放之后，他不打算建立标准，而是陷入了纯粹的精神无政府状态。而任何通过批判建立起标准的人都称得上是一个健全的个人主义者和彻底的现代人。当然，他要承担与传统主义者和现代主义者同时为敌的风险；简而言之，就是遭遇匹克威克①先生为两个愤怒的斗殴者调停时的命运。至少就

---

① 匹克威克（Pickwick），狄更斯小说《匹克威克外传》中的主人公，天真善良、不谙世事。

传统主义者而言，这种敌对似乎是不明智的。我试图定义的真正的现代人，在为传统辩护的力度上其实并不逊于传统主义者。

不论如何，任何试图以现代方式（也就是批判的方式）来处理宗教问题的人，都难免回到卢梭身上。他将不得不做出明确的抉择，不是在教条式和天启式的宗教与纯粹的现代主义之间，而是要决定善与恶的二元论究竟存在于个人的内心，还是像卢梭所说，存在于个人与社会之间。

我们扪心自问：随着传统二元论的衰落，现代人会失去什么？沃尔特·李普曼先生认为，现代人不再相信，"有一种不朽的精神像国王一样掌控着我们的欲望"。通过实践和结果可以判断出，李普曼先生所说的不朽精神是更高意志。但为什么要把对这种意志的肯定留给纯粹的传统主义者？为何不直接把这种意志当作一种心理上的事实，当作意识直接感知的材料？这种意志是如此基本和原始，与之相比，宿命论者（determinist）对道德自由的否认只是形而上的幻想。这样，我们就可以进行一场运动以有效地打击行为主义者和其他自然主义心理学家，他们是当前人性的头号敌人。

意志的这种先验性是谦卑的来源，同时它也是直接且直觉的；在传统上，意志通常与上帝意志操纵的神恩联系在一起。对于这种高级直觉（higher immediacy），卢梭——至少是那个对全世界有影响的卢梭——倾向于用感觉这种低级直觉（lower immediacy）取而代之，从而对神恩进行一种次理性的低劣模仿。为了使这种替代合理化，卢梭和追随着他的情感主义者采用了智者派的惯用伎俩，其中最主要的是玩弄半真半假的事实并篡改概括性术语。例如，当他们使用"美德"（virtue）和"良心"（conscience）这样的词时，他们几乎完全剔除了词义中非常重要的生命制约的含义，从而将词义完全从生命冲动的角度进行阐释。简而言之，他们剔除的都是在宗教和人文主义的二元论中必需的元素。

有些包含一半真理的说法对宗教也有损害，尽管宗教本身和感情截然不同，但在其普通的表现形式中，两者却经常与感情混杂在一起。我将给出这种错误最新和最流行的例证。在一本非常有学识且在某些方面很有说服力的书中①，威廉斯②教士试图证明，圣奥古斯丁蒙受神恩的经历、他对上帝的爱，以及与之类似的事物，都不过是他把"欲望""神圣化"的产物。圣奥古斯丁确实是一个充满热情的人，这种热情也无疑被投射到他对上帝的爱之上。但如果真能证明圣奥古斯丁或其他伟大圣徒对上帝的爱，无论升华与否都只是凡俗的感情而已，那么宗教将会沦为单纯的"幻象"，就像弗洛伊德宣称的那样。我听说，从心理分析的角度分析神性在英国颇为普遍，但是，即使在目前这个充满混乱的时代，这种分析也是最糟糕的类型混淆的表现。

宗教这一领域充满了误读，另一个例子来自马松③。他的著作不仅从教义的角度，还从心理观察的角度，对卢梭的宗教进行了分析。这

---

① 参见 The Ideas of the Fall and of Original Sin（Bampton Lectures for 1924），p.331。——原书
② 威廉斯（Norman Powell Williams, 1883—1943），英国神学家和牧师，曾在杜伦学校和牛津大学接受教育，并在该校担任过一系列职务，曾任班普顿讲座教授。
③ 马松（Pierre Maurice Masson, 1879—1916），法国学者，卢梭研究专家。著有《卢梭的宗教》。

部作品得到了世界范围内学者的认可,从历史研究角度来看也确有突出的优点。马松承认卢梭的宗教"没有救赎或忏悔或罪恶感",却继而大谈卢梭"深刻的基督教精神"!

宗教经受的摧残不只来自卢梭主义者,也来自伪科学家。卢梭主义者赋予感情名不副实的重要性,而伪科学家则为自然科学要求它无权享有的霸权。一种如此渴望脱离其本位的科学,不仅有可能成为"从大脑中诞生的狂野的雅典娜"①,在应用到战争中时也可能成为"地狱之王的老鸨"。沃尔特·李普曼先生在《道德序言》中试图说服我们,如果一个人有科学研究者的那种"无私",就相当于,他不仅有了"人文主义",还有了"高度宗教性"。但某些科学研究者此刻正在实验室里忙于研制效果可怖的毒气。就科学的"无私"而言,有什么证据能保证这毒气不会被迫服务于权力意志呢?试图在一元论的基础上建立伦理,李普曼先生显然犯了斯宾诺莎的错误,而斯宾诺莎又重复了斯多葛派所犯的错误。当与科学的方法联系起来时,这种错误的危险性不减反增。其中牵涉的问题永远是意志问题并最终成为二元论问题。"像国王一样主宰着我们欲望的精神"是先验的,不仅凌驾于卢梭式的"自然"之上,也超越了科学家所说的"自然"——这一点我们怎样强调也不为过。

与自然人的感觉、冲动和扩张型欲望相比,更高意志是一种"制约意志"。在伟大的传统宗教尤其是基督教和佛教中,制约意志被发展到禁欲的高度。而现代运动自18世纪以来开始显现,其某些方面自文

---

① 出自丁尼生长诗《悼念集》。

艺复兴时期开始就伴随着对制约意志的诋毁。"禁欲"一词几乎从未在这场运动的参与者口中出现。人们能想到的首个例外就是歌德（有时卡莱尔也会遥相呼应）。然而当我们想起歌德那绵延至70多岁的风流韵事时，无论是谁都很难认为他所说的禁欲（Entsagung）是普通人所认为的非常朴素的类型，更不用说圣徒们对禁欲的定义了。

三

人们必须承认，真正的禁欲即使在信仰虔诚的时代也并不常见。而典型的现代人不仅与任何禁欲相关的概念相去甚远，并且越来越拒绝接受制约意志，以及其他仅仅建立在传统或权威之上的事物。然而，不能用某种方式或者在某种程度上运用制约意志会导致精神上的无政府状态。我们正越来越接近这样的状态，并且伴随着物质效率的不断增长，这两者的叠加——让人不禁用"缺乏智慧的权力"来形容——不仅不太可能带来个人的幸福，也不太可能带来整个社会的利益。向无政府状态滑落的原因无疑是教条式和天启式的基督教的衰落。但这并不意味着，要想恢复精神上的约束我们就必须回到此类宗教中去。自然主义者和超自然主义者都过于低估第三种面对生活的态度，即我所定义的人文主义。

人文主义者行使制约意志，但他所考虑的目的不是完全摒弃扩张型欲望，而是用节度法则将其约束起来。人文主义的美德——调和、常识和礼仪——虽然比圣徒的境界更易于达到，但仍与自然人的本能对立，当我们冷静地回顾历史之后，甚至不得不说这些美德与人的本能南辕北辙。这确实就是人们行使人文主义控制的难点,以至于就算不需要重回原罪的教义,我们也不禁怀疑不论是培根式还是卢梭式的人道主义者,在对待恶的问题上都肤浅得无可救药。他们建立的社会二元论发展到最后,终将以阶级斗争取代狄德罗曾贬称为"洞穴里的内战"的旧有二元论。

卢梭对自己抛弃五个孩子给出的一个解释是,他被富人夺去了用以抚养他们的资源。而大量群众如此轻易地被说服,并跟随卢梭逃避自己的道德责任,这使我们追踪到了一种在自己和他人身上都能观察到的人性特点,它有力地证明了神学对人类原罪的强调是完全正当的。这种特点可以被称作精神的怠惰:人们不愿用制约意志来控制扩张型欲望,并且,总是天真地想把糟糕后果归咎于他人或外物。

对任何相信人有更高意志并相应地有可能承担起道德责任的人来说,很明显的是,典型的现代弊病并不是简单直接的物质主义,而是虚假的信念。补救的方法应是以某种形式重申真正的二元论,而不是像如今的许多人那样,在识破了人道式理想主义的空虚本质后,表现出冷淡的愤世嫉俗。儒贝尔在一个世纪前写道:"所有温和、热情、高尚的人,我对你们说:只有卢梭能让你们远离宗教,也只有真正的宗教能使你们从卢梭的瘟疫中治愈。"我已明确说过,我的结论是人们不仅可以用人文主义和宗教来反对卢梭,并且在充分运用过去智慧的同时,他们也可以用比前人更具实证精神和批判精神的方式行使人文主义。

四

在有限的篇幅里,我很难清楚地说明我所说的实证和批判的人文主义是什么。从当前对我立场的某些误解来看,我写的几本专著都未能完成这一大任。然而,我可以简要地谈一谈其中的几个主要问题。我们发现,对卢梭及其影响的思考会汇聚到两个问题上:其中一个是意志问题,这个我已经谈过;另外一个稍居其下但仍很重要的问题是理智。众所周知,卢梭处于反理智主义潮流的上游,这一潮流延伸至詹姆斯、柏格森及其之后。他有一句话曾预言了这种潮流:"思考的人是堕落的动物。"反理智主义者的反抗,实质上反对的是科学或伪科学的理性主义对世界的机械化。他试图通过浪漫主义的随性(spontaneity)来逃离机械主义。这实际上意味着他准备臣服于自然主义的流变,并希望借此变得"有创造力"。遗憾的是这种臣服必须以牺牲标准和自觉的控制为代价,而我们正需要它们来赋予作品真正人性上的重要性。

重要的是,在处理意志与理智问题时,我力求做到实证和批判。为了反对卢梭式的情感主义者,我认为重建真正的二元论——生命冲动和生命制约之间的二元论——十分必要,为了这个目的,应把更高意志当作一个心理事实。然而,在以追求个人幸福为首的前提下,一个人要想判断在具体情况中要将克制力运用到何种程度,他就不仅需要将更高意志看作心理事实,简而言之,他还需要标准。为保证标准或至少批判标准的存在,他不可能像卢梭主义者那样贬损理智。相反,他需要将自己敏锐的分析应用于与自然科学完全不属于同一经验层面的事物。

拥有标准实际上意味着拥有统一的原则来衡量多样性和变化。人类拥有一种通常被称作想象力的力量,它伸出双手,抓住事物中的相似之处并以此建立统一。然而,由此感受到的统一需要用理智分析(也就是辨别的能力)来检验其真实性,并且依靠的不是抽象的分析,而是基于经验事实的分析。用这种方法检验时就会发现,卢梭那基于扩张型感情建立的兄弟联盟,完全脱离了人类社会与自然界的真实状况,因此只存在于梦境中。纵览人类历史和现实的经验就会发现,人类在自身内部抑或在同胞之间建立起的任何统一体,都不是以感情而是以更高意志的运用为首要基础的。

一个人怎样理解生活中永恒而统一的元素,体现在他对概括性术语的使用上。显然,人文主义和卢梭主义对这些术语的定义有着激烈冲突。卢梭主义者剔除了二元论元素的结果是,他们建立起了一种"美德",而正如我前文所述,这在人文主义者的眼中并非真正的美德。同理,还有"公正"与"自由",以及最重要的(至少在应用于人的时候是最重要的)对"自然"的定义。如果要将二元论的元素重新整合到这些词汇中,我们似乎需要有诱导式定义的技巧,如同苏格拉底应用于智者派身上那样。正是在这里,我所说的分辨力将发挥最大作用。无论如何,我们可以说,想象力和理智分析共同合作造就的标准,即反映在一个人的定义中的标准,最终将由人文主义者用于为更高意志服务,目的是将自然人的冲动和扩张型欲望导向正确的方向。

人文主义者不相信人的突然皈依,以及人性的突然变化,因此他最强调的是教育。如果要实现人文主义的目标,如果成年人知道应该去喜欢和厌恶何种事物——柏拉图认为这是道德努力的终极目标,他必须在婴儿时期就开始养成适当的习惯。在当下的环境中偶尔会出现人文主义者，但如果要进行一场接近人文主义的运动的话，第一步应该是，如我前文所说进行苏格拉底式的定义工作；第二步是依据此定义聚集起一群人，并按照其字面意义制定出公约——这是一个遭受不公正质疑的词；第三步毫无疑问则是尝试通过教育使这一公约生效。

五

提到教育，整个讨论就回到了美国。我们的教育者比其他任何国家的都更彻底而天真地奉行卢梭主义。例如，在法国、德国，尤其是英国还可贵地保留着宗教-人文主义的教育理念。而在美国，那些掌控着从小学到大学教育政策的人却普遍持有这样的理念：任何约束年轻人自由展示他们的性情癖好和自我表达的行为，都是过时的偏见。纪律即便存在，也不是宗教的或人文主义式的，而是参加职业或专业培训时所接受的类型。我们一直以来理解的真正的人文教育标准，那或多或少自亚里士多德时代起就有的标准，正在被功利主义者和情感主义者逐渐瓦解。如果培根-卢梭主义的主张在某些方面真如我所认为的那般不健全，我们就有可能在这个国家见证有史以来最大的文化悲剧。

而且，卢梭主义不仅主宰了我们的教育，而且一直在不断蚕食新教教义的核心。实际上这意味着新教不再关注内在生活（inner life），而越来越像"鼓舞人心"的宗教。试图让社会而非个人来应对恶，用外部的监督替代内在对欲望的控制，这终将发展为可怕的法律至上主义（legalism）。宪法第十八修正案正是其中最为著名的例子。新教徒们与反酒同盟联合在了一起,这违反了基督教最重要的一条箴言,它警告道:上帝的归上帝,恺撒的归恺撒,精神生活与世俗生活不可混淆在一起。

法律成倍地增加,伴随着这个国家无法无天的现状,每个学过历史的人都应知道这是不祥之兆。这可能意味着我们的民主实验和过去类似的实验一样,会以堕落的帝国主义告终。当然,我绝不是在暗示我们正处于堕落的转折点。我不相信任何宿命论,并且从整体上怀疑所有历史哲学学说,尤其是各种形式的斯宾格勒①主义。斯宾格勒主义者倾向于证明集体倾向,从而总是忽略或拒绝承认个人道德选择这一最重要的因素。例如,现在美国的大多数人对更高的文化价值十分淡漠,他们只希望现在这种依靠批量生产而出现的物质繁荣能延续下去。但是,已经有一些人站在了大众的对立面,并对大众的"理想"持批判的态度。

当然,这些仅存的反对声音是否能够变大并显示出自己的重要性仍是一个问题。无论如何,我们国家已经有越来越多的人能够开始了解其他国家的看法了。这种看法可以说是一种奇异的混合,既包含对我们效率的羡慕,也有对我们物质主义的轻蔑。许多外国人过于轻率地认为,现代人之所以成为机器的奴隶,罪魁祸首就是美国。

虽然功利-情感主义运动在美国比其他地方都更彻底地取得了胜利,但其征服范围已经扩展到了整个西方,并正在向东方进军。简而言之,它所提出的问题是国际性的。这场运动无关紧要的优点不计其数,

---

① 斯宾格勒(Oswald Spengler, 1880—1936),德国哲学家。著有《西方的没落》等。

这点我首先承认:的确,这场运动中的一切看起来似乎都是合理的,直到我们了解到它的核心,此时我们会发现一个漏洞,如果不加弥补就会危及其他部分——这就是我一直在证明的、关乎更高意志与制约力量的缺漏。

我并不自诩为预言家,但我愿意表达这样的信念:如果不能恢复真正的二元论或施行其他具有同样效果的理念,并以某种形式——传统的或批判的,宗教的或人文主义的——来重申内在生活的真理,那么古往今来一切我们称为"文明"的事物就都岌岌可危了。我所谈论的是文明的整体利益,而我反对卢梭的主要原因在于他归根结底并不能实现个体的幸福。

欧文·白璧德作品出版目录

缩写

BC：《论创造性及其他》(*On Being Creative and Other Essays*)
MC：《法国现代批评大师》(*The Masters of Modern French Criticism*)
DH：《法句经》(*Dhammapada*)
NL：《新拉奥孔》(*The New Laokoon*)
DL：《民主与领袖》(*Democracy and Leadership*)
RR：《卢梭与浪漫主义》(*Rousseau and Romanticism*)
LC：《文学与美国的大学》(*Literature and the American College*)
SC：《西班牙性格及其他》(*Spanish Character and Other Essays*)

如有文章被收录在白璧德的书中，则用下面的符号标示，如（LC：VI），罗马数字表示章节或文章。如果文章修改篇幅较大或者只有部分内容被收录，则在前面加上剑号（†MC：X）。星号标记的文章没有在书中收录，但编辑认为尤其值得注意。

1897

THE RATIONAL STUDY OF THE CLASSICS. *Atlantic Monthly*, vol. 79, Mar., pp. 355–365. (LC: VI)

FERDINAND BRUNETIÈRE AND HIS CRITICAL METHOD. *Atlantic Monthly*, vol. 79, June, pp. 757–766. (†MC: X)

TRANSLATION (from author's manuscript): "The French Mastery of Style," by F. Brunetière. *Atlantic Monthly*, vol. 80, Oct., pp. 442–451.

1898

LIGHTS AND SHADES OF SPANISH CHARACTER. *Atlantic Monthly*, vol. 82, Aug., pp. 190-197. (SC: I)

CORRESPONDENCE OF GEORGE SAND. *Atlantic Monthly*, vol. 82, Oct., pp. 569-576. (SC: VIII)

TAINE'S *INTRODUCTION A L'HISTOIRE DE LA LITTERATURE ANGLAISE*, WITH AN ESSAY ON TAINE. Heath, Boston. (†MC: VIII)

1899

ANONYMOUS REVIEW of *A Century of Indian Epigrams*, by Paul Elmer More. *Atlantic Monthly*, vol. 84, Oct., pp. 573-576. (SC: IX)

1901

M. DESCHAMPS AND THE HYDE LECTURESHIP. *Harvard Graduates' Magazine*, vol. 10, Sept., pp. 165-166.

1902

THE HUMANITIES. *Atlantic Monthly*, vol. 89, June, pp. 770-779. (LC: IV)

RENAN'S *SOUVENIRS D'ENFANCE ET DE JEUNESSE*, ED. WITH AN INTRODUCTION AND NOTES. Heath, Boston. (†MC: IX)

1903

NEW HONORS IN LITERATURE. *Harvard Graduates' Magazine*, vol. 11, June, pp. 499-505. (†LC: VII)

1905

VOLTAIRE'S *ZADIG AND OTHER STORIES*, CHOSEN AND EDITED WITH AN INTRODUCTION, NOTES, AND A VOCABULARY. Heath, Boston.

1906

IMPRESSIONIST VERSUS JUDICIAL CRITICISM. *Publications of the Modern*

Language Association, vol. 21 (N. S. 14), Sept., pp. 687–705. (†MC: XI)

LITERATURE AND THE DOCTOR'S DEGREE. *Nation*, vol. 83, Sept. 20, pp. 238–239. (LC: V)

ACADEMIC LEISURE. *Harvard Graduates' Magazine*, Dec, vol. 15, pp. 257–260. (†LC: IX)

1907

VALUE OF THE DOCTOR'S DEGREE. *Nation*, vol. 84, June 24, pp. 78–79. (†LC: V)

FERDINAND BRUNETIÈRE. *Atlantic Monthly*, vol. 99, Apr., pp. 530–536. (†MC: X)

1908

ON BEING ORIGINAL. *Atlantic Monthly*, vol. 101, Mar., pp. 388–396. (LC: VIII)

CULTURE AND SCHOLARSHIP. *Nation*, vol. 87, July 2, pp. 7–8. A letter.

LITERATURE AND THE AMERICAN COLLEGE: ESSAYS IN DEFENSE OF THE HUMANITIES. Houghton Mifflin, Boston. Pages: viii+263.

1909

SAINTE-BEUVE. *Nation*, vol. 88, June 24, pp. 622–624. (†MC: V, VI) Review of *Charles Augustin Sainte-Beuve*, by CM. Harper.

RACINE AND THE ANTI-ROMANTIC REACTION. *Nation*, vol. 89, Nov. 18, pp. 480–482. (SC: VI) Review of *Le Romantisme français*, by Pierre Lasserre, and of *Jean Racine*, by Jules Lemaître.

1910

PASCAL. *Nation*, vol. 91, Nov. 17, pp. 466–469. (†SC: V) Review of *Pascal*, by Viscount St. Cyres.

RACINE'S PHEDRE, ED. WITH INTRODUCTION AND NOTES. Heath, Boston. (†SC: VI)

THE NEW LAOKOON: AN ESSAY ON THE CONFUSION OF THE ARTS. Houghton Mifflin, Boston. Pages: xiv+259

1911

THE SUPER-PROFESSOR. *Nation*, vol. 92, Feb. 16, p. 164. A letter in reply to an editorial, "The Super-Professorate" (Feb. 9, 1911, pp. 135 – 136), which, according to the files of the *Nation*, was written by F. J. Mather, Jr.

ANONYMOUS REVIEW of *John Dennis: His Life and Criticism*, by H. G. Paul. *Nation*, vol. 93, Nov. 2, pp. 421-422.

ANONYMOUS REVIEW of *De la Méthode Littéraire: Journal d'un Professeur dans une Classe de Première*, by J. Bézard. *Nation*, vol. 93, Dec. 21, p. 609, cols. 2-3.

1912

ARE THE ENGLISH CRITICAL? *Nation*, vol. 94, Mar. 21, 28, pp. 282-284, PP. 309-311. (SC: II)

IN RE BABBITT *VS.* SAINTSBURY. *Nation*, vol. 94, May 16, p. 493. A letter in reply to a criticism by H. E. Woodbridge of Babbitt's treatment of Saintsbury in "Are the English Critical?"

* BERGSON AND ROUSSEAU. *Nation*, vol. 95, Nov. 14, pp. 452-455.

THE MASTERS OF MODERN FRENCH CRITICISM. Houghton Mifflin, Boston. Pages: xi+427.

1913

ANONYMOUS REVIEW *of Jean Jacques Rousseau*, by Gerhard Gran. *Nation*, vol. 96, Mar. 27, p. 313, col. 2.

ANONYMOUS REVIEW of vol. VIII of *Annales de la Société Jean-Jacques Rousseau*. *Nation*, vol. 97, Aug. 28, pp. 191 – 192. On G. Lanson, D. Mornet, and H. Höffding.

ANONYMOUS REVIEW of *Graded French Method*, by W. F. Giese. *Nation*, vol. 97, Sept. 11, p. 235, cols. 1-2.

ANONYMOUS REVIEW of *French Prophets of Yesterday: A Study of Religious Thought Under the Second Empire*, by A. L. Guérard. *Nation*, vol. 97, Sept. 25, pp. 288–289.

BICENTENARY OF DIDEROT. *Nation*, vol. 97, Oct. 9, pp. 329–332. (SC: VII)

1914

REVIEW of *The Drift of Romanticism*, by P. E. More. *Yale Review*, vol. 3, Jan., pp. 386–389.

THE MODERN SPIRIT AND DR. SPINGARN. *Journal of Philosophy*, vol. 11, Apr. 9, pp. 215–218. Reply to J. E. Spingarn's review of Babbitt's *Masters of Modern French Criticism* (*Journal of Philosophy*, vol. 10, 1913, pp. 693–696).

REPLY TO DR. SPINGARN. *Journal of Philosophy*, vol. 11, June 4, pp. 328–329. On Spingarn's answer (ibid., pp. 326–328) to Babbitt's "The Modern Spirit and Dr. Spingarn."

AUTOBIOGRAPHIC STATEMENT. *Class of 1889, Harvard College, Twenty-fifth Anniversary Report*, pp. 244–245.

1915

*THE BREAKDOWN OF INTERNATIONALISM. *Nation*, vol. 100, June 17, 24, pp. 677–680, 704–706.

HUMANISTS AND HUMANITARIANS. *Nation*, vol. 101, Sept. 2, pp. 288–289. A letter.

1916

SOCIOLOGY AND HUMANISM. *Nation*, vol. 102, June 8, p. 620. A letter.

1917

THE POLITICAL INFLUENCE OF ROUSSEAU. *Nation*, vol. 104, Jan. 18, pp. 67–72. Review of *The Political Writings of Jean-Jacques Rousseau*, ed. by C.

E. Vaughan.

ANONYMOUS REVIEW of vol. X of *Annales de la Société Jean-Jacques Rousseau*. *Nation*, vol. 104, June 14, pp. 715−716.

MATTHEW ARNOLD. *Nation*, vol. 105, Aug. 2, pp. 117−121. (†SC: III) Review of *Matthew Arnold: How to Know Him*, by Stuart P. Sherman.

INTERPRETING INDIA TO THE WEST. *Nation*, vol. 105, Oct. 18, pp. 424−428. (SC: X) Review of *Buddha and the Gospel of Buddhism*, by Ananda Coomaraswamy.

* REVIEW of *La Religion de J. J. Rousseau*, by Pierre Maurice Masson. *Modern Philology*, vol. 15, Nov., 1917, pp. 441−446.

1918

* GENIUS AND TASTE. *Nation*, vol. 106, Feb. 7, pp. 138−141. (LETTER OF TYPOGRAPHICAL CORRECTION. *Ibid.*, Feb. 14, p. 182.) Apropos of *Creative Criticism*, by J. E. Spingarn. Reprinted in *Criticism in America: Its Function and Status*, Harcourt, Brace, New York, 1924. Also reprinted in part in *Creative America*, ed. L. Lewisohn, Harper, New York, 1933.

ANONYMOUS REVIEW of *Studies in Japanese Buddhism*, by A. K. Reischauer. *Nation*, vol. 107, Oct. 19, pp. 450−451.

1919

ROUSSEAU AND ROMANTICISM. Houghton Mifflin, Boston. Pages: xxiii + 426. Ch. IX reprinted in *American Critical Essays*, ed. Norman Foerster, Oxford, 1930. Part of ch. X freely translated by L. J. A. Mercier in *La Revue Hebdomadaire*, 30e Année (1921), pp. 268−283, and in his *Le Mouvement humaniste aux Etats-Unis*, Hachette, Paris, 1928.

1920

ENGLISH AND THE DISCIPLINE OF IDEAS. *English Journal*, vol. 9, Feb. 20, pp. 61−70.

ROUSSEAU AND CONSCIENCE. *Journal of Philosophy*, vol. 17, Mar. 25, pp.

186–91. A reply to A. Schinz's review of *Rousseau and Romanticism* (*Journal of Philosophy*, vol. 17, 1920, pp. 20–27).

A NEW HISTORY OF THE FRENCH REVOLUTION. *Weekly Review*, vol. 2, June 23, p. 653. Anonymous review of *The French Revolution: A Study in Democracy*, by Nesta H. Webster.

ROMANTIC ETHICS. *The Athenaeum*, Sept. 17, p. 375. Review of *The Origins of French Romanticism*, by M. B. Finch and E. Allison Peers.

1921

THE ONE AND THE MANY. *Weekly Review*, vol. 4, Jan. 19, p. 58. Anonymous review of *Realism: A Study in Art and Thought*, by Arthur McDowall.

REVIEW of *L'Etat de Guerre et Projet de Paix Perpétuelle: Essays by J. J. Rousseau*, ed. Shirley G. Patterson. *Weekly Review*, vol. 5, Sept. 10, pp. 237–239.

REVIEW of *Sainte-Beuve's Critical Theory and Practice After 1849*, by Lander MacClintock, Chicago, 1921. *Weekly Review*, vol. 5, Sept. 17, pp. 258–259.

* HUMANISTIC EDUCATION IN CHINA AND THE WEST. *Chinese Students' Monthly*, vol. 17, Dec, pp. 85–91.

1922

A PLEA FOR JUDGMENT. *New Republic*, vol. 29, Jan. 25, pp. 252–253. Comments on a symposium on "The Function of Criticism" (*New Republic*, vol. 28, Oct. 26, 1921, pp. 247 ff.), by H. L. Mencken and others.

SCHILLER AND ROMANTICISM. *Modern Language Notes*, vol. 37, May, pp. 257–68. (†BC: V) Reply to a review of *Rousseau and Romanticism*, by A. O. Lovejoy (*Modern Language Notes*, vol. 35, 1920, pp. 302–308).

1924

DEMOCRACY AND LEADERSHIP. Houghton Mifflin, Boston. Pages: 349.

1925

CROCE AND THE PHILOSOPHY OF THE FLUX. *Yale Review*, vol. 14, Jan., pp. 377-381. (SC: IV) Review of History: *Its Theory and Practice; The Poetry of Dante; Ariosto, Shakespeare and Corneille; Goethe*—all by Croce; *The Reform of Education*, by G. Gentile, with an introduction by Croce; and *Benedetto Croce*, by F. R. Piccoli.

ANSWER TO AN ENQUÊTE, in *Les Appels de L'Orient*. Emile-Paul Frères, Paris, pp. 242-44.

1926

HUMANIST AND SPECIALIST: ADDRESS AT THE DEDICATION OF THE MARSTON HALL OF LANGUAGES, BROWN UNIVERSITY, OCTOBER 1926. *Brown University Papers*, III, Providence. Pages: 14. (SC: XII)

1927

REVIEW of C. Brinton's *Political Ideas of the English Romantics*. *Political Science Quarterly*, vol. 42, Sept., pp. 441-445.

DR. JOHNSON AND IMAGINATION. *Southwest Review*, vol. XIII, Oct., pp. 25-35. (BC: III)

1928

THE CRITIC AND AMERICAN LIFE. *Forum*, vol. 79, Feb., pp. 161-176. (BC: VII)

REVIEW of H. Massis, *Defence of the West*. *Hound and Horn*, vol. I, summer issue, pp. 367-369.

THE HUMANIST VIEW. *Forum*, vol. 80, Oct., p. 638. A letter on T. S. Eliot's article 'The Humanism of Irving Babbitt' (*Forum*, vol. 80, 1928, pp. 37-44).

FRENCH LITERATURE. ' Reading with a Purpose,' no. 37, American Library Association, Chicago. Pages: 48.

1929

PRESIDENT ELIOT AND AMERICAN EDUCATION. *Forum*, vol. 81, Jan., pp. 1-10. (SC: XIII)

BENDA AND FRENCH IDEAS. *Saturday Review of Literature*, vol. 5, Mar. 23, p. 808. (BC: VI) Also reprinted as introduction to the English translation of Benda's *Belphégor*, Payson and Clarke, 1929.

REVIEW of *A Preface to Morals*, by W. Lippmann. *Forum*, vol. 82, July, pp. X, XII, XIV.

COLERIDGE AND IMAGINATION. *Nineteenth Century and After*, vol. 106, Sept., pp. 383-398. (BC: IV) Also reprinted in *Bookman*, vol. 70, Oct., 1929, pp. 113-124, as "Coleridge and the Moderns."

REVIEW of G. R. Elliott's *The Cycle of Modern Poetry*. *Forum*, vol. 82, Oct., p. XVII.

1930

WHAT I BELIEVE. *Forum*, vol. 83, Feb., pp. 80-87. (SC: XIV) Also reprinted in *Living Philosophies*, Simon and Schuster, New York, 1931.

EXPERIENCE AND DOGMA. *Saturday Review of Literature*, vol. 7, Nov. 1, p. 287. Reply to Walter Lippmann and Hugh l'Anson Fausset, with remarks on John Dewey.

* HUMANISM: AN ESSAY AT DEFINITION. In *Humanism and America*, ed. Norman Foerster, Farrar and Rinehart, New York, 1930. Partially reprinted in *Amherst Graduate Quarterly*, vol. XIX, May, 1930, pp. 157-163.

1931

ON BEING CREATIVE. *Bookman*, vol. 73, Apr., pp. 113-122. (BC: I)

PRIMITIVISM IN WORDSWORTH. *Bookman*, vol. 74, Sept., pp. 1-10. (†BC: II)

ROMANTICISM AND THE ORIENT. *Bookman*, vol. 74, Dec, pp. 349-357. (BC: VIII)

1932

ON BEING CREATIVE AND OTHER ESSAYS. Houghton Mifflin, Boston. Pages: xliv+266.

STYLE IN A DEMOCRACY: ADDRESS ON THE EVANGELINE WILBOUR BLASHFIELD FOUNDATION, AMERICAN ACADEMY OF ARTS AND LETTERS, NOVEMBER 10, 1932. *Academy Publication No. 79*, pp. 9-34. (SC: XI) Also reprinted in the *Saturday Review of Literature*, vol. 9, Dec. 17, pp. 325-326.

译名对照表

Acton, Lord 阿克顿勋爵
Addison, Joseph 约瑟夫·艾迪生
Aeschylus 埃斯库罗斯
Aestheticism 唯美主义
Afrancesados 法国化的人
Alarcón 阿拉尔孔
Alta rerum quies 深度的宁静
America the Cancer《美国即癌症》
America the Menace《美国即祸害》
American Academy of Arts and Letters 美国艺术文学院
Amiel 艾米尔
Anarchy 无政府状态
Andalusia 安达卢西亚(地名)
Andalusian 安达卢西亚人
Anderson, Sherwood 舍伍德·安德森
Andromache 安德洛玛刻
Animism 万物有灵论
Apriorist 先验论者
Aquinas, Saint Thomas 圣托马斯·阿奎那
Aragon 阿拉贡(地名)
Arce, Gaspar Núñez de 努内斯·德·阿尔斯

Aretino, Pietro 阿雷蒂诺
Aristophanes 阿里斯托芬
Asoka 阿育王
Astraea 阿斯翠亚女神
Asturia 阿斯图里亚斯(地名)
Athalie《阿达莉》
Attrition 不彻底的忏悔
Augustine, Saint 圣奥古斯丁
Aurelius, Marcus 马可·奥勒留
Bagehot, Walter 沃尔特·白哲特
Bajazet 巴雅泽
Baldacchino, Joseph 约瑟夫·巴尔达基诺
Balzac, Honoré de 巴尔扎克
Barzun, Jacques 雅克·巴尔赞
Baudelaire, Charles Pierre 波德莱尔
Behaviorist 行为主义者
Bellay, Joachim du 迪贝莱
Bérénice《贝蕾妮丝》
Bergson 亨利·柏格森
Berthelot, René 贝特洛
Bhartrihari 伐致呵利
Bhavanirodho nibbānam 逃离变动
Blackmore, Richard 理查德·布莱克

莫尔

Blake, William 威廉·布莱克
Boehme, Jakob 雅各布·波墨
Boileau 布瓦洛
Boissier, Gaston 加斯东·布瓦西耶
Bordeaux 波尔多
Borrow, George Henry 乔治·博罗
Boswell, James 博斯韦尔
Bourget, Paul 保罗·布尔热
Boutroux, Émile 布特鲁
Bouvard et Pécuchet《布瓦尔和佩库歇》
Brantôme 布朗托姆
Brennan, Stephen 斯蒂芬·布伦南
Brownell, William Crary 布朗乃尔
Brunetière, Ferdinand 布吕内蒂埃
Buffon, George 布封
Caesar 恺撒
Calprenède 卡尔普勒内德
Campoamor 坎波亚莫尔
Canterbury Tales《坎特伯雷故事集》
Carlyle, Thomas 托马斯·卡莱尔
Carus, Paul 保罗·卡鲁斯
Castile 卡斯蒂利亚(地名)
Catalan 加泰罗尼亚人
Catherine the Great 叶卡捷琳娜女皇
Cecil, Lord Hugh 休·塞西尔勋爵
Chandragupta 旃陀罗笈多
Chaplin, Charlie 查理·卓别林
Chesterfield 切斯特菲尔德
Chesterton, Gilbert Keith 吉尔伯特·基思·切斯特顿
Chevalier de Méré 梅雷骑士
Cid《熙德》

Civil war in the cave 洞穴里的内战
Clarke, Butler 巴特勒·克拉克
Classicism 古典主义
Clifford, William Kingdon 威廉·金顿·克利福德
Colebrooke, Henry Thomas 亨利·托马斯·科尔布鲁克
Coleridge, Samuel Taylor 柯勒律治
Comédie Humaine《人间喜剧》
Congreve, William 威廉·康格里夫
Constantine 君士坦丁大帝
Contrition 真正的悔悟
Conversation with M. de Sacy《与德·萨西先生的谈话》
Coomaraswamy, Ananda 库马拉斯瓦米
Corneille, Pierre 高乃依
Council of Trent 特伦特会议
Coverley, Roger de 罗杰·德·柯弗利
Cowper, William 威廉·柯珀
Creation《创世》
Crébillon 克雷比永
Croisset 克罗瓦塞别墅
Crossing the Bar《过沙洲》
Cruikshank, George 乔治·克鲁克香克
D'Alembert 达朗贝尔
d'Aulnoy, Madame 多尔诺瓦夫人
Damayanti 达摩衍蒂
De Quincey 德·昆西
De Tragoediae Constitutione《悲剧的结构》
de' Annunzio, Gabriele 加布里埃尔·邓南遮

Decadentism 颓废主义
Decorum 礼仪
Defense of the West《西方的辩护》
Despeñaperros 德斯佩尼亚佩罗斯（地名）
Deussen, Paul Jakob 保罗·雅各布·多伊森
Dewey, John 约翰·杜威
Diacre Paris 巴黎宗教执事
Doumic, René 勒内·杜米克
Dryden, John 约翰·德莱顿
Dudevant, Baron 杜德望男爵
Dumas fils 亚历山大·小仲马
Eckermann, Johann Peter 约翰·彼得·爱克尔曼
Edgar Lewis Marston Hall 埃德加·刘易斯·马斯顿会堂
Wilson, Edmund 埃德蒙·威尔逊
Éducation Sentimentale《情感教育》
Edwards, Jonathan 乔纳森·爱德华兹
Élan vital 生命冲动
Elche 埃尔切（地名）
Eliot, T. S. T. S. 艾略特
Emerson, Ralph Waldo 拉尔夫·沃尔多·爱默生
Émile, Littré 利特雷
Émile《爱弥尔》
Empedocles《恩培多克勒》
Empyrean 最高天
Encyclopédie《百科全书》
Epicureanism 享乐主义
Espronceda 埃斯普龙塞达
Euripides 欧里庇得斯

Expansionist 扩张主义者
Expansive desires 扩张型欲望
Fabre, Jean-Henri Casimir 让-亨利·卡西米尔·法布尔
Faguet, Auguste Émile 法盖
Fénelon, François 弗朗索瓦·费奈隆
Ferrero, Guglielmo 古列尔莫·费雷罗
Fierens-Gevaert 菲伦斯-赫法尔特
First principles 基本原理
Flexner, Abraham 亚伯拉罕·弗莱克斯纳
Flux 流变
Ford, Richard 理查德·福特
Formalism 形式主义
France, Anatole 阿纳托尔·法朗士
Francis, Saint 圣弗朗西斯
Fray Luis de Leon 路易斯·德·莱昂神父
Frein vital 生命制约
French Academy 法兰西学术院
Fuente Castellana 卡斯蒂利亚喷泉
Fueter, Eduard 爱德华·富埃特
Galdós, Benito Perez 佩雷斯·加尔多斯
Galician 加利西亚人
Gambrinus Halle 甘布赖纳斯大酒店
Gasset, Ortega y 奥特加·伊·加塞特
Gautier, Théophile 泰奥菲尔·戈蒂埃
Genteel tradition 文雅传统
Gentile, Giovanni 乔瓦尼·秦梯利
Geoffrin, Madame 若弗兰夫人
Geoffroy, Julien Louis 若弗鲁瓦
Gibraltar 直布罗陀海峡（地名）

Gifford, William 威廉·吉福德
Giraud, Victor 维克多·吉罗
Giustiniani, Vito 维托·朱斯蒂尼亚尼
Goncourts 龚古尔兄弟
Gorgias 高尔吉亚
Goth 哥特人
Gotho-Bedouin 哥特-贝都因人
Gottfried, Paul 保罗·戈特弗里德
grace 神恩
Granada 格拉纳达（地名）
Gray, Thomas 托马斯·格雷
Great Schism 教会大分裂
Great Vehicle, Mahāyāna 大乘佛教
Greuze, Jean-Baptiste 格勒兹
Grimm, Friedrich Melchior 格林
Guizot, François 基佐
Hazlitt, William 威廉·黑兹利特
Heine, Heinrich 海涅
Heinsius, Daniel 丹尼尔·海因修斯
Heliogabalus 黑利阿迦巴鲁斯
Hemingway, Ernest 欧内斯特·海明威
Hernani《欧那尼》
Higher self 更高自我
Higher will 更高意志
Hindus, Milton 米尔顿·欣德斯
Hippolytus 希波吕托斯
Hobbes 霍布斯
Hoeveler, David 大卫·赫费勒
Hogarth, William 威廉·霍加斯
Holbein, Hans 汉斯·霍尔拜因
Honnête homme 至诚君子
Honoré d'Urfé 奥诺雷·杜尔菲

Hopkins, Mark 马克·霍普金斯
Hough, Lynn Harold 林恩·哈罗德·霍夫
Hovey, Richard 理查德·霍维
Hudibras 休迪布拉斯
Huguenot 胡格诺派
Human law 人性法则
Humanism 人文主义
Humanitarianism 人道主义
Humanitas 人文精神
Humboldt, Wilhelm von 威廉·冯·洪堡
Humphrey Clinker《亨佛利·克林克》
Ibsen, Henrik 易卜生
Idyllic imagination 田园想象
Impressionism 印象主义
Individualism 个人主义
Indra 因陀罗
Inner check 内在制约
Inner life 内在生活
Instrumentism 工具主义
intellectualism 理智主义
intellectualist 知性论者
Ixion 伊克西翁
Jacques the Fatalist《定命论者雅克》
Jaeger, Werner 沃纳·耶格
James, William 威廉·詹姆斯
Jansenism 詹森主义
Jocab 雅各布
Jonson, Ben 本·琼生
Joubert, Joseph 儒贝尔
Juan, Don 唐·璜
Judea 朱迪亚

Juvenal 尤维纳利斯
Kabbalah 卡巴拉
Kilpatrick, William 威廉·基尔帕特里克
Kirk, Russell 罗素·柯克
Kittredge, George Lyman 乔治·莱曼·基特里奇
L'ame sensible 敏感灵魂
L'Astrée《阿丝特蕾》
L'Histoire de ma Vie《我的生活》
La Bérénice de Racine《拉辛的贝蕾妮丝》
La Bruyère, Jean de 拉布吕耶尔
La Mancha 拉曼查（地名）
La Pléiade 七星诗社
La Religieuse《修女》
La Rochefoucauld 拉罗什富科
Lamartine 拉马丁
Langres 朗格勒（地名）
Lanson, Gustave 古斯塔夫·朗松
Laodicean 老底嘉人
Lasserre, Pierre 拉塞尔
Law for man 人之法则
Law for thing 物之法则
Law of measure 节度法则
Law of members 身体法则
Le Bossu 勒博叙
Leander, Folke 福尔克·莱安德
Légende des Siècles《世纪传说》
Lélia《雷丽娅》
Lemaître, Jules 朱尔·勒梅特尔
Leroux, Pierre 皮埃尔·勒鲁
Lessing, Gotthold Ephraim 莱辛
Lévi, Sylvain 西尔万·列维
Levin, Harry 哈里·莱文
Lewis, Sinclair 辛克莱·刘易斯
Liberal education 人文/自由教育
libido sciendi 知识欲
Life of Christ《基督传》
Life of Pascal《帕斯卡传》
Light of the World 世界之光
Lillo, George 利洛
Lincoln, Abraham 亚伯拉罕·林肯
Lippmann, Walter 李普曼
Lisle, Leconte de 勒孔特·德·李勒
Little Vehicle, Hinayana 小乘佛教
Longinus 朗吉努斯
Louis-Philippe 路易·菲利普
Lovejoy, Arthur 阿瑟·洛夫乔伊
Lower intuition 低级直觉
Lower self 低级自我
Loyola, Ignatius 依纳爵·罗耀拉
Lycidas《利西达斯》
Madrid 马德里（地名）
Malebranche, Nicolas 马勒伯朗士
Malherbe, François de 马莱伯
Manrique, Jorge 曼里克
Marat, Jean-Paul 让·保尔·马拉
Massis, Henri 亨利·马西斯
Matisse, Henri 亨利·马蒂斯
Mazzini, Giuseppe 朱塞佩·马志尼
Mencken, Henry Louis 门肯
Mercier, Louis J. A. 梅西埃
Merope《墨洛珀》
Merz, Charles 查尔斯·默茨
Metamorphosis of Plants《植物变形记》

Michau, Gustave 古斯塔夫·米绍
Miletus 米利都人
Modernity 现代性
Molière 莫里哀
Montaigne, Michel de 蒙田
Moors 摩尔人
Moral imagination 道德想象
More, Paul Elmer 保罗·埃尔默·莫尔
Moriscos 摩里斯科人
Morley, Lord 莫利勋爵
Mother Angélique 安热莉克修女
Mr. Pickwick 匹克威克先生
Mussard 米萨尔
Musset, Alfred de 阿尔弗雷德·德·缪塞
Nala 那罗
Natural law 自然法则
Natural man 自然人
Naturalism 自然主义
Necker, Madame 内克夫人
Nefftzer 内夫策
Nero 尼禄
Neveu de Rameau《拉摩的侄儿》
Nevin, Thomas 托马斯·内文
Nirvāna 涅槃
Nohant 诺昂庄园(地名)
Nominalism 唯名论
Novalis 诺瓦利斯
Obscurantist 蒙昧主义者
Ode to Virgil《维吉尔颂》
Old Adam 老亚当
Ordinary self 普通自我

Ovid 奥维德
P. M. Masson 皮埃尔·马松
Panza, Sancho 桑丘·潘沙
Papini, Giovanni 帕皮尼
Paradoxe sur le Comedien《谈演员的矛盾》
Paris, Gaston 加斯东·帕里斯
Passy 帕西(地名)
Pasteur, Louis 路易·巴斯德
Paul, Saint 圣保罗
Pensées《思想录》
Père de Famille《一家之主》
Pessimism 悲观主义
Petrach 彼特拉克
Phèdre《费德尔》
Philistines 腓利士人
Polonius 波洛涅斯
Pomfret, John 庞弗雷特
Pope, Alexander 亚历山大·蒲柏
Port-Royal《波尔·罗亚勒修道院史》
Port-Royal 波尔罗亚尔修道院
Positivism 实证主义
Pragmatism 实用主义
Principle of control 制约原则
Protagoras 普罗泰戈拉
Provincial Letters《致外省人信札》
Punjab 旁遮普
Purism 纯粹主义
Puritanism 清教主义
Pusey, Nathan 内森·普西
Pyrenees 比利牛斯山(地名)
Pyrrhus 皮洛士
Quixote, Don 堂吉诃德

Blackmur, R. P. R. P. 布莱克默
Radicalism 激进主义
Raffaello, Piccoli 皮科利
Rambouillet, Madame 朗布依埃侯爵夫人
Rastignac 拉斯蒂涅
Rationalism 理性主义
Reactionary literature 保守主义文学
Renaissance 文艺复兴
Renan 勒南
Republicanism 共和主义
Rêve de d'Alembert《达朗贝的梦》
Rhys-Davids, Mrs. 戴维兹夫人
Richardson, Samuel 塞缪尔·理查逊
Robespierre, Maximilien 罗伯斯庇尔
Ronsard, Pierre de 龙萨
Rotary 扶轮社
Royal Society 英国皇家学会
Rückert, Friedrich 吕克特
Ruskin, John 约翰·拉斯金
Rymer, Thomas 托马斯·赖默
Saint Bartholomew's Day 圣巴托罗缪之夜
Sainte-Beuve 圣伯夫
Saint-Evremond 圣埃夫勒蒙
Saintsbury, George 圣茨伯里
Saint-Sulpice 圣叙尔皮斯教堂
Sakya sage 释迦牟尼
Salammbô《萨朗波》
Salisbury, Lord 索尔兹伯里侯爵
Salle de Géographie 巴黎地理学会大厅
San Juan de la Cruz 圣十字若望
Sandburg, Carl 卡尔·桑德堡
Santa Teresa 圣特蕾莎
Santiago 圣雅各
Saragossa 萨拉戈萨
Satyr 萨梯
Saving remnant 精英
Scherer, Wilhelm 谢勒尔
Schlegel, A. W. A. W. 施莱格尔
Schlesinger, Jr. 小阿瑟·M. 施莱辛格
Scientific naturalist 科学自然主义者
Scientism 科学至上主义
Scott, Walter 沃尔特·司各特
Scudéry, Madeleine de 斯屈代里
Sense of measure 节度感
Sensualism 感官主义
Sentimental humanitarianism 情感人道主义
Sentimental naturalism 情感自然主义
Sentimentalist 情感主义者
Sentiments sur le Cid《熙德观感》
Seville 塞维利亚人
Shelburne 谢尔本
Sherman, Stuart Pratt 薛尔曼
Sidney, Philip 菲利普·锡德尼
Siegfried, André 安德烈·西格弗里德
Skepticism 怀疑主义
Smith, Adam 亚当·斯密
Socialism 社会主义
Socrates 苏格拉底
Sophist 智者派
Sophocles 索福克勒斯
Spectator《旁观者》
Spencer, Herbert 赫伯特·斯宾塞

Sphinx 斯芬克斯
Spingarn, J. E. J. E. 斯平加恩
Spinoza 斯宾诺莎
St. Cyres, Lord 圣西尔斯勋爵
Staël, Madame de 斯达尔夫人
Stances à la Malibran《献给马利布朗的诗》
Stanlis, Peter 彼得·斯坦利斯
Steel, Ronald 罗纳德·斯蒂尔
Stephen, Leslie 莱斯利·斯蒂芬
Stroncature《断裂》
Sunium 苏尼翁角
Superhuman 超人
Supernaturalism 超自然主义
Supplement au Voyage de Bougainville《布干维尔游记补遗》
Swat Valley 斯瓦特河谷(地名)
Symbolism 象征主义
Taine, Hippolyte Adolphe 泰纳
Talleyrand 塔列朗
Tate, Allen 艾伦·泰特
Temperamentalist 性情主义者
Temple of Metaphysics 形而上学的神坛
Temple, William 威廉·坦普尔爵士
Tennyson, Alfred 阿尔弗雷德·丁尼生
Teuton 条顿人
Thackeray, William Makepeace 威廉·梅克比斯·萨克雷
The Genius of Style《风格天才》
The Modern Element in Literature《文学中的现代要素》

The One and the Many 一与多
The Raven《乌鸦》
The Sacred Books of the East《东方圣书》
Theban 忒拜(地名)
Theosophical 神智学
Third Earl of Shaftesbury 第三代沙夫茨伯里伯爵
Thoughts on Education《教育漫话》
Timber or Discoveries《木材或发现》
Tobias Smollett 托比亚斯·斯摩莱特
Traditionalism 传统主义
True Self 真实自我
Unwin 昂温
Upanishads《奥义书》
Utilitarianism 功利主义
Utopist 乌托邦主义者
Valencia 瓦伦西亚(地名)
Valera, Juan 胡安·巴莱拉
Vaugelas 沃热拉
Vedantist 吠檀多信仰
Vico, Giovanni 维柯
Viereck, Peter 彼得·菲尔埃克
Vincennes 万塞讷(地名)
Volland 沃兰
Walpole, Horace 霍勒斯·沃波尔
Ward, Leo 利奥·沃德
Warren, Austin 奥斯汀·沃伦
Watson, John Broadus 约翰·华生
Watts, Issac 伊萨克·沃茨
Weinstein, Michael 迈克尔·温斯坦
Wells, H. G. H. G. 威尔斯
Western, Squire 韦斯顿乡绅

Whitehead, A. N. 怀特海
Whitman, Walt 沃尔特·惠特曼
Will to power 权力意志
Will to refrain 制约意志
Will to service 服务意志
William of Orange 奥兰治的威廉
Williams, Norman Powell 诺曼·威廉斯
Wisdom of the ages 万世之智慧
Wright, Harold Bell 哈罗德·贝尔·莱特
Yalden, Thomas 托马斯·约尔登
Yarbrough, Stephen 斯蒂芬·亚伯勒
Zola, Émile 左拉

译后记

《西班牙性格及其他》一书的翻译工作，前后持续了近七年，正好是我从懵懂学生走向大学讲台的阶段，阅读、理解白璧德的文章，也经历了从青涩到逐渐成熟的过程。初读白文，会觉得晦涩艰难，但慢慢钻研熟悉之后，就能感受到他对近一百年来社会中的道德文化困境的准确判断，以及他行文的幽默风趣之处。《西班牙性格及其他》一书收录的多是散文、演讲及评论，涉及文学、美学、宗教及政治等众多方面，但内容却并不彼此割裂，因为白璧德对这些主题的讨论根植于他对人类生活最核心问题的思考，主题越丰富，他的哲学立场展示得越清晰。而且，在阐明他的哲学立场之时，白璧德并没有进行抽象的哲学推演，事实上，他更喜欢用历史文学的例证与对比来解释自己的观点，因为他认为理性和过度抽象会生硬地割裂现实，只有用"实证的、批判的"方式才能真正把握现实。因而白璧德的这些文章，不仅展示了他渊博的学识，而且愈读愈觉得生动。

本书的初始译稿由北京师范大学张源教授的学生们协作完成，后经我统一校对，在此感谢张源老师能将如此重要的译著交由我们。各篇文章译者如下：滕雅姝（《西班牙性格的明与暗》《克罗齐与关于流变的哲学》)、聂渡洛(《向西方阐释印度》《人文主义者与专家》)、马骧(《印度短诗百咏》《艾略特校长与美国教育》)、唐嘉薇(《英国人擅长批评吗?》《民主国家的风格问题》)、韩秀(《拉辛与反浪漫主义运动》《乔治·桑与福楼拜》)、马博(《狄德罗诞辰二百周年纪念》《我相信什么:卢梭与宗教》)、吴娇(《帕斯卡》)、周晓薇(《马修·阿诺德》、"1995年版导言"、"前言")。如今同学们或继续精进学业,或已在工作岗位上初展鸿图,但当年与师友们读书畅谈的美好时光将永藏我的心中。

周晓薇
2021 年 2 月

图书在版编目(CIP)数据

西班牙性格及其他/(美)欧文·白璧德著;周晓薇等译.—北京:商务印书馆,2023
(白璧德文集;第8卷)
ISBN 978-7-100-22642-4

Ⅰ.①西… Ⅱ.①欧…②周… Ⅲ.①社会科学—文集 Ⅳ.① C53

中国国家版本馆 CIP 数据核字（2023）第 117243 号

权利保留，侵权必究。

白璧德文集

第 8 卷

西班牙性格及其他

周晓薇 等译

商 务 印 书 馆 出 版
（北京王府井大街36号 邮政编码 100710）
商 务 印 书 馆 发 行
上海雅昌艺术印刷有限公司印刷
ISBN 978-7-100-22642-4

2023年11月第1版　　开本 710×1000　1/16
2023年11月第1次印刷　　印张 17

定价：136.00 元